Scheuch

Kaufen vom Bauträger

# Kaufen vom Bauträger

... ohne böse Überraschungen

von

Michael Scheuch

2., überarbeitete und erweiterte Auflage

C.H.BECK

## Zum Autor:

**Michael Scheuch**

ist Wirtschafts- und Verbraucherjournalist und war jahrelang in der Redaktion des Wirtschaftsmagazins WISO für verschiedene Ratgeberthemen zuständig. Er ist Autor mehrerer Fernsehdokumentationen zu Verbraucherthemen.

**www.beck.de**

ISBN 978-3-406-68789-1

© 2016 Verlag C.H.Beck oHG
Wilhelmstraße 9, 80801 München

Satz: Fotosatz Buck, Zweikirchener Straße 7, 84036 Kumhausen
Druck: Druckhaus Nomos, In den Lissen 12, 76547 Sinzheim
Umschlaggestaltung: Ralph Zimmermann – Bureau Parapluie
Bildnachweis: Production Perig – fotolia.com

Gedruckt auf säurefreiem, alterungsbeständigem Papier
(hergestellt aus chlorfrei gebleichtem Zellstoff)

Die Vorauflage ist im Campus Verlag erschienen.

# So nutzen Sie dieses Buch

Um Ihnen das Lesen und Arbeiten mit diesem Buch zu erleichtern, hat der Autor verschiedene Stilelemente verwendet, die Ihnen das schnellere Auffinden bestimmter Texte ermöglichen.

✔ Hier finden Sie Tipps, Aufzählungen und Checklisten.

**i** So sind „Merksätze" gekennzeichnet.

🔍 Hier finden Sie Beispiele, die das Beschriebene plastisch erläutern und verständlich machen.

§ Hier finden Sie Definitionen, Rechtsnachweise oder Gesetzestexte.

◎ Die Zielscheibe kennzeichnet Zusammenfassungen und ein Fazit zum Kapitelende.

 Hier finden Sie Übungen und Muster zum selber Ausfüllen und Nachrechnen.

# Einleitung: Keine Panik!

Wie viele Einfamilienhäuser von Bauträgern erstellt und an Privatkunden verkauft werden, dazu gibt es keine aktuellen verlässlichen Zahlen. Schätzungen gehen von knapp 35 bis 60 Prozent der neu erstellten Häuser aus. Nach Umsatz liegt nach einem Bericht des Bundesverbands der Deutschen Volksbanken und Raiffeisenbanken (BVR) der Anteil der Bauträger am Wohnungsbau 2012 bei 30,4 Prozent – da Bauträger häufig im Sektor preiswerter Häuser unterwegs sind, dürfte der Anteil an den fertig gestellten Häusern deutlich höher liegen. (Quelle: VR Branchen spezial Dezember 2013). Festzustellen ist aber: in vielen Baugebieten gibt es gar keine Alternative zum Bauträgerkauf, denn diese werden häufig von der jeweiligen Kommune mit der Erschließung und Vermarktung beauftragt.

Insbesondere bei Doppel- und Reihenhausprojekten ist es mittlerweile fast immer ein Bauträger, der die Grundlagen für den Wohnungsbau legt. Die Besitzer von Bauland haben es nun einmal gerne mit nur einem Käufer zu tun, und der Bauträger nimmt ihnen das Gelände komplett ab, erschließt es und plant die Bebauung.

Gerade für Häuslebauer mit beschränktem Budget gibt es kaum eine Alternative zum Bauträger.

Bauträgerkauf bedeutet, dass der zukünftige Hausbesitzer ein noch nicht bestehendes Gebäude kauft, dessen Eigenschaften in einem Kaufvertrag und in einer Baubeschreibung festgelegt sind. Für die Erstellung des Gebäudes ist der Bauträger zuständig. Im Prinzip könnte gelten: der Käufer unterschreibt den Kaufvertrag und schaut erst wieder bei dem ausgewählten Grundstück vorbei, wenn die vorgesehene Übergabe des Gebäudes erfolgt. Er ist nämlich nicht Bauherr, und wenn er sich nicht entsprechende Rechte hat zusichern lassen, dann hat er mit der Erstellung des Hauses nichts weiter zu tun. Soweit die Theorie, glücklicherweise hat auch der Bauträger kein Interesse daran, dass sich der Käufer überhaupt nicht um sein künftiges Eigenheim kümmert, und für den Käufer ist es selbstredend schlauer, sich in Sachen Baufortschritt auf dem Stand der Dinge zu halten.

In diesem Buch wird sehr häufig die Rede davon sein, was beim Kauf vom Bauträger alles schief gehen kann. Es gibt viele Negativbeispiele, und die Auflistung aller möglichen Fallstricke ist lang.

Dennoch gilt: keine Panik. Die große Masse der Bauträgerkäufe geht ohne die ganz großen Probleme über die Bühne, und keineswegs soll der Eindruck erweckt werden, der Bauträger „an sich" sei grundsätzlich ein Schurke, der arglose Käufer hinters Licht führen und betrügen will. Das wäre vollkommen falsch, denn der Markt besteht überwiegend aus mittelständischen Firmen, die in überschaubarer Anzahl Projekte realisieren und schon sehr vielen zufriedenen Käufern zum eigenen Heim verholfen haben.

Allerdings sollten Sie sich als Käufer auch darüber im Klaren sein, dass der Bauträger vor allem das Interesse hat, am Kauf des Baulands und der Erstellung des Gebäudes Geld zu verdienen. Dazu versucht er vor allem, von den Skalenkosten bei der Erstellung – etwa eines Reihenhauses – zu profitieren. Das heißt: im Gegensatz zum normalen Bauherrn kauft er bei den durch ihn beauftragten Handwerkern mit „Mengenrabatt" ein und verhandelt seine Preise aus einer viel stärkeren Position heraus, als das ein einzelner Hausbauer könnte.

Damit kommt für den Käufer eine weitere Interessengruppe ins Spiel, über deren Motive er sich im Klaren sein muss: die Ersteller der einzelnen Gewerke von Rohbau über Dach bis Innenausbau. Diese Handwerker müssen, um den für sie interessanten, umfangreichen Auftrag zu bekommen, in der Kalkulation der Preise große Zugeständnisse an den Bauträger machen. Diese Preise decken möglicherweise gerade so die entstehenden Lohn- und Materialkosten, aber der unternehmerische Gewinn kommt oft aus einem anderen Bereich: den Sonderwünschen der Käufer. Alles, was über die kaufvertraglich zugesicherten und in der Baubeschreibung fixierten Leistungen hinausgeht, muss in der Regel bei ihnen in Auftrag gegeben werden. Mit dem Handwerker muss dabei der Preis vereinbart werden, und die Versuchung ist für diesen folglich groß, über hohe Preise hier seinen Gewinn zu realisieren.

Auch wenn dem Käufer niemand „böse" will: die Interessen zwischen Käufer, Bauträger und seinen Subunternehmen sind nun einmal nicht deckungsgleich, und der Käufer ist meist in der schwächeren Position. Er tätigt wahrscheinlich zum ersten (und voraussichtlich auch einzigen) Mal das größte Geschäft seines Lebens, während es bei seinen Vertragspartnern zur Routine gehört. Deren Wissensvorsprung ist enorm, und daher besteht auch bei den gutwilligsten Anbietern das Risiko, dass der Käufer für sein Geld nicht die Gegenleistung erhält, auf die er Anspruch hat.

Wer sein Traumhaus haben will, der muss selbst beim Kauf vom Bauträger viel Zeit und Engagement in die Bauphase stecken. Der informierte und stets präsente zukünftige Eigenheimbesitzer hat den Erfolg des Projekts in der Hand.

### Über dieses Buch

Dieser Ratgeber soll dazu beitragen, das Erfahrungs- und Wissensungleichgewicht zwischen Käufer und Vertragspartnern zu mindern. Sie als Käufer sollen eine Vorstellung davon bekommen, an welchen Stellen Sie besonders gefordert sind, Ihre Interessen zu erkennen, zu artikulieren und festzuschreiben.

Ich habe selbst vor geraumer Zeit vom Bauträger gekauft, und ich würde niemals grundsätzlich davon abraten. Weder war meine Erfahrung ausschließlich negativ, allerdings auch nicht durchweg positiv. Vieles haben wir in der Kauf- und Bauphase richtig gemacht, aber auch manches versäumt. Zusätzlich zu dem Expertenwissen der Sachverständigen gibt dieser Ratgeber daher auch meine Erfahrungen aus der Praxis des „Hauskäufers" an Sie weiter – dieser Blick ist sicher ein etwas anderer als der eines reinen Bausachverständigen.

Dabei ist mir vollkommen klar, dass der Zeitpunkt, zu dem Sie dieses Buch in Händen halten, möglicherweise gar nicht mehr zulässt, dass Sie es von vorne bis hinten durchlesen oder gar intensiv durcharbeiten. Denn möglicherweise ist Ihre Entscheidung für den Kauf von einem Bauträger bereits gefallen oder Sie stehen ganz kurz davor. Das ist nicht dramatisch, auch wenn Sie jetzt möglicherweise unter Zeitdruck stehen.

In der Gestaltung dieses Buches habe ich Rücksicht auf Ihr angespanntes Zeitbudget genommen, allerdings mit dem Anspruch, dennoch umfassende und tiefgehende Informationen zu liefern. Daher finden Sie Zusammenfassungen der einzelnen Themen als Schnellüberblick am Beginn jedes Kapitels. Es folgen dann zu jedem der angesprochenen Punkte ausführliche Erläuterungen in den einzelnen Zwischenabschnitten der Kapitel. Im Anhang des Buches finden Sie umfangreichere Tabellen und sowie Kontaktinformationen zu angesprochenen Organisationen oder Informationsquellen.

Ausdruckbare Fassungen der Checklisten und Tabellen finden Sie auf der Webseite **www.kaufen-vom-bautraeger.de**. Das Passwort zu den dort für Sie zugängigen PDF-Dokumenten lautet „KeinePanik". Dort finden Sie auch die Links aus diesem Buch zu weiteren Informationsangeboten im Internet.

Damit Sie nichts Wichtiges überspringen – überlegen Sie bitte gut, ob Sie einzelne Kapitel, vor allem die Phase vor Vertragsabschluss betreffend, beiseite lassen wollen. Auch wenn Ihnen manches lästig erscheint, ist es trotzdem meist sinnvoll, dass Sie sich beispielsweise die Arbeit machen, Ihren individuellen Wohnbedarf noch einmal zu überprüfen.

Das Schema eines Bauträgerkaufes, an dem sich auch der Aufbau dieses Buchs orientiert, sieht vereinfacht so aus:

1. **Entwicklung der eigenen Wohnvorstellungen.** In **Kapitel 1** finden Sie dazu Anhaltspunkte, vor allem was die Wohnfläche und die Zimmeraufteilung angeht. Und damit dieses nicht im luftleeren Raum vonstatten geht, wird schon hier auch über Geld geredet.

2. **Auswahl und Bewertung von Angeboten verschiedener Bauträger und Vergleich mit den eigenen Wohnvorstellungen.** Dazu geht es in **Kapitel 2** um Grundlagenwissen zu Haustypen und Ausstattungsmerkmalen, in **Kapitel 3** erhalten Sie die Werkzeuge an die Hand, um Bauträgern und ihren Angeboten auf den Zahn zu fühlen.

3. **Finanzierung klären.** Es gibt ein paar Besonderheiten beim Bauträgerkauf, aber auch sehr allgemeine Grundsatzentscheidungen wie bei jedem Immobilienkauf, die in **Kapitel 4** geklärt werden. Aber: warten Sie mit dem Lesen dieses Abschnitts nicht bis zum Kauf, denn die Grundlagen einer soliden Finanzierung können Sie schon weit vor dem Vertragsabschluss für das Haus legen.

4. Thema des **5. Kapitels** sind die Vorschriften zu den **energetischen Eigenschaften des Hauses.**

5. **Vertragsverhandlungen und -abschluss.** In den **Kapiteln 6 und 7** geht es um die zentralen Bestandteile des Bauträgerkaufs: die Baubeschreibung, die Sie noch in der Angebotsphase prüfen sollten, und den Kaufvertrag, der Ihnen meist erst bei fortgeschrittenen Verhandlungen vorgelegt wird.

6. **Erschließung und Herrichtung des Grundstücks sowie Errichtung des Hauses** und, soweit vereinbart, der Außenanlagen. Um die Baubegleitung geht es in **Kapitel 8.**

7. **Abnahme.** Der juristische Akt der Abnahme wird häufig unterschätzt, außerdem geht es um Gewährleistungsfristen, ebenfalls in **Kapitel 8.**

Eng verwandt mit dem Kauf vom Bauträger ist die Beauftragung eines Unternehmens mit der Erstellung eines Hauses auf einem bereits in Besitz befindlichen Grundstück. Hier kommt der sogenannte „Generalübernehmer" oder „Generalunternehmer" zum Zuge. Es gibt in diesem Fall keinen Kaufvertrag, sondern einen Bauvertrag in Verbindung mit einer Leistungsbeschreibung, der Baubeschreibung.

Beim Generalübernehmer handelt es sich um ein Unternehmen, mit dem die bezugsfertige Erstellung eines Wohnhauses vereinbart wird. Der Generalübernehmer liefert die dafür notwendigen Leistungen nicht selbst, sondern beauftragt Subunternehmer mit der Erstellung – vergleichbar mit dem Bauträger.

Der Generalunternehmer dagegen liefert einen Teil der Gewerke selbst und gibt die anderen Teile des Hauses in Auftrag.

In beiden Fällen sind Sie der Bauherr und haben damit weitergehende Pflichten, wie etwa zur Baustellensicherung gegenüber Arbeitern und Passanten. Sie sind der Ansprechpartner für Behörden und sind für die benötigten Anschlüsse etwa an Gas-, Telefon- und Stromnetz zuständig.

Ähnlich zum Kauf vom Bauträger sind die Rolle der Baubeschreibung, die Bauaufsicht und Abnahme – und natürlich die Überlegungen zur Bedarfsfeststellung und der Finanzierung. Allerdings sind Sie als Besitzer des Baugrundstücks gegenüber Auftragnehmern zur Erstellung eines Wohngebäudes in einer sehr viel vorteilhafteren Position als ein Käufer vom Bauträger. Denn der Generalübernehmer, der auch eine Fertighausgesellschaft sein kann, kann Sie nur mit einem (preislich) attraktiven Angebot locken.

Im November 2015                                        *Michael Scheuch*

# Inhalt

# 1. Kapitel

# Gründlich überlegen: Wie will ich wohnen und was kann ich mir leisten?

1

In diesem Kapitel geht es darum, den eigenen Wohnbedarf zu bestimmen und die eigenen finanziellen Möglichkeiten auszuloten.

- Ermitteln Sie Ihren **Wohnbedarf** ausgehend von der aktuellen Wohnsituation. Verlassen Sie sich nicht darauf, dass Häuser schon „sinnvoll" geplant sind, häufig sind vor allem Kinderzimmer zu klein angelegt.

- Berücksichtigen Sie durch ein möglichst flexibles **Raumnutzungskonzept** Veränderungen, die in den nächsten zwanzig bis dreißig Jahren voraussichtlich eintreten werden.

- Kalkulieren Sie, in welcher **Preisklasse** Sie sich ein Haus leisten können, und denken Sie dabei daran, dass sich die Nebenkosten drastisch ändern können: viele von Ihnen in der derzeitigen Nebenkostenabrechnung nur anteilig gezahlten Kosten kommen in einem Eigenheim alleine auf Sie zu.

- Rechnen Sie von Anfang an eine **Absicherung** gegen den Ausfall der Haupteinnahmequellen mit ein. Der Umzug ins neue Eigenheim kann aber auch Einsparpotenziale bergen, beispielsweise bei den Energiekosten und unnötigen Versicherungen.

## 1.1 Bedarfsermittlung

Sie haben sich wohl grundsätzlich schon für den Erwerb eines Eigenheims entschieden, wahrscheinlich vor allem, um Ihre derzeitige Wohnsituation zu verbessern. Mehr Platz, aber auch mehr Unabhängigkeit von Vermieter und direkten Wohnungsnachbarn sind starke Motive.

Beim Blick auf die Angebote finden Sie bei Neubauten ganz häufig das „schlüsselfertige" Haus eines Bauträgers. Statt ein Grundstück zu suchen, zu kaufen, einen Architekten mit der Planung und dann einen oder mehrere Bauunternehmer mit der Umsetzung zu beauftragen, übernimmt der Bauträger all das.

Um zu erkennen, ob ein vom Bauträger angebotenes Haus tatsächlich Ihren Bedürfnissen entspricht, sollten Sie einen Check mithilfe der Erfahrungen aus Ihrer aktuellen Wohnsituation heraus vornehmen. Dabei hilft Ihnen Tabelle 1. Tragen Sie darin die Daten der aktuellen Wohnung ein und notieren dann, ob der aktuelle Platz ausreichend ist oder wie viel zusätzlicher Raum für die einzelnen Zimmer benötigt wird. Um die Zahlen zu Ihrer bestehenden Wohnung zu ermitteln, müssen Sie meistens die einzelnen Räume ausmessen, denn in Mietverträgen findet sich meist nur die Gesamtwohnfläche.

Eine umfangreichere Tabelle finden Sie im Anhang zu Kapitel 1. Dort können Sie auch die Daten verschiedener, zu vergleichender Angebote eintragen. Ebenso findet sich die Tabelle als Download unter www.kaufen-vom-bautraeger.de.

In den Baubeschreibungen wird meist die **Bruttogrundfläche** genannt. Diese setzt sich in der Regel aus Wohn- und Verkehrsflächen (Flure, Dielen, Treppenhäuser) zusammen. Nicht selten wird der Raum für die Haustechnik (Heizung, Installationen), eigentlich eine Nutzfläche, auch zur Wohnfläche gezählt, Abstellräume, Vorratskammern und begehbare Kleiderschränke laufen ebenfalls meist unter Wohnflächen, nicht unter Nutzflächen.

Reinrassige Nutzflächen sind häufig nur Kellerräume, Garagen oder Abstellräume außerhalb der Wohnung.

Bei Ihren **Wohnräumen** werden Sie meist recht leicht Ihre Angaben machen können. Um es sich bei der Bestimmung der Nutzflächen leichter zu machen, können Sie diese im Detail vernachlässigen und folgende Faustformel anwenden: Sozialbereiche, also die gemeinsam von allen Hausbewohnern genutzten Flächen, Individualbereiche, das sind meist die Schlafzimmer, aber auch Büro oder Arbeitszimmer, und der Hauswirtschaftsbereich entsprechen meist 70 Prozent der Bruttogrundfläche, 20 Prozent der Fläche nehmen Haustechnik und Konstruktion ein, weitere 10 Prozent sind sogenannter Erschließungsbereich, also Flure, Dielen und Treppen.

Addieren Sie also zu den festgestellten Werten (in der Tabelle 1 Gesamtwohnfläche) rund 40 Prozent des Wertes hinzu, um auf die Bruttogrundfläche zu kommen.

Tabelle 1: **Raumgrößen Ist-Zustand und Wunschgrößen**

| Raum | Aktuelle Größe | Wunschgröße |
|---|---|---|
| **Individualbereiche** | | |
| Schlafzimmer | | |
| Kinderzimmer 1 | | |
| Kinderzimmer 2 | | |
| Arbeitszimmer/Büro/Kinder-zimmer 3 | | |
| Gästezimmer/Kinderzimmer 4 | | |
| **Sozialbereiche** | | |
| Küche/Wohnküche/Offene Küche | | |
| Wohnzimmer/Wohn-Esszimmer | | |
| Vorratsraum | | |
| Wohnzimmer | | |
| Terrasse/Balkon | | |
| Spielzimmer | | |
| **Funktionsbereiche** | | |
| Hauswirtschaftsraum | | |
| Vorratskammer | | |
| Elternbad | | |
| Kinderbad | | |
| Gäste-WC | | |
| **Gesamtwohnfläche** | | |
| **Nutzflächen** | | |
| Waschkeller | | |
| Abstellräume | | |
| Fahrradraum | | |
| Heizungsraum[1] | | |
| Brennstofflager[1] (bei Ölheizung) | | |
| Hausanschlussraum[2] | | |
| **Bruttogrundfläche** | | |

Tabelle 1: **Raumgrößen Ist-Zustand und Wunschgrößen**

| Raum | Aktuelle Größe | Wunschgröße |
|---|---|---|
| **Garten** | | |
| Gartenfläche | | |
| Gartenhütte | | |
| Abstellplätze | | |

[1] Gehen Sie hier von einem Richtwert von 4 bis 6 qm Flächenbedarf aus.
[2] Gehen Sie hier von einem Richtwert von 4 qm Flächenbedarf aus.

Wenn Sie also mit der Größe Ihrer aktuellen Küche durchaus zufrieden sind, dann tragen Sie bei Wunschgröße denselben Wert ein. Ist Ihr augenblickliches Schlafzimmer etwas zu beengt, dann geben Sie einen höheren Wert an oder legen einen weiteren Raum als begehbaren Kleiderschrank zu diesem Zimmer gehörig an.

Ein Raumgefühl entwickelt sich nicht aus Grundrissen, sondern aus dem täglichen Leben und Erleben. Wenn Ihnen im Bekanntenkreis bestimmte Räumlichkeiten besonders praktisch und sinnvoll erscheinen: nehmen Sie deren Daten in Ihre Wunschliste auf.

Statt konkreter Wunschgrößen können Sie auch mit Hilfe von Zeichen den Platzbedarf mit „o.k.", „größer", „kleiner", „sehr viel größer" und „neu" kennzeichnen. Mit Hilfe dieser kleinen Liste können Sie nun Grundrisse angebotener Häuser nicht nur nach Ihrem Gefühl beurteilen.

**Tipp**

Ermitteln Sie zunächst Ihren Bedarf ganz unbefangen – das Kompromisse-machen fängt noch früh genug an!

## 1.1.1 Orientierungsgrößen

Viele Reihen- und andere Einfamilienhäuser entstehen nach Schema F. Dabei werden bestimmte Werte für einzelne Räume vom Bauträger oder Architekt als „gesetzt" angenommen – es handelt sich um über Jahrzehnte eingefahrene „Standards".

**Beispiel**

Durchaus problematisch kann etwa das im Plan eingezeichnete Kinderzimmer sein: aus Kindern werden Jugendliche – das große, gemeinsam genutzte Wohnzimmer verliert dann an Bedeutung, der eigene (Rückzugs-)Raum wird wichtiger. Viele Grundrisse von Einfamilienhäusern operieren mit Grundflächen von Kinderzimmern von 8 bis 12 Quadratmetern – woher diese Plangröße kommt, ist unklar. Zieht man Bett, Schrank und Schreibtisch ab, dann bleibt wenig Lebensraum übrig. Spätestens in der Pubertät sind Probleme programmiert.

Häufig ist das Elternschlafzimmer deutlich größer vorgesehen – fragt sich nur: warum? Sicherlich verbringen Kinder und Jugendliche außerhalb der Schlafenszeiten mehr Zeit in ihren Zimmern als die Eltern in ihrem Schlafzimmer.

Und während in den (Klein-)Kinderjahren eine Nähe der Kinderzimmer zum Elternschlafzimmer hilfreich oder gar unbedingt nötig ist, relativiert sich das mit zunehmendem Alter und schlägt bei Jugendlichen ins Gegenteil um.

Mit den Eintragungen in Tabelle 1 haben Sie auch Entscheidungen darüber getroffen, wie viel Wert Sie auf Individualbereiche beziehungsweise auf gemeinsam genutzte „Sozialbereiche" legen. Platz für Kinder kann es sowohl in großen Sozialbereichen als auch in großen Kinderzimmern geben.

Wie steht es nun um den durchschnittlichen Wohnraum bei Neubauprojekten? Nach einer Studie des Forschungsinstituts empirica für die Landesbausparkassen lag der 2010 zur Verfügung stehende Wohnraum pro Kopf für Menschen unter 50 Jahren bei gut 38 Quadratmetern, einem über die Jahre sehr konstanten Wert. Durch ausziehende Kinder wächst der Wohnraum in der Altersgruppe 50 bis 65 Jahre auf durchschnittlich 48 Quadratmeter, bei den über 65-jährigen sind es 62 Quadratmeter.

Als Orientierungsgröße ergibt sich also für den Zweipersonenhaushalt eine Wohnfläche von rund 74 Quadratmetern, bei drei Personen 114 Quadratmeter und einer vierköpfigen Familie von rund 152 Quadratmetern.

Nach Analyse des Instituts gibt es bei der verfügbaren Wohnfläche interessanterweise keinen großen Unterschied zwischen der Wohnfläche in der Stadt und auf dem Land – allerdings ist in der Stadt die Anzahl der Haushaltsmitglieder in aller Regel geringer als auf dem Land, wo es die größeren Wohnungen gibt.

Liegt Ihre in Tabelle 1 ermittelte Wunsch-Wohnfläche etwa in diesem Rahmen, so schätzen Sie Ihren Wohnbedarf schon sehr richtig ein. Allerdings: Die Wohnfläche bei Reihenhäusern liegt im Bereich von 107 (Ostdeutschland) bis 123 Quadratmeter (Westdeutschland), bei Doppelhaushälften wird es etwas mehr; hier liegen die Werte im Durchschnitt zwischen 109 (Ost) und 126 Quadratmetern (West). Die rechnerischen und häufig gewünschten rund 160 Quadratmeter für Familien gibt es in aller Regel nur bei frei stehenden Einfamilienhäusern zu entsprechenden Preisen zu finden. Auch hier liegt die durchschnittliche Wohnfläche „nur" zwischen 123 (Ost) und 147 (West) Quadratmetern (Quelle: LBS Research).

## 1.1.2  An Veränderungen denken

Neben dem Status quo spielt allerdings auch die zukünftige Entwicklung des Wohnbedarfs eine entscheidende Rolle: soll eine Familie gegründet werden oder werden die Kinder schon langsam erwachsen? Wie steht es um die Mobilität im Alter? Eine Wohnung mit vielen Etagen und engen Treppen machen das Wohnen für Senioren schwer.

Es müssen genügend Räume vorhanden sein, aber ein übertriebenes und später nicht mehr genutztes Platzangebot verteuert das Projekt bei Kauf und die Unterhaltskosten später. Schließlich soll die selbstgenutzte Immobilie wahrscheinlich jahrzehntelang genutzt werden.

Im Grundsatz gilt, dass für möglichst wenige Räume deren Nutzung durch den Gebäudegrundriss vorgegeben sein sollte. **Flexibilität** bedeutet beispielsweise, dass problemlos das in der direkten Nähe des Elternschlafbereichs gelegene Kinderschlafzimmer mit dem abgelegeneren Arbeits- oder Gästezimmer getauscht werden kann.

Die in Tabelle 1 angeführten Individualräume sollten eine Grundfläche von 14 Quadratmetern nicht unterschreiten. So bieten sie sowohl Platz für ein Elternschlafzimmer mit großem oder begehbarem Kleiderschrank, Kinderzimmer mit Bett, Kleiderschrank und Schreibtisch und eventuell sogar Sofa, oder einem Arbeitszimmer oder Hauswirtschaftsraum.

Auch der spätere Umzug des Elternschlafzimmers sollte kein Tabu sein, sodass etwa zimmerbezogene Badezimmer ein Problem bei der Umnutzung der Räume darstellen können.  Ist ein Bad direkt mit dem vorgesehenen Elternschlafzimmer verbunden, mag das zwar sehr angenehm sein, verhindert oder erschwert aber eine anderweitige Nutzung.

Quadratmeterzahlen sind das eine, Grundrisse das andere: vor allem langgestreckte Räume mit Tageslicht von der schmalen Seite sind schwierig zu möblieren, ebenso Räume mit Dachschrägen.

So langweilig das auf den ersten Blick wirken mag: Grundrisse mit nahezu identischen Zimmergrößen bei quadratischen Grundrissen dienen der Flexibilität beim Wohnen.

### Wichtig

Auch wenn Ihre Wohnbedürfnisse klar beschreibbar sind und sich Veränderungen nicht abzeichnen: ein Wohngebäude ist auf eine lange Lebensdauer angelegt, und der Erwerb eines Hauses häufig mit jahrzehntelanger Nutzung verbunden. Es ist unwahrscheinlich, dass sich Prioritäten in dieser Zeit nicht ändern. Aber auch im Falle eines später anstehenden Verkaufs ist es sinnvoll, möglichst von allzu individuellen Gestaltungen und Abweichungen von der Norm abzusehen. Niemand kann sagen, wie sich genau die Wohnbedürfnisse der jetzigen Bewohner oder zukünftiger Besitzer entwickeln.

### Achtung!

Sie sollten davon absehen, dünne Wände in der Absicht einzuziehen, dass Sie dadurch später mit leichten Trockenbauarbeiten einfacher auf veränderte Wohnbedürfnisse reagieren können. Ausreichender Schallschutz ist eine wesentliche Voraussetzung, um eine angenehme Privatsphäre für alle Hausbewohner zu gewährleisten.

Falls Sie ein wenig unsicher sind, was Ihren Wohnbedarf angeht, finden Sie im Folgenden als weitere Handreichung die von der Initiative „Kostengünstig qualitätsbewusst Bauen" veröffentlichten Richtgrößen für Wohnräume.

Tabelle 2: **Richtgrößen für Wohnräume**

| Raum | Richtwert Größe in qm |
|---|---|
| **Individualbereiche** | |
| Schlafzimmer | 15–17 |
| Kinderzimmer 1 | 10–15 |
| Kinderzimmer 2 | 10–15 |
| Arbeitszimmer/Büro/Kinderzimmer 3 | 10–15 |
| Gästezimmer/Kinderzimmer 4 | 10–15 |

Tabelle 2: **Richtgrößen für Wohnräume**

| Raum | Richtwert Größe in qm |
|---|---|
| **Sozialbereiche** | |
| Küche/Offene Küche | 6–8 |
| Wohnküche | 12–14 |
| Wohnzimmer/Wohn-Esszimmer | 20–30 |
| Esszimmer | 12–14 |
| **Funktionsbereiche** | |
| Hauswirtschaftsraum | 6–15 |
| Vorratskammer | 2–4 |
| Bad | 6–10 |
| Gäste-WC | 2–3 |
| **Nutzflächen** | |
| Waschkeller | 4–6 |
| Abstellräume | 4–6 |
| Heizungsraum | 4–6 |
| Brennstofflager (bei Ölheizung) | 4–6 |
| Hausanschlussraum | 4 |

*Quelle: www.kompetenzzentrum-bauen.de*

Damit sollten Sie die notwendigen Grundlagen haben, um auf die Suche nach einer Immobilie zu gehen, und um vorliegende Exposés auf ihre grundsätzliche Verwendbarkeit untersuchen zu können.

## 1.2 Wie viel Haus kann ich mir leisten?

Es ist sehr sinnvoll, von Anfang an die Kosten in die Überlegungen einzubeziehen und bereits anhand der Bedarfsberechnung eine überschlägige Kalkulation vorzunehmen: Rechnen Sie für ein einfaches Reihenhaus mit reinen Baukosten von 800 bis 1.000 Euro pro Quadratmeter Bruttogrundfläche. Hinzu kommen die Kosten für das Baugrundstück sowie die Baunebenkosten.

Einen guten Marktüberblick liefert das jährlich von den Landesbausparkassen herausgegebene Heft „Markt für Wohnimmobilien". Es ist kostenlos über das Internet www.lbs.de oder per Post zu bestellen. (Adresse im Anhang).

Eine ebenfalls gute Übersicht findet sich beim Capital-Immobilien-Kompass auf der Internetseite www.capital.de/immobilien-kompass. Hier wird für viele Städte eine Übersicht über die verschiedenen Wohnlagen und deren Preisregionen angeboten. Zusätzlich gibt es eine Übersicht über aktuelle Entwicklungen in Sachen Neubaugebiete und Stadtentwicklung. Die Informationen zu den Immobilienpreisen stammen von lokalen Immobilienmaklern, sind im Trend also wahrscheinlich etwas zu hoch angesetzt.

Für die jeweiligen Gebäudearten gelten die folgenden Grundstücksgrößen als Richtwert:

Tabelle 3: **Richtwerte zu Grundstücksgrößen**

| Freistehendes Einfamilienhaus | 300–600 qm |
| Doppelhaushälfte | 300–400 qm |
| Reihenendhaus | 250–350 qm |
| Reihenmittelhaus | 200–300 qm |

*Quelle: LBS-Research*

Die durchschnittlichen Baulandpreise für Baugrundstücke in Mittel- und Großstädten betrugen im Frühjahr 2015, aufgeschlüsselt nach Regionen:

Tabelle 4: **Preisniveau für Baugrundstücke**

| Nord | Niedersachsen, Schleswig-Holstein, Bremen, Hamburg | 130 Euro/qm |
| Ost | Mecklenburg-Vorpommern, Sachsen-Anhalt, Berlin, Brandenburg, Thüringen, Sachsen | 80 Euro/qm |
| Mitte | Nordrhein-Westfalen, Rheinland-Pfalz, Saarland, Hessen | 220 Euro/qm |
| Süd | Baden-Württemberg, Bayern | 410 Euro/qm |

*Quelle: LBS-Research*

Ganz, wirklich ganz, überschlägig kommen Sie jetzt zu einer Summe. Tragen Sie die Werte, die auf Ihr vorgestelltes Haus zutreffen, in die Tabelle 5 ein. Das sind, vorsichtig gesagt, erst einmal nur grobe Anhaltspunkte, was die zu erwartenden Kosten angeht, denn schließlich wird hier nur mit Durchschnittswerten bei den Kosten operiert, und jeder Statistiker weiß: der Durchschnitt ist der Feind der Wahrheit. Denn je nach lokalen Bedingungen können sowohl

Grundstücks- als auch Baukosten deutlich vom Durchschnitt abweichen. Für die Baukosten gilt, ähnlich wie bei den Baulandpreisen, ein Nord-Süd-Gefälle. Die durchschnittlichen Neubaukosten pro Quadratmeter liegen zwischen 1.172 und 1.834 Euro pro Quadratmeter (LBS Research 2015). Am höchsten sind sie in Baden-Württemberg und Bayern, am niedrigsten in Sachsen-Anhalt und Niedersachsen.

Tabelle 5: **Kostenmatrix für die vorläufige Kalkulation**

| Typ | Brutto-grund-fläche Haus | | Euro/qm | Baukosten | Grund-stücks-fläche | | Euro/qm | Grund-stücks-kosten | Ge-samt-kosten ca. |
|---|---|---|---|---|---|---|---|---|---|
| Freiste-hendes Einfa-milien-haus | | * | 1.500 | = | | * | | = | |
| Doppel-haus-hälfte | | * | 1.300 | = | | * | | = | |
| Reihen-end-haus | | * | 1.200 | = | | * | | = | |
| Reihen-mittel-haus | | * | 1.100 | = | | * | | = | |
| *Beispiel: Reihen-endhaus* | *140* | * | *1.200* | *= 168.000* | *350* | * | *200* | *= 70.000* | *238.000* |

Auch wenn Sie sich für einen Kauf bereits entschieden haben, empfiehlt es sich doch sehr, diese Entscheidung im Lichte Ihrer finanziellen Möglichkeiten noch einmal zu prüfen: wie viel Haus können Sie sich leisten?

## 1.2.1 Reicht die Miete für einen Hauskauf?

Es ist der Blick auf die aktuelle Miete, der viele dazu bringt, über die Anschaffung eines Hauses nachzudenken. Denn natürlich rechnet man hoch: wie viel Miete zahle ich in den nächsten zwanzig bis dreißig Jahren und wäre es nicht sinnvoller, sich für das Geld etwas zu kaufen? Die Miete ist eine gute Grundlage, um zu erkennen, ob ein Hauskauf überhaupt möglich ist. Im Grundsatz gilt: anhand der bisherigen Nettomiete kann die mögliche **finanzielle Belastung** Ihres Haushalts ermittelt werden, da diese die Höhe der möglichen

Finanzierungsrate angibt. Angesichts der derzeit historisch niedrigen Zinsen darf die so finanzierbare Immobilie etwas teurer sein. Allerdings sollten 20–40 Prozent der Kaufsumme als Eigenkapital vorliegen, nur dann gibt es eine Chance auf eine normalgünstige Finanzierung des Immobilienerwerbs. Geringeres Eigenkapital bedeutet entweder höhere Zinsen oder dass ein Kredit komplett versagt wird. Tabelle 6 gibt einen Überblick über die „finanziellen Möglichkeiten" ersparter Mietbeträge.

Die Annahmen: Es wird ein Annuitätendarlehen, die am häufigsten eingesetzte Finanzierungsform, aufgenommen (mehr dazu im Kapitel 4). Damit das Darlehen innerhalb von 25 bis 30 Jahren abbezahlt ist, wird die anfängliche Tilgung mit 2 Prozent festgesetzt. Als Zinssatz des Darlehens werden einmal 4,5 und einmal 5,0 Prozent über die gesamte Laufzeit angenommen.

### Achtung!

Die möglichen Gesamtkosten entsprechen nicht dem, was in der Immobilienanzeige steht – mindestens 10 Prozent, meistens eher 15 Prozent kommen als Nebenkosten für Makler, Grunderwerbsteuer, Notar- und andere Kosten hinzu. Der Preis, nach dem Sie also in Anzeigen suchen sollten, steht in der letzten Spalte „Hauskosten".

Tabelle 6: **Der Netto-Mieten-Ansatz**

| Ersparte Netto-miete = Monats-rate | Zinssatz Darlehen effektiv p.a. | Maximal finan-zierbar | Eigen-kapital (25 % der Gesamt-summe) | Mögliche Gesamt-kosten | Hauskos-ten (ohne Neben-kosten) gerundet |
|---|---|---|---|---|---|
| 800 | 4,5 | 149.000 | 37.250 | 186.250 | 169.000 |
| 800 | 5,0 | 139.000 | 34.750 | 173.750 | 158.000 |
| 900 | 4,5 | 168.000 | 42.000 | 210.000 | 190.000 |
| 900 | 5,0 | 156.000 | 39.000 | 195.000 | 177.000 |
| 1.000 | 4,5 | 187.000 | 46.750 | 233.750 | 212.500 |
| 1.000 | 5,0 | 174.000 | 43.500 | 217.500 | 198.000 |
| 1.100 | 4,5 | 205.000 | 51.250 | 256.250 | 234.000 |
| 1.100 | 5,0 | 191.000 | 47.750 | 238.750 | 217.000 |
| 1.200 | 4,5 | 224.000 | 56.000 | 280.000 | 255.000 |

Tabelle 6: **Der Netto-Mieten-Ansatz**

| Ersparte Netto-miete = Monats-rate | Zinssatz Darlehen effektiv p.a. | Maximal finan-zierbar | Eigen-kapital (25 % der Gesamt-summe) | Mögliche Gesamt-kosten | Hauskos-ten (ohne Neben-kosten) gerundet |
|---|---|---|---|---|---|
| 1.200 | 5,0 | 209.000 | 52.250 | 261.250 | 237.500 |
| 1.400 | 4,5 | 262.000 | 65.500 | 327.500 | 298.000 |
| 1.400 | 5,0 | 243.000 | 60.750 | 303.750 | 280.000 |
| 1.600 | 4,5 | 299.000 | 75.750 | 373.750 | 340.000 |
| 1.600 | 5,0 | 278.000 | 69.500 | 347,500 | 316.000 |

**Achtung!**

Die in Anzeigen oder Baubeschreibungen genannten Hauspreise sind keineswegs die tatsächlichen Endpreise, denn entweder tauchen durch Sonderwünsche Extrakosten auf oder es fehlen in der Baubeschreibung schlicht Ausstattungsmerkmale, die ein Haus erst bewohnbar machen.

## 1.2.2 Was macht ein Haus teurer als das Wohnen zur Miete?

Viele Internet-Vergleichsrechner machen es sich anscheinend einfach: „Kaufen statt Mieten" oder „Wie viel Haus kann ich mir leisten?" heißen die formidablen kleinen Tabellen, in die man die Angaben zur derzeitigen Miete, zu zusätzlich verfügbarem Einkommen, zur Kredittilgung und das vorhandene Eigenkapital einträgt. Zusammen mit einem derzeit aktuellen Zinssatz ergibt sich die Summe, die man für ein Haus ausgeben könnte. Die meisten dieser Rechner berücksichtigen auch als Nebenkosten die Notarkosten, Grunderwerbsteuer und den Makler. So weit, so gut.

Der Knackpunkt an dieser Stelle ist die Annahme, wie hoch die monatliche Belastung durch Zins- und Tilgung sein darf. Hier wird die derzeitige Miete genommen, meist bestehend aus Kaltmiete plus Nebenkosten, plus einem weiteren, angeblich monatlich verfügbaren Betrag X.

Eine solche Berechnung scheitert dann, wenn nicht berücksichtigt wird, dass sich viele Nebenkosten in einem eigenen Haus im Vergleich zu den derzeitigen Mietnebenkosten verändern, meist erhöhen – und dass neue Kosten hinzukommen. Im Folgenden finden Sie die betroffenen Positionen.

- **Heizkosten:** Ob die Heizkosten höher liegen werden, hängt vor allem davon ab, wie stark sich die Grundfläche vermehrt und wie energieeffizient die bisherige Mietwohnung beheizt wurde. Sollte diese beispielsweise kaum kleiner als das neue Haus und in Sachen Wärmedämmung und Heizung veraltet sein, so sind hier sogar Einsparungen denkbar, da neue Häuser einen hohen Effizienzgrad aufweisen. Sollte es für die bisherige Wohnung bereits einen Energieausweis geben, so können Sie die Angaben zum Primärenergieverbrauch mit den Bauvorschriften für Neubauten vergleichen (siehe Kapitel 2: Welches Haus hätten Sie gerne?), und so einen Anhaltspunkt dafür finden, wie sich die Heizkosten entwickeln werden. Hinzu kommt, dass Sie als Hausbesitzer die Kosten für die jährliche Wartung und den Schornsteinfeger alleine tragen werden, ebenso die Strom-Betriebskosten.

- **Strom:** Die Stromkosten werden wahrscheinlich höher liegen als bei der bisherigen Mietwohnung, wenn die Wohnfläche wächst. Durch die Anschaffung von Energiesparlampen oder energieeffizienten Haushaltsgeräten kann der Anstieg jedoch begrenzt werden, auch durch die Auswahl eines preisgünstigen Stromanbieters.

- **Grundsteuer und Anliegerkosten:** Die Kommune setzt die sogenannte Grundsteuer B (baulich) über die Bestimmung des sogenannten Hebesatzes fest. In der Mietwohnung verteilt sich dieser Posten auf alle Mieter, für Ihr neues Haus tragen Sie diese Kosten alleine. Aufgrund der Wirtschafts- und Finanzkrise erhöhen derzeit viele Kommunen den Grundsteuer-Hebesatz. Auch Straßenreinigung und andere Anliegerkosten kommen auf den Hausbesitzer alleine zu.

- **Wasser und Abwasser:** Gerade die Abwasserkosten sind von Kommune zu Kommune unterschiedlich hoch. In Mietshäusern werden die Wasserkosten in aller Regel pro Kopf umgelegt, das bedeutet für den Einzug ins neue Haus häufig eine leichte Steigerung, da die Grundkosten, wie etwa die Zählergebühr, alleine getragen werden müssen.

- **Instandhaltungsrücklage:** Wer denkt bei einem neuen Haus schon daran, dass es altert und für Reinvestitionen in der Zukunft genug Geld zur Verfügung stehen muss? Dabei verweisen die Bauherrenverbände zu Recht darauf hin, dass diese Reinvestitionen so sicher wie das Amen in der Kirche kommen werden – von unvorhergesehenen Sonderausgaben für frühzeitig ausfallende Installationen ganz abgesehen.

Folgende Instandhaltungsaufwendungen kommen später auf den Hauskäufer zu:

Tabelle 7: **Lebensdauer von Bauelementen**

| Bauelemente | Reinvestition nach |
|---|---|
| Tapeten, Anstriche, Teppiche | 5 – 10 Jahren |
| Dachentwässerung, Regenrinne | 10 – 20 Jahren |
| Heizung, Lüftung | 10 – 20 Jahren |
| Sanitärinstallationen | 10 – 30 Jahren |
| Ziegeldach | 20 – 30 Jahren |
| Außenputz | 20 – 30 Jahren |
| Holz außen | 20 – 30 Jahren |
| Haustür, Fenster, Mauern, Wände, Fliesen | 30 – 50 Jahren |
| Dachstuhl, Außenwände | 80 – 100 Jahren |

Auch wenn das weit in die Zukunft reichende Betrachtungen sind: eine Reihe dieser Investitionen sind sehr kostenintensiv und ganz sicher nicht aus den laufenden Einnahmen heraus zu bewältigen.

Der Verband Privater Bauherren empfiehlt eine monatliche Instandhaltungsrücklage vom ersten Tag des Einzugs an in Höhe von einem Euro pro Quadratmeter Wohnfläche; das sind bei 120 qm Wohnfläche 1.440 Euro im Jahr.

**Wichtig**

Spätestens fünf Jahre nach dem Einzug sollten Sie damit beginnen, die Grundlage für spätere Renovierungen und Instandhaltungsarbeiten zu legen. Dabei kann es sich lohnen, das Geld mit einem Bausparvertrag anzusparen, denn dieser öffnet zugleich die Tür zu einem Darlehen und entzieht, in einer Form der Selbstüberlistung, das zurückgelegte Kapital einer anderweitigen Verwendung. Dabei sollte die Bausparsumme keinesfalls zu hoch gewählt werden, 10.000 Euro sind meist ausreichend. Bei der Auswahl des Tarifs kommt es vor allem auf die Darlehenskonditionen an, die Höhe der Guthabenverzinsung kommt an zweiter Stelle. Informationen zu Bausparverträgen finden Sie im Anhang im Abschnitt „Gut vorbereitet die Finanzierung stemmen".

- **Versicherungen:** Gerne vergessen werden die geänderten Bedingungen für Versicherungen, die sich durch den Einzug in ein eigenes Haus ergeben.

Die Gebäudeversicherung wird im Mietverhältnis von allen Parteien gezahlt, im eigenen Haus tragen Sie die Kosten alleine. An dieser Versicherung gegen Elementarschäden wie Feuer, Sturm und Leitungswasser kommen Sie nicht vorbei, denn die Immobilienfinanzierer bestehen zu Recht auf einer solchen Versicherung – die für die Höhe des möglichen Schadens auch vergleichsweise preiswert ist. Die Stiftung Warentest rät bei der Auswahl der Versicherung vor allem auf den Preis zu achten, zusätzlich versicherte Risiken wie Überspannungsschutz sind häufig zu teuer bezahlt.

Die häufigsten Schäden in dieser Versicherung sind Rohrleitungs- und Leitungswasserschäden, danach folgen Feuerschäden und Sturmschäden, die in den letzten Jahren deutlich zugenommen haben. Aber Achtung: Die Gebäudeversicherung zahlt nur für Schäden am Gebäude und fest mit diesem verbundene Teile. Für Inventar, Möbel, Haushaltsgeräte, Computer und Unterhaltungselektronik – um die teuersten Elemente zu nennen – kommt sie nicht auf. Dafür ist die Hausratversicherung zuständig.

In dem neuen Eigenheim ist voraussichtlich mit einer höheren Prämie bei der Hausratversicherung zu rechnen, denn häufig wird inzwischen ein Versicherungswert pro Quadratmeter Wohnfläche zugrunde gelegt, und die Wohnfläche wird sicher größer werden. Das ist ärgerlich, wenn der Wert des Inventars gleich bleibt, aber gerade bei der Hausratversicherung ist darauf zu achten, dass keine Unterversicherung eintritt beziehungsweise die Kürzung der Leistung wegen Unterversicherung ausgeschlossen ist. Unterversicherung bedeutet, dass die Versicherungssumme (und damit die Höhe der Versicherungsprämie) nicht den Wert der versicherten Gegenstände widergibt. Dann besteht die Möglichkeit für den Versicherer, die Leistung im Schadensfall (auch bei kleineren Schäden) pauschal zu kürzen. Wer also sein Inventar im Wert von 30.000 Euro nur mit einer Versicherungssumme von 20.000 Euro schützt, der muss damit rechnen, dass im Schadensfall die Versicherung die Leistung um $1/3$ kürzt, da ja nur $2/3$ des Inventars versichert waren.

Keiner Anpassung bedarf normalerweise die Haftpflichtversicherung. Die aus dem Besitz eines Hauses sich ergebenden Risiken sind normalerweise enthalten, etwa wenn der Bürgersteig im Winter nicht geräumt wurde und ein Passant zu Schaden kommt. Eine Hauseigentümer-Haftpflicht ist nur dann nötig, wenn Sie Besitzer eines Hauses mit vermieteten Wohnungen sind. Die Haftpflichtversicherung ist sicher die wichtigste aller Personenversicherungen, und man muss hier auf eine hohe Deckungssumme (mindestens 3 Millionen Euro für Personen- und Sachschäden) achten, und natürlich auf den Preis. Teure Versicherungen bieten nicht unbedingt mehr Leistung, aber je nachdem, welche Risiken (Kinder, Haustiere, Sportarten) hinzukommen, gibt es deutliche Unterschiede.

- **Risikovorsorge:** Mit der Aufnahme eines Hypothekendarlehens gehen Sie sehr langfristige Verbindlichkeiten ein: für 25 bis 30 Jahre werden Zins und Tilgung fällig, ein Zeitraum, dessen Fährnisse zu Beginn kaum zu überschauen sind.

Damit nicht bei der kleinsten Krise die Zahlungen ins Stocken geraten, benötigt man „Luft" zwischen dem monatlichen Einkommen und den laufenden Ausgaben – und für die großen Krisen mindestens eine Versicherung.

In jungen Jahren sollte jeder eine Berufsunfähigkeitsversicherung abschließen, da diese alleine das finanzielle Risiko abdeckt, das bei fortgesetztem Ausfall der Arbeitskraft entsteht. Die von der gesetzlichen Rentenversicherung noch mögliche Erwerbsunfähigkeitsrente ist schmal und an harte Bedingungen geknüpft – nichts, mit dem man sich weiter die Finanzierung eines Eigenheims leisten könnte. Die Berufsunfähigkeitsversicherung sollte dynamisch sein, also eine über die Laufzeit immer höhere Leistung bieten – schließlich steigen die Preise ja auch an. Beim Hauskauf ist zu prüfen, ob die zugesagte monatliche Berufsunfähigkeitsrente im Versicherungsfall in der Lage ist, die weitere Finanzierung des Hauses und einen gewissen Lebensstandard sicherzustellen. Am besten ist es, wenn ohne neue Gesundheitsprüfung eine Aufstockung der Leistung möglich ist, auch wenn dabei die Prämie steigt. Bei Paaren sollten beide versichert sein, auch wenn „im Zweifel" der eine für den anderen finanziell einstehen würde.

Für den Todesfall sollten dringend mindestens die Restschulden der Hypothek versichert sein – damit beim Ausfall etwa des Hauptverdieners nicht sofort die Finanzierung ins Rutschen kommt. Dafür kommt am preisgünstigsten eine Risikolebensversicherung mit fallender Versicherungssumme infrage. Das Prinzip: zu Beginn des Versicherungszeitraums, der in etwa der voraussichtlichen Dauer der Kreditrückzahlung entspricht, ist die Versicherungssumme am höchsten. Mit jedem Jahr der Tilgung sinkt die Versicherungssumme parallel zur Restschuld, sodass also in den letzten Jahren die Versicherungssumme recht niedrig ist. Dabei gibt es auf der einen

Seite Tarife, die exakt an den vorliegenden Tilgungsplan der Kredite angepasst sind, und auf der anderen Seite vereinfachte Tarife mit einer linear sinkenden Versicherungssumme. Bei den letzteren kann es sein, dass Restschuld und Versicherungssumme weit auseinanderklaffen, vor allem in den ersten Jahren, in denen bei einem Annuitätendarlehen kaum getilgt, sondern fast nur Zinsen gezahlt werden.

Die Auswahl ist bei den linear sinkenden Tarifen deutlich größer, vor allem die preiswerten Online-Versicherer verstehen sich besser auf „Standardprodukte", während Verträge, die sich genau am Absicherungsbedarf orientieren, meist teurer sind, weil sie individuell kalkuliert werden und online nicht erhältlich sind.

Der Versicherungsbeitrag bleibt entweder über die gesamte Laufzeit konstant (meist bei den linear sinkenden Versicherungssummen) oder wird jährlich neu berechnet.

Überschussbeteiligungen der Versicherungen können entweder genutzt werden, um die monatlichen Beiträge zu senken, oder um die Versicherungssumme aufzustocken. Um die monatliche Belastung vor allem am Anfang niedrig zu halten, empfiehlt sich die Beitragsverrechnung.

**Wichtig**

Schließen Sie die Risikolebensversicherung zur Kreditsicherung für alle Schuldner ab. Häufig wird nur der Hauptverdiener versichert, da man davon ausgeht, dass er alleine auch zukünftig die Raten wird zahlen können. Doch manchmal kommt die Finanzierung schon dann ins Rutschen, wenn die Einnahmen aus einem Mini-Job fehlen oder die Kinderbetreuungskosten nach Ausfall des Partners enorm ansteigen.

Die Preisunterschiede bei diesen Restschuldversicherungen sind enorm, vor allem angesichts der langen Laufzeit summieren sie sich auf mehrere Tausend bis Zehntausend Euro. Ein intensiver Versicherungsvergleich ist daher wichtig, und da das Produkt ein wenig komplizierter ist als andere, reicht es nicht aus, nur Internetvergleichsrechner zu befragen.

Manchmal bieten auch die finanzierenden Banken solche Versicherungen an – man sollte diese in den Preisvergleich aufnehmen, nicht aber blind „hinzukaufen".

Weitere Hintergrundinformationen zu Restschuldversicherungen dazu hat die Stiftung Warentest in der Ausgabe 4/2012 veröffentlicht. Der Artikel ist kostenfrei auf www.test.de abrufbar.

Häufig werden seit ein paar Jahren sogenannte Arbeitslosigkeitsversicherungen angeboten, die auch dann einspringen sollen, wenn der Hauptverdiener und damit der Hauptzahler für die Kreditschuld ausfällt. Die Stiftung Warentest hat sich diese Versicherungen genauer angesehen und rät in test 3/2008 davon ab: „Der Schutz hat allerdings so viele Schwächen, dass wir ihn kaum empfehlen können. Verschiedene Klauseln in den Versicherungsbedingungen machen es schwer, zum Beispiel bei Arbeitslosigkeit die erhoffte Leistung zu bekommen."

Hinzu kommt, dass diese Versicherungen sehr teuer sind, und bei Arbeitslosigkeit ohnehin nur für einen begrenzten Zeitraum gezahlt wird. Die angesprochenen Klauseln drehen sich um Wartezeiten, Karenzzeiten und die Dauer der Vorbeschäftigung.

### Wichtig

Das Geld für eine Arbeitslosigkeitsversicherung kann man sich im wörtlichen Sinne „sparen" – lieber die freien Rücklagen des Haushalts so erhöhen, dass die Kreditraten für mindestens sechs Monate gezahlt werden können.

## 1.2.3 Offen und ehrlich kalkulieren

Hier soll niemandem Angst vor dem Hauskauf gemacht werden, aber es ist wichtig, sich bei der Kalkulation der möglichen Anschaffungskosten keinen (Selbst-)Täuschungen hinzugeben. Denn bei nicht wenigen Hauskäufern schlägt gerade eine knappe finanzielle Kalkulation schnell in Frust bis hin zu Existenzängsten um. Das belastet Beziehungen und Familien, aus dem Traumhaus wird der Klotz am Bein, der die Luft zum Atmen nimmt.

Daher in diesem Buch, das ja primär Wissen über den Bauträgerkauf vermitteln will, auch der Appell an Sie, die eigene finanzielle Situation auf den Prüfstand zu stellen und realistisch zu ermitteln. Prüfen Sie die Ausgaben, die Sie im Augenblick tätigen müssen oder können und vergleichen Sie das mit Ihrer Einnahmensituation und deren möglicher Entwicklung.

## Wichtig

Überspringen Sie diese Rechnung nicht: Sie müssen sie ohnehin vorlegen, wenn Sie einen Kredit bekommen wollen. Am Anfang des Kapitels 4 finden Sie eine Liste aller Unterlagen, die Sie für einen Kreditantrag brauchen. Und für nahezu jede Bank müssen Sie einen Fragebogen zu Ihrer Einnahmen- und Ausgabensituation ausfüllen. Diese Daten haben Sie dann schon vorliegen.

## Einnahmen

Die Einnahmen sind schnell ermittelt, als Jahres- beziehungsweise Monatsnettogehalt. Nicht in die Rechnung eingehen sollten 13. Monatsgehalt, Urlaubs- oder Weihnachtsgeld. Zum einen bieten sie die erste finanzielle Reserve, zum anderen hängen derartige Zahlungen häufig von der finanziellen Situation des Arbeitgebers ab, können bei Tarifverhandlungen Verschiebemasse sein oder durch einen Arbeitsplatzwechsel entfallen (beim Antrag für den Kredit geben Sie diese Einnahmen aber selbstverständlich an).

Auf die Einnahmeseite gehören aber das Kindergeld oder Mieteinnahmen sowie sonstige mögliche regelmäßige Einkommen etwa aus Renten.

Aus beiden Posten addiert ergibt sich das monatlich verfügbare Einkommen.

## Tipp

Für ein Worst-Case-Szenario setzen Sie bitte Ihr Gehalt beziehungsweise die Gehälter mal auf 67 Prozent. Das entspricht dem Arbeitslosengeld I oder dem Kurzarbeitergeld.

Tabelle 8: **Einnahmenübersicht**

|  | **Ist-Zustand** | **Worst-Case** |  |
|---|---|---|---|
| Gehalt 1 |  | 67 % |  |
| Gehalt 2 |  | 67 % |  |
| Sonstige regelmäßige Einnahmen |  |  |  |
| **Summe:** |  |  |  |

## Ausgaben

Jetzt wird es schon wesentlich schwieriger. Auf den Kopf zu wird kaum jemand sagen können, wie hoch seine monatlichen Ausgaben sind, und wie sie sich verteilen.

Am meisten helfen dabei die Kontoauszüge und Kreditkartenabrechnungen, die für einen schnellen Überblick zur Hand genommen werden können. Benutzen Sie die Auszüge über einen Zeitraum von drei Monaten, um eine Ausgabenübersicht zu erhalten; berücksichtigen Sie aber auch jährliche Zahlungen, die in diesen nicht enthalten sind (häufig werden diese Zahlungen im Januar und Juli fällig).

**Tipp**

Wenn Sie etwas Zeit haben, dann strukturieren Sie Ihre Ausgaben in den kommenden Monaten und machen im Anschluss daran die Auswertung. Dazu zahlen Sie so wenig wie möglich bar, also etwa alle Tankfüllungen per Kreditkarte, die Supermarkteinkäufe mit der EC-Karte per Lastschrift oder PIN. Auf den Auszügen bekommen Sie Ihre Ausgabenstruktur so recht einfach serviert.

Ergänzend oder alternativ führen Sie ein Haushaltsbuch, in dem alle Ausgaben erfasst werden – aber bitte ohne Tricks: auch unvorhersehbare einmalige Ausgaben oder Aufwendungen fürs Hobby, teures Essen gehen oder anderes gehören nun mal zum Leben und daher in die Ausgabenliste.

Am einfachsten ist es, die monatlichen Abbuchungen vom Konto zu identifizieren: Mietnebenkosten, Strom, Wasser, Telefon- und Internetkosten, Kabelfernsehen, bestehende Ratenkredite, Leasingraten, Kindergarten- oder Schulkosten sowie monatlich fällige Versicherungen.

Wie im vorangegangenen Abschnitt geschildert, werden sich einige Beträge durch den Umzug in ein neues Haus wahrscheinlich erhöhen, als Näherungswert kann man bei diesen 30 Prozent aufschlagen. Ergänzen Sie noch Kosten, die erst durch das neue Haus anfallen, etwa die Instandhaltungsrücklage.

Tabelle 9: **Monatliche Ausgaben**

| Monatliche Kosten | Ist | Zukünftig |
|---|---|---|
| Grundsteuer | | |
| Strom | | |
| Wasser | | |
| Abwasser | | |
| Sonstige Mietnebenkosten | | |
| Telefon/Internet | | |
| Handy | | |
| Kindergarten/Betreuung | | |
| Sparbeträge (Riester etc.) | | |
| Zeitungen, Zeitschriften | | |
| Bestehende Kredite | | |
| Weitere Posten | | |
| Instandhaltungsrücklage | | |
| **Summe** | | |

Bei den jährlich auftretenden Zahlungen gilt es, diese auf 12 Monate zu verteilen. Das sind häufig vor allem Versicherungsbeiträge, Kfz-Steuer sowie Mitgliedsbeiträge von Vereinen und Verbänden. Überschlagen Sie Ihre jährlichen Ausgaben für Urlaub und nehmen Sie diese ebenfalls in die Liste auf.

Berücksichtigen Sie auch etwa quartalsweise fällige Zahlungen, wie etwa Kontoführungskosten oder den Rundfunkbeitrag.

Tabelle 10: **Umrechnung jährlicher Aufwendungen**

| Aufwendungen | Jahresbeitrag | Umgerechnet auf den Monat |
|---|---|---|
| Haftpflichtversicherung | | |
| Hausratversicherung | | |
| Versicherung | | |
| Versicherung | | |
| Versicherung | | |
| Versicherung | | |
| Vereinsbeitrag | | |
| Vereinsbeitrag | | |
| Kfz-Steuer | | |

Tabelle 10: **Umrechnung jährlicher Aufwendungen**

| Aufwendungen | Jahresbeitrag | Umgerechnet auf den Monat |
|---|---|---|
| Kfz-Versicherung | | |
| Urlaub | | |
| Sonstiges | | |
| **Summe** | | |

In den Kontoauszügen müssten sich jetzt noch die Ausgaben für die Lebensführung finden, also Lebensmittel, Restaurantbesuche, Kleidung und Schuhe, Kosten für weitere Verkehrsmittel, Freizeitaktivitäten wie Kino, Freizeitparks und Hobbys.

Entscheiden Sie selbst, ob das gewählte Quartal „typisch" ist und notieren Sie auch diese Ausgaben. Problematisch ist meist das vierte Quartal, da dort Weihnachtseinkäufe ja nicht aufs Jahr hochgerechnet werden sollten, fällt etwa Urlaub in ein anderes Quartal, so entsprechen die Ausgaben für Lebensmittel gleichfalls nicht dem „typischen" Verbrauchsverhalten.

Tabelle 11: **Konsum und Freizeit**

| Ausgaben | Ist |
|---|---|
| Lebensmittel | |
| Kleidung | |
| Verkehrsmittel | |
| Freizeit | |
| Sonstiges | |
| **Summe** | |

Es gibt ein paar Faktoren, die sich mit einer reinen Ausgabenaufstellung nicht identifizieren lassen – vor allem rund um die Kfz-Nutzung. Hier gilt es neben den Kraftstoffkosten, Versicherung und Steuer auch Wartungs- und Reparaturkosten sowie die Abschreibung zu berücksichtigen. Die Abschreibung erfasst den Wertverlust eines Fahrzeugs. Diese Rechnung ist nicht einfach, denn der Wertverlust von Neuwagen ist in den ersten Jahren zwar sehr hoch, doch schließlich kommt er auch erst dann zum Tragen, wenn das Auto wirklich verkauft werden soll. Wer also alle zwei Jahre einen neuen Wagen anschafft, der muss anders kalkulieren als der Fahrer, der sein Auto

nutzt, bis es buchstäblich auseinanderfällt. Für ihn sind Reparaturkosten ein wichtigerer Faktor als der laufende Wertverlust.

Der ADAC veröffentlicht regelmäßig für viele Neuwagen die rechnerischen monatlichen Kosten. Angenommen wird dabei eine
Haltedauer von vier Jahren bei 15.000 km Laufleistung im Jahr,
eine durchschnittlich teure Versicherung sowie angesetzte Ben-
zinkosten von 1,40 Euro/Liter Super.

Für den Toyota Avensis 1.6 D-42 rechnet der ADAC (Stand Oktober
2015) mit monatlichen Fixkosten von 119 Euro, Werkstattkosten
von 59 Euro, Betriebskosten von 85 Euro und einem Wertverlust
von 335 Euro. Das macht pro Monat zusammen 598 Euro oder
47,8 Cent pro Kilometer.

Die Übersicht für 1.600 Neuwagenmodelle gibt es für Mitglieder
auf der Webseite www.adac.de unter „Info, Test und Rat", weiter
zu „Auto", „Autokosten" und „Autokosten Übersicht". Bis zu 7.500
Modelle können zusätzlich errechnet werden. Selbst wenn Sie kein
Mitglied sind: wahrscheinlich kennen Sie eines, das Ihnen bei der
Recherche hilft.

Allerdings werden in diesen Beispielrechnungen unter Fixkosten
Steuer und Versicherung erfasst und unter Betriebskosten der Ben-
zinverbrauch. Dafür haben Sie ja „Ist"-Zahlen. In die kalkulatori-
schen Kosten sollten daher nur die angenommenen Werkstattkosten
und der Wertverlust aufgenommen werden.

Berücksichtigen Sie auch Veränderungen, die sich durch den neuen
Wohnort ergeben. Vielleicht bedarf es in Zukunft nur noch eines
Fahrzeugs für die Familie – die damit verbundenen Einsparungen
sind enorm. Andersherum ergibt sich eine zusätzliche Belastung,
wenn nun die Wegstrecken größer werden oder ein zweites Auto
angeschafft werden muss!

Ähnliche Überlegungen wie für das Auto müssen auch für Haushaltsgeräte und andere, größere (Ersatz-)Anschaffungen angestellt
werden. Nach rund 10 Jahren werden meistens Waschmaschine,
Trockner, Spülmaschine oder Staubsauger „fällig".

Tabelle 12: **Kalkulatorische Kosten**

|  | Kosten |
|---|---|
| Rechnerische KFZ-Kosten |  |
| Rücklage für Ersatzbeschaffungen (Mindestens 25 €) |  |

## Gegenüberstellung

Jetzt können Sie die Einnahmen und Ausgaben aus den Tabellen 8 bis 11 übertragen und einander gegenüberstellen.

Tabelle 13: **Übersicht Einnahmen und Ausgaben**

| Einnahmen |  |
|---|---|
| Monatliche Ausgaben |  |
| Jährliche Aufwendungen |  |
| Konsum und Freizeit |  |
| Kalkulatorische Kosten | – |
| **Überschuss** |  |

Tatsächlich: Hier muss am Ende ein Überschuss stehen, sonst steht Ihre Lebensführung ja bereits ohne Eigenheim auf der Kippe. Dieser Betrag sollte Ihre derzeitige Nettokaltmiete überschreiten und entspricht der Summe, die Sie zur Hausfinanzierung einsetzen können, ohne an der erreichten Lebensqualität Abstriche machen zu müssen.

Wie die Banken Ihre Angaben nachrechnen, das erfahren Sie im Kapitel 4.

## Ausgaben senken

Nach der Zusammenstellung Ihrer Ausgaben ist es sinnvoll, einen Blick auf Ihre laufenden Verbindlichkeiten zu werfen, um herauszufinden, ob Sie Ihre Ausgaben an manchen Stellen senken können. Hier lohnt es sich, insbesondere die Versicherungen zu überprüfen.

Nach einer Statistik des Forschungsinstituts Allensbach gibt es in deutschen Haushalten folgende Versicherungen:

Tabelle 14: **Versicherungen pro Haushalt**

| Anteil der Haushalte in Prozent | Versicherung |
|---|---|
| 80,9 | Kfz-Haftpflicht |
| 77,1 | Hausrat |
| 70,8 | Privathaftpflicht |
| 24,4 | Familien-Rechtsschutz |
| 31,1 | Verkehrs-Rechtsschutz |
| 25,6 | Private Rentenversicherung |
| 24,1 | Berufs- und Erwerbsunfähigkeitsversicherung |
| 40,6 | Unfallversicherung |
| 36 | Kfz-Vollkaskoversicherung |

*Quelle: Allensbacher Markt- und Werbeträgeranalyse/Gesamtverband der Deutschen Versicherungswirtschaft 2009*

Es ist erschreckend zu sehen, dass häufiger Kraftfahrzeuge gegen den wirtschaftlichen Totalverlust versichert sind als die Arbeitsleistung des Hauptverdieners einer Familie.

Gerade bei Versicherungen ist das Einsparpotenzial enorm. Bei gleichem Versicherungsschutz kann der Anbieterwechsel eine Ersparnis von mehreren hundert Euro im Jahr bringen, die Stiftung Warentest nennt im Durchschnitt 400 Euro im Jahr an Einsparmöglichkeit. Darüber hinaus gibt es eine Reihe von meist überflüssigen Versicherungen wie Glasversicherung, Reisegepäckversicherung, Insassenunfallversicherung, „Ausbildungsversicherung" oder Sterbegeldversicherung. Bei der Lebensversicherung raten Verbraucherschützer durchgehend zur Risiko-Lebensversicherung und die Geldanlage sollte nicht Bestandteil eines Versicherungsvertrags sein. Vor allem als Hausbesitzer ist es bei Altersvorsorgeprodukten wichtig darauf zu achten, dass die Einzahlungen flexibel gestaltbar sind. Bei Kapitallebensversicherungen und privaten Rentenversicherungen sind die Belastungen über lange Zeiträume hinweg festgelegt; wenn hier etwas geändert werden muss, etwa weil nicht genügend Einnahmen zur Verfügung stehen, wird es sehr teuer. (ETF-)Fondssparpläne und andere flexible Anlageformen können hingegen bei Liquiditätsengpässen ohne Renditeverlust „heruntergefahren" werden.

**Tipp**

Verschaffen Sie sich einen Überblick über Ihren tatsächlichen Versicherungsbedarf und vergleichen Sie die Beiträge unterschiedlicher Anbieter. Eine sehr gute Orientierung geben die ausführlichen Versicherungsvergleiche der Stiftung Warentest. Online können Sie sich alle wichtigen Tests ansehen, wenn Sie für sieben Euro die „Flatrate" buchen: mit dieser haben Sie Zugriff auf das Archiv von test und Finanztest. Laden Sie sich alle relevanten Artikel runter, die Flatrate hat nur eine Mindestabonnementdauer von einem Monat – Sie kommen also für sieben Euro auf einen Schlag an alle relevanten Informationen.

**2**

# Welches Haus hätten Sie gerne? Hintergrundwissen für Hauskäufer

In diesem Kapitel werden Ihnen die notwendigen Grundkenntnisse über **Gebäudetypen** und **Bauweisen** vermittelt, denn deren spezifische Vor- und Nachteile bestimmen mit über die Auswahl des Projekts.

Zum Angebotsvergleich müssen **Ausstattungsmerkmale** herangezogen werden, etwa Wohnfläche oder Grundstückswert. Nur deren Berücksichtigung ermöglicht eine qualifizierte Entscheidung.

Bauträger liefern nahezu jedes gewünschte Haus in jeder gewünschten Bauweise. Bei der Angebotsauswahl sollte man sich Gedanken über die spezifischen Vor- und Nachteile bestimmter Haustypen machen und in Sachen Ausstattung ein paar Vorentscheidungen treffen.

Auch um Angebote miteinander vergleichen zu können, müssen Sie eine Reihe von Grundkenntnissen mitbringen – sonst sind Sie dem Makler oder Bauträger in der Entscheidungsphase klar unterlegen. Machen Sie sich klar, was Ihre Bedürfnisse sind.

## 2.1 Gebäudetyp und Bauweise

Grundsätzlich muss zuerst die Entscheidung über den Gebäudetyp getroffen werden. Beim frei stehenden Einfamilienhaus herrscht die größte Auswahl, was Bauweise und Ausstattung angeht. Dieser Bautyp wird allerdings nur von wenigen Bauträgern angeboten, aber es gibt von Firmen, die regelmäßig mit Fertighaus-Herstellern zusammenarbeiten, recht häufig Angebote, vor allem in Gegenden, in denen die Baulandpreise nicht exorbitant sind.

Häufiger im Angebot sind:

- Doppelhaushälften
- Reihenmittel- und
- Reihenendhäuser

## 2.1.1 Gebäudetypen

Es ist zwar auch eine Frage des verfügbaren Finanzierungsrahmens, wenn es um die Auswahl des bevorzugten Gebäudetyps geht, aber nicht nur: mit verschiedenen Gebäudeformen sind spezifische Vor- und Nachteile verbunden, die Sie kennen sollten.

### Freistehendes Einfamilienhaus

Dieser Gebäudetyp bietet die größte Freiheit bei der Gestaltung der eigenen Immobilie und auch beim Bewohnen. Stellflächen oder Garagen befinden sich auf dem eigenen Grundstück, das aber auch deutlich größer sein muss als bei allen anderen Angeboten. Allerdings: wer sich manche Neubausiedlung mit freistehenden Einfamilienhäusern ansieht, der findet nicht selten ein engeres Zusammenleben als in einer gut geplanten Reihenhaussiedlung vor, wenn die Grundstücke nicht mehr als die meist vorgeschriebenen drei Meter Abstand des Gebäudes von der Grundstücksgrenze aufweisen.

Die Errichtung eines frei stehenden Hauses wird häufiger von einem Generalübernehmer oder -unternehmer (GÜ/GU) statt von einem Bauträger übernommen. Wird Standardarchitektur verwendet, ein sogenanntes **Typenhaus**, so müssen die Baukosten nicht allzu sehr von anderen Gebäuden abweichen, allerdings ist meist die Zahl der Sonderwünsche oder Extras größer als etwa beim Reihenhaus. Beim Typenhaus werden gängige und bewährte Grundrisse wiederverwendet, die Ausführung erfolgt häufig als Fertighaus (siehe unten).

Beim frei stehenden Einfamilienhaus empfiehlt es sich auch, über die Einrichtung einer Einliegerwohnung nachzudenken. Im Zuge sich verändernder Nutzung ermöglicht eine abgetrennte oder abtrennbare Wohnung eine Nutzung als Wohnraum für erwachsene Kinder oder als Mietwohnung etwa ab dem Zeitpunkt, zu dem die Kinder ausgezogen sind. Sind keine Kinder im Haus, kann die Mietwohnung von Anfang an einen Beitrag zur Finanzierung der Immobilie leisten. Allerdings: ob ein solcher Entwurf sinnvoll ist, hängt auch von der

Nachfrage nach (ja meist eher kleineren) Wohneinheiten auf dem Mietwohnungsmarkt ab.

Recherchieren Sie die Nachfrage nach Mietraum in Ihrem „Zielgebiet" genau – denn häufig sind kleinere 2-Zimmer-Wohnungen nur im Einzugsgebiet von größeren Städten wirklich gesucht. Und machen Sie sich klar: als Vermieter von Wohnfläche im eigenen Haus ist die erreichte „Freiheit" durch das eigene Haus begrenzt und es kommen zahlreiche Verpflichtungen auf Sie zu. Andererseits ist eine solche Mietwohnung auch aus steuerlichen Erwägungen heraus interessant, weil sich die Herstellungskosten, Zinskosten und Ausgaben für Reparaturen als Ausgaben in der Steuererklärung ansetzen lassen. Allerdings sollte Sie dabei ein Steuerberater schon sehr früh etwa über die Vertragsgestaltung mit dem Bauunternehmer und später die Gestaltung des Mietvertrags beraten.

Gerade durch eine solche „Querfinanzierung" wird das frei stehende Einfamilienhaus interessant, ebenso unter Flexibilitätsgesichtspunkten.

Da das Haus nur frei stehende Außenwände hat, ist der Aufwand zur Wärmedämmung höher, was die Baukosten erhöht. Im Verbrauch, etwa von Heizenergie, dürften nach aktuellen Standards errichtete Häuser allerdings nicht schlechter abschneiden als vergleichbare Doppel- oder Reihenhäuser. Möglicherweise kann die Ausrichtung des Daches für die Installation einer Solaranlage optimiert werden.

## Doppelhaus

Ein guter Kompromiss ist die auch in den Bauordnungen vieler Gemeinden bevorzugte Form des Doppelhauses. Wand an Wand mit nur einem Nachbarn wohnen, und dabei die preismindernden Effekte einer kompakteren Bauweise nutzen. Bei ordentlicher Schalldämmung zwischen den Gebäudehälften ist der Komfort nicht geringer als beim Einfamilienhaus. In manchen Gegenden sind allerdings Doppelhäuser ein eher neues Phänomen, während im Ruhrgebiet, im Raum Bremen und an der Nordseeküste schon lange Doppelhäuser gebaut werden.

Der Einfluss des Käufers auf die Bauform ist hier gering, immerhin bieten drei Seiten Flächen für Fenster, sodass Treppen, Bäder und Hauswirtschafts- oder Vorratsräume in der Regel zur Seite des Nachbarhauses angelegt werden.

Auch für das Doppelhaus bietet sich eine ordentliche Ausrichtung des Gebäudes und der hauptsächlich genutzten Räume nach Süden/Westen hin an.

**Tipp**

In immer mehr Wohngebieten sieht man „halbe Doppelhäuser" stehen, wenn etwa nur eine Hälfte verkauft werden konnte. Grundsätzlich macht das keine bautechnischen Schwierigkeiten, schließlich sind die Außenhüllen der beiden Gebäude unter anderem aus Schallschutzgründen ohnehin voneinander zu trennen. Allerdings muss sich der Erwerber des zuerst erstellten Hauses darauf einstellen, dass mit der Bauphase der zweiten Gebäudehälfte Lärm, Schmutz und andere Belästigungen zurückkehren. Wird Ihnen ein solches „halbes Haus" angeboten, sollten Sie dafür Abschläge vom Kaufpreis als „Schmutzzulage" verhandeln.

## Reihenhaus

Der klassische Gebäudetyp für das Bauträgerhaus ist das Reihenhaus, entweder auf beiden Seiten umstanden von Nachbarn als Mittelhaus oder am Ende des Objektes als Reihenendhaus. Letzteres hat ebenfalls die Chance, im Grundriss drei Lichtseiten vorzusehen, meist hat das eine Reihenendhaus in der Kette die etwas schlechteren Lichtverhältnisse als das andere, wenn es etwa Nord- und Ostseiten hat.

Bei einem Reihenmittelhaus entsteht der geringste Flächenbedarf (und damit auch die geringste Gartenfläche). Nur zwei Gebäudeseiten bekommen Tageslicht, häufig finden sich Treppen und Badezimmer im Mittelbereich des Gebäudes.

Am Grundriss der Gebäude ist in aller Regel für den Käufer nichts zu ändern, einzig ein paar nicht tragende Innenwände können wohl versetzt oder Zimmer zusammengefasst werden.

## 2.1.2 Bauweise

Sie müssen nicht Bauingenieurswesen studiert haben, um ein Haus zu kaufen. Ein paar grundlegende Informationen zu Bauweisen und den verwendeten Materialien schaden aber nicht.

## Massivbau

Der Standard bei Bauträgerhäusern ist die sogenannte Massivbauweise. Darunter ist ein Gebäude aus Mauerwerk und Beton oder Stahlbeton zu verstehen. Das „Massiv" steht dafür, dass es keine Trennung zwischen der tragenden Funktion der Wände und der raumabschließenden Form gibt, anders als etwa beim Fachwerkbau, wo die Holzkonstruktion die tragenden Eigenschaften bestimmt und die eigentliche Wand nicht-tragend den Grundriss bestimmt.

Mauerwerk, aber auch Beton bilden dabei Außen- und Innenwände und sind teilweise tragend ausgeführt. Kalksandsteine, Leichtbetonsteine, häufig Porenbetonsteine oder auch klassischer Ziegel kommen zum Einsatz. Die Zwischendecken bestehen aus Stahlbeton, Leicht- oder Porenbeton, das Dach kann ebenfalls aus diesen Materialien bestehen oder es wird mit Ziegeln eingedeckt.

Je nach Material kommen unterschiedliche Eigenschaften zur Wärmedämmung und zur Tragkraft zum Zuge; Statik und Energieeffizienzberechnung müssen sich auf das angebotene Material beziehen.

Was der Bauträger nutzt, hängt meist von den aktuellen Preisen ab, auch in der Verarbeitung gibt es Kostenunterschiede. Hier ein paar kurze Hinweise auf die besonderen Eigenschaften einzelner Materialien:

- **Kalksandstein** wird für Innen- wie Außenwände verwendet. Es ist vergleichsweise schwer und daher gut schalldämmend. Allerdings verfügt das Material über eine hohe Wärmeleitfähigkeit, sodass zusätzliche Maßnahmen zur Wärmedämmung nötig sind. Angekratzt wurde der Ruf des Kalksandsteins 2008 durch das Bekanntwerden des Verkaufs minderwertiger Kalksandsteine durch einen der größten Produzenten in Deutschland, dessen schadhafte Produkte als „Bröselsteine" bekannt geworden sind.

- **Leichtbetonsteine** punkten zwar in der Wärmedämmung, bieten aufgrund ihrer geringen Dichte dafür aber wesentlich schlechtere Schallschutzeigenschaften. Als Außenwand kann das Produkt wegen seiner Eigenschaft, gut Feuchtigkeit aufzunehmen, diese aber nur langsam wieder abzugeben, nur mit weiteren Abdichtungsmaßnahmen verwendet werden.

- **Porenbetonsteine** ähneln in der Verarbeitung Kalksandsteinen, sind aber mit deutlich besseren Wärmedämmungseigenschaften versehen, ihre Tragfähigkeit ist hoch. Dafür schwächelt das Material beim Schallschutz. Porenbetonsteine sind leicht zu verarbeiten und daher sehr beliebt.

- Der klassische **Ziegel- oder Backstein** verliert in der Praxis an Bedeutung. Wo er noch eingesetzt wird, kommt er als Lochziegel zum Einsatz, was größere Steine ermöglicht und die eingemauerte Luft sorgt für eine gute Wärmedämmung. Als Variante kommt der Planziegel zum Einsatz, der aufgrund seiner sehr exakt einzuhaltenden Abmessung mit wesentlich weniger Mörtel miteinander verbunden werden kann; man kann auch von verkleben sprechen, denn die Mörtelschicht ist nur noch ein bis drei Millimeter dick, im Gegensatz zum sonst klassischen Mörtelbett von 12 Millimetern. Die geringere Mörtelmenge verbessert die Wärmedämmung der Wand ganz erheblich. Durch das Aufbringen des Mörtels mit einer Walze ist die Bearbeitungszeit kürzer, was ein Kostenvorteil ist.

Beim Massivhaus kommen auch zahlreiche vorgefertigte Bauteile zum Einsatz, vor allem Geschossdecken, die nicht mehr vor Ort aus Beton gegossen, sondern als Fertigelemente angeliefert werden.

Seit einigen Jahren gibt es auch vielfältige **Holz-Massivhaus**-Angebote auf dem Markt, der Klassiker ist dabei die Blockbohlenbauart, bei der Holzprofile in Nut- und Federverbindung ineinander fassen. Das „Blockhaus" wird an der Innenseite zusätzlich wärmeisoliert. In der Brettstapelbauart werden Bretter mit mindestens 24 mm Dicke gestapelt und entweder mit Klebstoffen oder mit mechanischen Verbundmitteln zu einer Wand zusammengefügt. In der Brettsperrholz-Variante kommen Bretter unterschiedlicher Stärke und Breite zum Einsatz, die kreuzförmig zusammengefügt werden. Die Öffnungen für Türen und Fenster werden dann herausgeschnitten.

Viele dieser Elemente werden in einem Werk vorproduziert. Entscheidend ist, dass es sich um massive Holzwände im Gegensatz zur Holz-Fertighaus-Montage handelt (siehe unten).

Holz-Massivhäuser weisen eine kürzere Bauzeit für den Rohbau auf, und die langjährigen Erfahrungen mit dem Material sind überwiegend positiv. Ob und welche Erhaltungsmaßnahmen, etwa Anstriche und Lasuren, für das Haus notwendig sind, darüber sollten Sie sich aber im Detail erkundigen.

## Fertighausbau

Das klassische Fertighaus wird industriell vorgefertigt, in Einzelteilen zur Baustelle geschafft und dort endmontiert. Die standardisierte Produktion bringt Kostenvorteile, auch ist es weitaus weniger kompliziert, die Anforderungen an Wärmedämmung und Energieeffizienz einzuhalten. Qualitativ stehen Fertighäuser einem Massivbau in nichts nach, es gibt sogar Vorteile dadurch, dass am Gewerk nicht eine Vielzahl unterschiedlicher Handwerker beteiligt sind, sondern alles aus einer Hand kommt. In der Rohbauphase kommt ein klarer Zeitvorteil hinzu, das Fertighaus ist schneller montiert als ein Massivhaus hochgezogen.

Im Innenbereich hat der Käufer vergleichsweise umfangreiche Gestaltungsmöglichkeiten, und die Ausstattung kann von einfach, aber zweckmäßig bis zu luxuriös reichen.

In der Vergangenheit erzielten Fertighäuser allerdings in aller Regel beim Wiederverkauf einen geringeren Preis als entsprechende massiv gebaute Häuser; dieser Unterschied nimmt aber ab.

Die Keller- oder Fundamentarbeiten müssen akkurat ausgeführt werden, dafür trägt allerdings beim Kauf vom Bauträger oder GÜ/GU dieser die Verantwortung.

Eine Variante ist der Holzfertigbau. Auch hier werden die Bauteile industriell, nur eben aus Holz, gefertigt. Im Regelfall findet das in Holztafelbauweise statt, bei der auf eine Rippenkonstruktion Holzflächen aufgebracht werden, je nach Montageort von unterschiedlicher Stärke. Durch die schnelle Montage vor Ort ohne Feuchtigkeit ist der Bau umgehend wind- und wasserdicht und muss nicht „entfeuchtet" werden.

## 2.2 Weitere Merkmale zum Angebotsvergleich

### 2.2.1 Wohnfläche

Ein erster Blick in die Anzeigen für Bauträgerprojekte zeigt als wichtigsten Vergleichsmaßstab nach Gebäudetyp und Bauweise die Quadratmeterzahl für die Wohnfläche. Um Angebote qualifiziert miteinander vergleichen zu können, gilt es herauszufinden, was der Bauträger genau damit meint.

Die Wohnfläche kann nämlich nach unterschiedlichen Methoden berechnet werden. In manchen Anzeigen finden sich Fabelzahlen, in denen die Fläche aller Räume, Durchgänge, Wintergärten, Terrassen und Balkone zusammengezählt werden. Es gibt aber auch standardisierte Verfahren, die allerdings allesamt ihre Tücken haben.

Im öffentlichen Wohnungsbau ist die Berechnung nach der 2. Verordnung zur Berechnung der Wohnfläche (Wohnflächenverordnung, WoFlV) vorgeschrieben, es kann aber auch noch nach der nicht wirklich einschlägigen DIN 277 berechnet werden, die eigentlich „Grundflächen und Rauminhalte im Hochbau" erfasst, also eben nicht ausgewiesene Wohnflächen.

Ebenfalls möglich ist der Ausweis nach DIN 283, die eigentlich vom Deutschen Institut für Normung bereits 1983 ersatzlos zurückgezogen wurde. In der Praxis ist sie nach wie vor verbreitet.

Die wichtigsten Unterschiede sind:

In der DIN 277 werden im Gegensatz zur WoFlV Nutzflächen außerhalb der Wohnung (Keller, Trocken- und Abstellräume) hinzugerechnet. Treppen und Flure in der Wohnung gehören nicht zur Nutzfläche, sondern zur Verkehrs- und damit Wohnfläche. Unbeheizbare Wintergärten und Schwimmbäder werden bei der DIN 277 eingerechnet, nach DIN 283 und WoFIV zur Hälfte.

Die entscheidenden Unterschiede bestehen aber in der Berücksichtigung von Dachschrägen: Nach DIN 277 sind nur Flächen mit einer Höhe unter 1,5 m getrennt anzugeben. Nach DIN 283 und WoFlV sind nur Flächen mit einer lichten Höhe über 2 m voll zu berücksichtigen; für Höhen zwischen ein und zwei Metern gilt, dass diese Flächen zur Hälfte eingerechnet werden, Flächen unter Schrägen unter einem Meter sind nicht zur berücksichtigen.

Balkone und Loggien sind nach DIN 283 mit einem Viertel, nach WohnFlV mit einem Viertel bis maximal der Hälfte der Fläche zu berücksichtigen. Nach DIN 277 sind diese Flächen separat voll auszuweisen.

Es macht also schon einen Unterschied, wie die Wohnfläche berechnet wird.

**Achtung!!**

Zum Angebotsvergleich müssen Sie die Berechnungsmethode der Wohnfläche kennen. Können Makler und Bauträger nicht Auskunft geben, dann ist das ein Warnsignal.

## 2.2.2 Grundstück

Um den Wert eines Hauses beurteilen zu können, müssen Sie den Wert des Grundstücks vom Kaufpreis abziehen und dann die reinen Gebäudekosten miteinander vergleichen.

Auskünfte über tatsächlich erzielte Grundstücks- aber auch Hauspreise geben Gutachterausschüsse, die es für alle Bundesländer gibt und die jeweils nach Regionen, meist Landkreisen und Städten, unterteilt sind. Diese geben kostenfrei einen groben Überblick über die in den letzten Jahren gezahlten Preise, gegen Zahlung von rund 50 Euro gibt es aussagekräftigere Daten, anhand derer das aktuelle Preisniveau vom zukünftigen Käufer eingeschätzt werden kann.

Eine Liste der Gutachterausschüsse finden Sie im Anhang.

## 2.2.3 Keller

Im Ausland mag man über die Neigung der Deutschen zum Keller lächeln, und Sie persönlich können sich vielleicht Alternativen vorstellen, aber im Grundsatz gilt: der Wiederverkaufswert eines Hauses hängt von den Vorlieben der Mehrheit ab. Und dazu gehört nun mal häufig ein ausgebauter oder ausbaubarer Keller. Und egal, ob das von den jeweiligen Landesbaugesetzen so vorgesehen ist: häufig helfen Kellerräume vorübergehende räumliche Engpässe zu beseitigen, so ziehen beispielsweise nicht wenige Jugendliche für die Teenagerzeit unter Tageslicht, wenn dort mehr Abgeschiedenheit und Privatsphäre zu bekommen sind als im bisherigen Kinderzimmer.

Das hat zwar seinen Preis, schlägt sich aber auch im Hauswert nieder. Richtig sinnvoll wird es da, wo eine echte Einliegerwohnung möglich wird, da diese auch bei der Finanzierung helfen kann (siehe Kapitel 4: Clever finanzieren).

# 3. Kapitel

# Angebotsvergleich und Bauträgercheck

**3**

Dieses Kapitel zeigt Ihnen, wie Sie effektiv bei Ihrer Immobiliensuche vorgehen und wie Sie die verschiedenen Angebote der Bauträger miteinander vergleichen. Darüber hinaus zeigt es, wie Sie Ihre eigenen Maßstäbe zur Beurteilung einer Wohnlage und eines Projekts entwickeln.

- Das **Internet** hat das Finden von Immobilien sowie den Preisvergleich grundsätzlich revolutioniert – nutzen Sie daher das Internet zur Recherche.

- Der **Makler** ist häufig der erste Ansprechpartner beim Finden eines Hauses. Maklerkosten zu vermeiden, ist schwierig, allerdings sind diese Verhandlungssache.

- Beim Vergleich verschiedener Angebote gilt es vor allem auf die Vergleichbarkeit von Ausstattung und Umfang der Leistung des Bauträgers zu achten. Der Begriff „**schlüsselfertig**" ist keineswegs ausreichend, um zu erkennen, in welchem Umfang notwendige Leistungen nicht enthalten sind.

- Fühlen Sie dem Bauträger ebenfalls mit Hilfe des Internets auf den Zahn, verlangen Sie eine ordentliche **Selbstauskunft** und sehen Sie sich **Referenzobjekte** an.

- Ein Besuch beim **Bauamt** der Kommune gehört zum Pflichtprogramm bei der Information über ein Bauvorhaben.

## 3.1 Eine Immobilie finden

Nach wie vor sind die Immobilienteile der lokalen Tageszeitungen voller Anzeigen, und nach wie vor ist es ungeheuer mühselig, dort infrage kommende Angebote zu finden. Selbst wenn es eine Sortierung nach frei stehenden Einfamilienhäusern, Reihen- und Doppelhäusern gibt, so sind doch spätestens bei den gestalteten Anzeigen der Immobilienmakler wieder alle Haustypen vermischt. Und schlimmer noch: manchmal muss man Texte zweimal lesen, um überhaupt herauszufinden, an welchem Ort die betreffende Immobilie überhaupt stehen soll. Am schönsten ist auf dem Land auch die Bezeichnung „OT" für Ortsteil – um welchen Ortsteil es sich handelt, darf sich der Interessent dann selbst zusammenreimen oder ist nur durch Nachfrage beim Anbieter in Erfahrung zu bringen.

Hier ist von Maklern die Rede, da Bauträgerobjekte nicht nur direkt vermarktet werden, sondern auch über Immobilienmakler vertrieben werden. Das bedeutet, dass bei den angegebenen Preisen die **Maklerkosten** noch einmal hinzugerechnet werden müssen. Die zahlt schließlich der Käufer, auch wenn es sich im Prinzip bei der Vermittlung eines Käufers überwiegend um eine Leistung für den Bauträger handelt. Zum Makler gleich mehr.

### 3.1.1 Immobiliensuche per Internet

Die Suche nach der richtigen Immobilie wird einfacher, wenn es den Anzeigenmarkt der lokalen Tageszeitung auch im Internet gibt, häufig in Kooperation mit anderen regionalen Blättern. Hier kann wenigstens nach dem richtigen Objekttyp, der Größe und anderen Eigenschaften gesucht werden.

Drei große Immobilienportale machen das Geschäft für Online-Anzeigen fast ausschließlich unter sich aus, hier finden sich die meisten Angebote, Marktführer ist Immobilienscout24.

- www.immobilienscout24.de
- www.immowelt.de
- www.immonet.de

Kleiner, aber regional unterschiedlich gut aufgestellt sind:

- www.planethome.de
- www.immozentral.com

Eine Meta-Suchmaschine, die verschiedene Internetportale gleichzeitig abfragt, findet sich unter www.immobilo.de.

Die Immobilienanzeige sollte im Idealfall bereits den Namen und Geschäftssitz des Bauträgers nennen, neben den Angaben zu Lage, Größe und Ausstattung des Objekts.

Die **Immobilienportale** sind aber nicht nur beim Finden eines Objekts hilfreich, sondern vor allem bei der Recherche der ortsüblichen Preise für Immobilien – auch wenn es sich immer nur um „Verkaufsangebote" handelt und der tatsächlich erzielte Preis bei Immobilien eigentlich immer unter dem angegebenen Preis liegt.

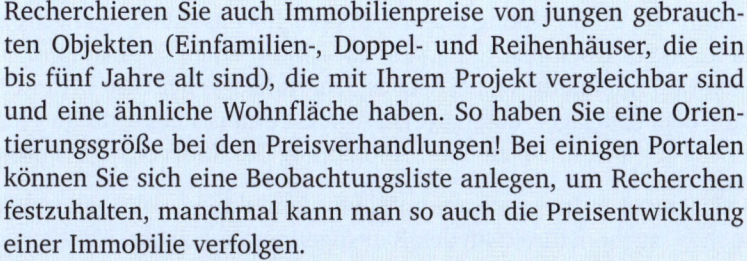

**Tipp**

Recherchieren Sie auch Immobilienpreise von jungen gebrauchten Objekten (Einfamilien-, Doppel- und Reihenhäuser, die ein bis fünf Jahre alt sind), die mit Ihrem Projekt vergleichbar sind und eine ähnliche Wohnfläche haben. So haben Sie eine Orientierungsgröße bei den Preisverhandlungen! Bei einigen Portalen können Sie sich eine Beobachtungsliste anlegen, um Recherchen festzuhalten, manchmal kann man so auch die Preisentwicklung einer Immobilie verfolgen.

## 3.2 Der Makler im Bauträgergeschäft

Die Frage ist berechtigt, was der Makler eigentlich mit dem Bauträgergeschäft zu tun hat: Der Bauträger verfügt über das Grundstück und will eine Immobilie darauf errichten, beides zusammen verkauft er.

Häufig handelt es sich beim Bauträger um einen Bauunternehmer oder zumindest früheren Beauunternehmer, der in das Geschäft „hineingewachsen" ist. Gerade bei Mittelständlern gibt es daher zwar die Expertise rund ums Bauen, nicht aber ums Verkaufen. Das wird dann an den Makler ausgelagert. Mit potenziellen Käufern kommt der Bauträger erst in Kontakt, wenn der Makler das Geschäft schon fast bis zur Unterschrift gebracht hat. Der Makler ist also für Käufer häufig der erste Ansprechpartner zum Projekt.

**Achtung!**

Im Maklerwesen kann es aber auch zu Mehrfachbeauftragungen kommen: ein und dasselbe Projekt wird von mehreren Maklern angeboten. Wer nun über zwei verschiedene Makler dasselbe Projekt unterbreitet bekommt, der muss schnell reagieren: Schriftlich muss dem zweiten Makler mitgeteilt werden, dass Objekt, Vertragsdetails und Geschäftspartner bereits bekannt sind – so dass aus der Preisgabe dieser Daten kein Anspruch des zweiten Maklers auf Courtage entstehen kann.

Meist erteilen Bauträger dem Makler allerdings einen **Alleinauftrag**, das bedeutet, dass nur ein einziger Makler für das Projekt vermittelnd tätig wird. Das ist gut für den Interessenten, eine Doppelprovision, also eine Zahlung an zwei Makler für dasselbe Projekt droht daher nicht. Doch häufig handelt es sich um einen sogenannten erweiterten Alleinauftrag, bei dem es dem Auftraggeber, also in diesem Falle dem Bauträger, untersagt ist, eigene Verhandlungen mit Interessenten zu führen, die zu einer Anbahnung des Kaufvertrags führen.

Bevor man bei Interesse einen Makler kontaktiert, sollte man dennoch versuchen, direkt an den Bauträger heranzutreten. Häufig verraten Zeitungsartikel der lokalen Presse den Namen des Bauträgers, der etwa ein Neubaugebiet im Auftrag der Kommune erschließt. Doch wenn der Bauträger bereits in der Makleranzeige genannt wird, dann ist sicher ein erweiterter Alleinauftrag vereinbart und der Bauträger wird auf den Makler verweisen, der die weiteren Daten zum Projekt zur Verfügung stellen wird. Damit ist die Maklerprovision unausweichlich geworden. Sollte sich der Bauträger dennoch ohne Makler zu Verhandlungen und der Abgabe von Informationen an den Interessenten bereit finden, dann riskiert er eine Vertragsstrafe aus dem Maklervertrag.

**Beispiel**

In einer Internet- oder Zeitungsanzeige inseriert ein Makler das Immobilienangebot eines Bauträgers. Er hat seine Kontaktdaten angeben, er benennt aber auch den Bauträger, der das Projekt erstellt. Mit an Sicherheit grenzender Wahrscheinlichkeit wird der Versuch, direkt Kontakt zum Bauträger herzustellen, und so ohne Maklerprovision an den Kaufvertrag zu kommen, scheitern.

Der Versuch ist allerdings nicht strafbar: hat der Bauträger nur einen einfachen Alleinvertrag mit dem Makler vereinbart, könnte er auch direkt mit dem möglichen Kunden in Verhandlung stehen. Es darf dabei aber zu keinerlei Beteiligung des Maklers in Form von Information, Beratung oder Ähnlichem kommen.

Fazit: Leider führt häufig kein Weg um den Makler herum. Daher im Folgenden noch einige allgemeine wichtige Informationen, die Sie über Makler, ihre Aufgaben, Provisionen und auch über die Fallstricke wissen sollten.

Um sich Makler nennen zu dürfen und die Vermittlung von Mietwohnungen und Häusern zu starten, bedarf es ausschließlich einer Erlaubnis nach § 34c der Gewerbeordnung, was de facto bedeutet, dass für Makler keine Qualifikationsnachweise erforderlich sind. Die Anzahl der ungelernten und fachfremden Makler hat zwar in den letzten Jahren abgenommen, aber es gibt immer noch das Risiko, an einen recht unerfahrenen oder unbedarften Makler zu geraten.

2004 fusionierten die früheren Verbände Ring Deutscher Makler und Verband Deutscher Makler zum Immobilienverband Deutschland, Bundesverband der Immobilienberater, Makler, Verwalter und Sachverständigen e.V. (IVD). Er hat rund 6.000 Mitgliedsunternehmen, die zum Besuch regelmäßiger Schulungen und Seminare verpflichtet sind. Es gibt eine Aufnahmeprüfung und die Selbstverpflichtung auf Wettbewerbsregeln. Der IVD vergibt dafür ein Logo, das nur Mitglieder führen dürfen. Ein Mindestmaß an Qualifikation kann bei diesen Unternehmen also vorausgesetzt werden.

Die zweite große Gruppe der Immobilienmakler arbeitet im Auftrag von Bausparkassen, Sparkassen und Banken. Fast jedes Kreditinstitut bietet alleine oder im Verbund mit anderen Maklerleistungen an. Auch hier ist davon auszugehen, dass eine Mindestqualifikation vorliegt, von vorneherein ist aber auch klar, dass ein Interesse an der gleichzeitigen Vermittlung von Immobilie und Finanzierung besteht.

Als Immobilieninteressent kann man sich in aller Regel den Makler nicht aussuchen, gerade bei Bauträgerobjekten muss man „seine" Immobilie finden und dann möglicherweise mit dem Makler in Kontakt treten.

## 3.2.1 Courtage

Die **Maklerprovision** für die Vermittlung des Kaufvertrags erhöht die Nebenkosten beim Erwerb der Immobilie vom Bauträger. Wichtige Bezugsgröße bei den entstehenden Kosten ist die „ortsübliche" Provision; und was ortsüblich ist, unterscheidet sich regional deutlich.

In einigen Regionen ist es üblich, dass sich Verkäufer und Käufer einer Immobilie die Maklerkosten teilen.

Tabelle 15: **Maklerprovisionen nach Bundesländern 2015**

| Bundesland | Provision in Prozent vom Kaufpreis inkl. MwSt. | Davon zahlt der Käufer in Prozent | Davon zahlt der Verkäufer in Prozent |
|---|---|---|---|
| Baden-Württemberg Bayern Nordrhein-Westfalen[1] Rheinland-Pfalz[2] Saarland Sachsen Sachsen-Anhalt Schleswig-Holstein Thüringen[3] | 7,14 | 3,57 | 3,57 |
| Berlin Brandenburg | 7,14 | 7,14 | |
| Hessen | 5,95 | 0 | 5,95 |
| Hamburg | 6,25 | 6,25 | |
| Mecklenburg-Vorpommern | 5,95 | 2,38 | 3,57 |
| Bremen | 5,95 | 5,95 | |
| Niedersachsen[4] | 7,14 oder 4,79–5,95 | 3,57 oder 0 | 3,57 oder 4,64–6,95 |

[1] In Münster bis 4,75 % Käuferprovision
[2] Im Kreis Mainz-Bingen bis 5,95 % Käuferprovision
[3] In West-Thüringen üblicherweise bis zu 5,95 % Verkäuferprovision
[4] Je nach Region unterschiedliche Sätze
*Quelle: www.immoverkauf24.de*

Allerdings unterscheiden sich die Provisionen auch innerhalb der Bundesländer nach Regionen und Regierungsbezirken. Der Trend bei den Provisionen geht zu reinen Käuferprovisionen.

Die 2006 durchgeführte Untersuchung „Leistungen und Provisionen transparent" des Vereins „Wohnen im Eigentum" stellte fest, dass die Zahlen aus der Untersuchung von 1998 bei Anfragen an Makler und Verbände immer noch auftreten. Zwar ist die Courtage grundsätzlich frei verhandelbar, wenn aber keine Angaben zur Provision gemacht werden, ist auch vor Gericht die ortsübliche, also von den Maklern als solche bezeichnete Provision üblich. Einen Preiswettbewerb zwischen Maklern gibt es so gut wie nicht, unausgesprochen halten alle an den lokal festgesetzten Kosten fest.

Das bedeutet nun nicht, dass diese ortsüblichen Provisionen auch tatsächlich gezahlt werden. Für die angesprochene Studie wurden sowohl Testanrufe gemacht als auch Käufer befragt. Die Autoren kommen zu der Schlussfolgerung:

„Nennen die Makler und ihre Verbände auf Anfrage eine Gesamt-provision von 5,80 % bis 6,96 % des Kaufpreises einer Immobilie inklusive Mehrwertsteuer, so erhalten sie derzeit tatsächlich sehr oft nur Provisionen in der Bandbreite von 4,6 % bis 5,6 % inklusive Mehrwertsteuer. (…) In Regionen, in denen nur die Käufer die Cour-tage zahlen, werden die ortsüblich geforderten 5,8 % oder 6,96 % des Kaufpreises inkl. Mehrwertsteuer vielfach auf 5 bis 5,5 % gesenkt."

Die Angaben zur Höhe der Provision kommen von den Maklerver-bänden, die letzte wissenschaftliche Untersuchung stammt aus dem Jahre 2006. Seit der Erstauflage dieses Buches sind die angegeben Provisionssätze gestiegen – ein Kostentreiber bei der Anschaffung eines Eigenheimes, zusammen mit der Grundsteuer (siehe unten). Bei den Maklerkosten im Bereich Mietwohnungen hat die Politik 2015 das Bestellerprinzip eingeführt, wonach der Vermieter von ihm beauftragte Makler zu bezahlen hat. Über die Ausweitung des Prinzips auf die Vermittlung von Wohneigentum hat allerdings niemand gesprochen – die Maklerverbände haben hier erfolgreich Lobby-Arbeit gemacht. Der Hauskäufer als anscheinend ohnehin wenig schützenswerter Bürger hat dabei das Nachsehen.

## Wichtig

Es gilt: keineswegs ist die ortsübliche Provision tatsächlich ortsüb-lich – sie beschreibt nur die ursprüngliche Forderung aller Makler der Region. Es gibt hier Verhandlungsspielraum, der dringend genutzt werden sollte. Bisher handeln nur ein Drittel aller Käufer und ein Viertel aller Verkäufer.

Eine Broschüre Maklerleistungen bei Wohnimmobilien erfolgreich verhandeln gibt es kostenlos auch für Nicht-Mitglieder beim
Verein „Wohnen im Eigentum" gegen 3,50 Euro Versandkosten
(Adresse im Anhang). Je höher der Verkaufspreis des Projektes ist,
desto besser ist auch die Chance, den Makler herunterzuhandeln,
indem man auf das Verhältnis zwischen der fälligen Maklerrech-
nung und dem tatsächlichen Aufwand abzielt – vor allem wenn
man schnell nach Veröffentlichung des Angebots schon der fest-
stehende Käufer ist, der Makler also tatsächlich wenig Arbeit mit
der Immobilienvermarktung hatte.

### 3.2.2 Anspruch auf die Provision

Bei einer Sache gibt es jedoch keine Chance, sich herauszureden:
bei der Zahlungspflicht. Sobald ein Makler die Informationen zu
einem Bauprojekt einem potenziellen Käufer zugänglich gemacht
hat und anschließend ein Kaufvertrag zustande kommt, entsteht die
Zahlungspflicht der Maklercourtage. Die Voraussetzungen für die
Zahlungspflicht an den Makler lauten im Detail:

1. Maklervertrag

2. Tätigkeit des Maklers, also Nachweis oder Vermittlung des Objekts

3. Zustandekommen des Hauptvertrags

4. Ursächlichkeit der Maklertätigkeit für den Abschluss des Hauptvertrages

Strittig können fast alle Punkte sein, schon allein die Frage, ob ein
Maklervertrag zwischen dem potenziellen Käufer und dem Makler
besteht. Um auf der sicheren Seite zu sein, wird in aller Regel der
Makler umgehend nach der Kontaktaufnahme ein entsprechendes
Formular zur Unterschrift bereitlegen. Allerdings bedarf der Maklervertrag seit 1998 nicht mehr zwingend der Schriftform, er kann
sowohl mündlich als auch durch „konkludentes Verhalten" geschlos-
sen werden, etwa indem sich der mögliche Käufer einer Immobilie
unter Bezug auf eine Zeitungsanzeige meldet, in der deutlich auf die
Maklerprovision hingewiesen wurde.

Auf diesen Hinweis auf die Provisionspflicht kann der Makler nicht
einfach verzichten, auch wenn es ortsüblich ist, dass der Käufer
zahlt.

### Achtung!

Unterschreiben Sie einen Maklervertrag, in dem nicht nur der Provisionsanspruch, sondern auch dessen Höhe bereits festgelegt ist, können Sie später nicht mehr über die Provision verhandeln.

Fehlt es an jedem expliziten Provisionshinweis, können Sie davon ausgehen, dass die Maklercourtage vom Verkäufer gezahlt wird (OLG Saarbrücken, Az.: 8 U 430/03, BGH, NJW 86, 177). Wenn der Makler Sie zur Zahlung verpflichten will, muss er belegen, dass es diesen Hinweis gegeben hat.

Anschließend muss es zu einer Maklertätigkeit gekommen sein, die meistens in Auskünften über das Objekt und der Vermittlung besteht. Wichtig für Sie zu wissen ist, dass das Exposé, also die Beschreibung des Objektes durch den Makler keinen bindenden Charakter hat und nicht der Zusicherung von Eigenschaften entspricht. So ist es möglich, dass Angaben in Baubeschreibung oder Kaufvertrag etwa zu Wohn- oder Grundstücksflächen am Ende anders sind als im Maklerschreiben. Der Makler haftet für dieses Exposé nicht (OLG Hamm, Az.: 22 U 172/99). Er haftet auch nicht für Fehler in Dokumenten, die er einfach vom Verkäufer an den Käufer weiterreicht, hat also nicht deren Echtheit zu prüfen, wohl aber anzugeben, woher die Angaben stammen, und dass er diese einfach nur übernommen und nicht geprüft hat (BGH, Az.: III ZR 146/06).

### Wichtig

Allerdings verletzt der Makler seine vertraglichen Nebenpflichten, wenn er eigene Zweifel an den Angaben verschweigt oder in sein Exposé Angaben aufnimmt, „die nach der bei ihm vorauszusetzenden Fachkenntnis ersichtlich unrichtig, nicht plausibel oder als fragwürdig einzustufen sind". Der Makler muss über alle ihm bekannten verkaufsentscheidenden Tatsachen aufklären. Gibt er etwa in einem Exposé eine größere Wohnfläche an, obwohl er Kenntnis davon hatte, dass das Objekt mit einer kleineren Flächenzahl bereits angeboten wurde, ist er schadenersatzpflichtig (OLG München, Az.: 19 U 5861/04).

Eine Maklertätigkeit liegt auf jeden Fall dann vor, wenn der Makler dem Auftraggeber das konkrete Objekt samt Namen und Anschrift des abschlussbereiten Vertragspartners benennt (BGH NJW 1987, 1628).

Von einer Ursächlichkeit der Maklertätigkeit für den Vertragsabschluss ist in fast allen Fällen auszugehen. Im Bauträgergeschäft spielt das meist keine Rolle, Auseinandersetzungen gibt es immer mal wieder bei Mietwohnungen oder Altbau-Käufen, wenn zwischen der Maklertätigkeit und dem Abschluss des Hauptvertrags eine lange Zeit ins Land gegangen ist. Hier urteilen Gerichte unterschiedlich, nach welchem Zeitraum nicht mehr davon auszugehen ist, ob der Makler mit dem Vertragsabschluss noch etwas zu tun hatte.

Das Maklerhonorar wird mit Abschluss des Hauptvertrags fällig, manchmal wird seine Fälligkeit sogar im Kaufvertrag erwähnt.

 **Achtung!**

Manchmal unterwirft sich der Käufer durch den Kaufvertragstext gar der Möglichkeit der sofortigen Zwangsvollstreckung bei Nichtzahlung der Maklerkosten. Die Notarkosten zur Beurkundung des Kaufvertrags bemessen sich nach dem Kaufpreis, die möglicherweise erwähnten Maklerkosten erhöhen diesen Verkaufswert normalerweise nicht. Die Ausnahme: ursprünglich war der Verkäufer zahlungspflichtig und der Käufer übernimmt diese Pflicht – dann zählt die Summe zum Kaufpreis dazu. Dann steigen Notargebühr und auch Grunderwerbsteuer. Wichtig wäre hier der Satz „Der Käufer hat den Makler beauftragt." Auf Nachfrage muss der Notar über den formulierten Sachverhalt und seine möglichen Folgen aufklären.

Einzig wenn im Kaufvertrag eine Widerrufsklausel dokumentiert ist und etwa der Käufer davon Gebrauch macht, verliert der Makler auch seinen Anspruch auf die Provision und hat diese zurückzuzahlen (OLG Karlsruhe, Az.: 15 U 39/03).

Umgehungsstrategien, um den Makler auszutricksen, sind wenig erfolgversprechend: wer die Kaufverhandlungen abbricht und später doch das Objekt kauft, der ist zur Zahlung der Maklerkosten verpflichtet.

Keinen Anspruch auf einen Maklerlohn gibt es, wenn der Makler gleichzeitig Verwalter der fraglichen Immobilie ist (trifft meist auf Eigentumswohnungen zu, BGH, Az.: III ZR 5/03, BGH, Az.: III 299/02) oder gar Eigentümer des Verkaufsobjekts ist (BGH, Az.: III ZR 41/03).

## 3.3 Angebotsvergleich

Auf dem Markt werden Bauträgerprojekte in verschiedenen Stadien angeboten: von der reinen Projektierung vor Erschließung des Baugebiets, über geplante Häuser in bereits erschlossenen Wohngebieten, und Häuser, bei denen der Bau bereits begonnen hat bis zu bereits abgeschlossen Bauprojekten. Aus dem jeweiligen Stadium ergibt sich der zeitliche Horizont bis zur Fertigstellung des Hauses und dem möglichen Bezugstermin und auch der Umfang, in dem noch Einfluss auf die Planung von Grundriss, Ausstattung und Details genommen werden kann.

So gibt es drei Gruppen von Käufern: den Früh-, den Normal- und den Spätkäufer.

Für den **Frühkäufer** gilt: die Einflussmöglichkeiten auf das Gebäude sind hier am höchsten, in einer Reihenhausanlage besteht etwa noch die Möglichkeit, sich ein Endhaus (mit meist größerem Grundstück) zu sichern oder das Objekt aus einer größeren Anzahl herauszusuchen. Ein Risiko besteht in der Abschätzung der Erstellungsdauer: häufig wird der Bauträger erst mit dem Bau beginnen, wenn er beispielsweise zwei Drittel der geplanten Einheiten verkauft hat.

Das ist kein kleines Problem, schließlich gilt es etwa, sich günstige Bauzinskonditionen zu sichern, und auch der nötige Kredit ist meistens nur über einen bestimmten Zeitraum frei von Bereitstellungszinsen. Und schließlich will auch die Kündigung der bisherigen Wohnungen geplant sein. Im Normalfall ist im Kaufvertrag nur das Fertigstellungsdatum enthalten; erst wenn dieses überschritten ist, ergeben sich für den Käufer Schadenersatzmöglichkeiten, entweder vertraglich vereinbarter Natur oder darüber hinausgehend. Ist im Kaufvertrag dagegen kein Fertigstellungsdatum angegeben, dann hat der Bauträger nach § 271 (1) BGB alsbald mit den Bauarbeiten zu beginnen und diese zügig zu beenden. Klingt schön, aber was das im Einzelnen bedeutet, das müssen im Zweifel Gerichte klären. Und das kann dauern.

**Wichtig**

Sind Sie der erste Käufer in einem größeren Projekt, sollten Sie versuchen, einen Baubeginn im Kaufvertrag zu vereinbaren und sich Wandlungsrechte, also die Rückabwicklung des Kaufvertrags zusichern zu lassen, falls dieser Termin verstreicht. Dabei muss der Bauträger alle Kosten übernehmen, die im Rahmen des Vertrags angefallen sind, also auch Notar- und andere Nebenkosten. Ob sich der Bauträger darauf einlässt, deutet auf seine Seriosität hin.

Für den **Normalkäufer** ist der Baubeginn in Sicht. Seine Einflussmöglichkeiten sind ebenfalls noch hoch, die Auswahl an Objekten möglicherweise aber eingeschränkt.

Der **Spätkäufer**, der vielleicht auch das bereits begonnene Haus eines abgesprungenen Interessenten übernimmt, hat nur noch geringe Aussichten, Änderungswünsche anzubringen. Dafür kann er in den Preisverhandlungen punkten. Gerade wenn die Bauphase bereits begonnen hat, lastet ein besonderer Verkaufsdruck auf dem Bauträger, denn normalerweise erreicht er seine wirtschaftlichen Ziele nur mit einem vollständigen Verkauf des Projekts.

### 3.3.1 Beurteilung des Projekts

Bei den auf dem Markt befindlichen Angeboten sollten Sie zuerst die Übereinstimmung mit Ihren im ersten Kapitel festgestellten Bedürfnissen sicherstellen – gehen Sie dazu die einzelnen Flächen durch: sind die Zimmer in den von Ihnen favorisierten Größen vorgesehen? Danach achten Sie auf die folgenden Kriterien.

### Lage

Der wichtigste Punkt bei der Beurteilung eines Bauprojekts ist die Lage. Sie entscheidet über die zukünftige Wertentwicklung, aber auch über **Wohn- und Lebensqualität**.

Anhand folgender Checkliste können Sie das Angebot unter die Lupe nehmen – eine Besichtigung vor Ort ist dafür die Voraussetzung. Bewerten Sie das Baugrundstück auf einer Skala zwischen „sehr günstig" und „sehr ungünstig".

Tabelle 16: **Checkliste zur Lage**

| Eigenschaft | sehr günstig | güns-tig | neu-tral | un-günstig | sehr un-günstig |
|---|---|---|---|---|---|
| Verkehrslage/Stra-ßenanbindung | | | | | |
| Lärmbelästigung (Stra-ßen, Bahn, Flughafen) | | | | | |
| Sozialstruktur | | | | | |
| Altersstruktur | | | | | |
| Breitbandanschluss verfügbar | | | | | |
| Wirtschaftliche Lage der Kommune | | | | | |
| Sauberkeit des Umfelds | | | | | |
| Anbindung an den ÖPNV | | | | | |
| Entfernung zu Arbeits-stätte 1 | | | | | |
| Entfernung zu Arbeits-stätte 2 | | | | | |
| Entfernung Schule | | | | | |
| Entfernung Kindergar-ten/Kita | | | | | |
| Entfernung Spielplatz | | | | | |
| Geruchsbelästigungen | | | | | |
| Einblick aufs Grund-stück | | | | | |
| Ausblick vom geplan-ten Haus | | | | | |
| Dichte der Bebauung | | | | | |
| Einkaufsmöglichkeiten fußläufig | | | | | |
| Einkaufsmöglichkeiten mit dem Auto | | | | | |
| Kulturangebot (Kinos, Veranstaltungen) | | | | | |
| Sportangebot (Vereine, Studios) | | | | | |
| Freizeitangebot (Schwimmbäder) | | | | | |

Von besonderer Bedeutung sind **Nachbarschaft** und **Verkehrslage**. In einem älteren, gewachsenen Wohngebiet mit überwiegend älteren Bewohnern ist eine Familie mit vielen lebhaften Kindern möglicherweise nicht gut aufgehoben und sind Konflikte programmiert. Für ruhebedürftige Hauskäufer kann ein Neubaugebiet mit hauptsächlich jungen Familien zum umgekehrten Problem werden.

Die Lage an einer Durchgangsstraße sollte zu einer deutlichen Kaufpreisminderung im Vergleich zu einer ruhigen Wohnstraße führen, ebenso ist eine dichte Bebauung ohne Grünflächen als Schutz vor allzu neugierigen Nachbarn ebenfalls ein Problem.

Weitere Überlegungen, die angestellt werden können, bevor die Einschätzung gemacht wird: Gibt es öffentliche Parkplätze, nicht nur die Stellplätze der Häuser? Schließlich kommt auch mal Besuch vorbei. Wie lange dauert es, durch das Wohngebiet hindurch zur Hauptverkehrsstraße zu kommen – so schön ausgedehnte Spiel- und Wohnstraßen auch sind: rein zeitlich kann sich der Weg zur Arbeit so enorm verlängern.

Die Sauberkeit des Umfelds gibt ebenfalls einen Eindruck von der Wohnumgebung her.

### Wichtig

Ein wesentlicher Punkt für den Nutzwert und den späteren Wiederverkaufswert ist ein Breitband-Internetzugang. Im besten Falle gibt es neben den Telefongesellschaften auch einen Kabelanbieter, der sein Kabel bis ins Haus legt. Klären Sie, wie die Anbindung aussieht, etwa ob es schon Projekte gibt, die Glasfaserkabel ins Haus bringen. Datenraten unter 16 MBit/s. sollten heute in Neubauten nicht unterschritten werden. Wenn Nachbarn schon über Anschlussprobleme klagen, erkundigen Sie sich bei der Telekom oder anderen Anbietern über Ausbaupläne. Ganz klar: die Breitbanderschließung entscheidet auch über den Gebäudewert, in schlecht versorgten Zonen reichen die Abschläge bis zu 20 Prozent im Vergleich zu gut angeschlossenen Häusern.

Beim Punkt **Belästigungen** bedarf es des Kontakts zu den Bewohnern der Straße, denn manche Probleme lassen sich bei einem naturgemäß kurzen Besuch, vielleicht am Wochenende, gar nicht erkennen. Etwa, ob die ruhige Seitenstraße unter der Woche als Schleichweg für Pendler morgens und abends stark befahren ist oder ob am Wochenende die Straße wegen Veranstaltungen auf dem nahen Sportplatz zugeparkt wird. Manche Belästigungen erkennt man erst, wenn man vor Ort wohnt, etwa den Fluglärm bei bestimmten Windrichtungen oder zu bestimmten Tageszeiten, oder die Geruchsbelästigung durch eine Kompostierungsanlage, Industrieproduktion oder Landwirtschaft zu bestimmten Zeiten.

**Tipp**

Suchen Sie den Kontakt – am besten an einem Samstagvormittag, gehen Sie dabei auch den Weg zu den nächsten Einkaufsgelegenheiten ab. Sicher treffen Sie Menschen, die Ihnen gerne Auskunft geben – im Austausch für Informationen zum geplanten Bauprojekt, das sicherlich Gesprächsthema in der Nachbarschaft ist.

Sagt Ihnen die Lage zu und passt das Objekt zumindest einigermaßen sowohl zu Ihrem Anforderungsprofil also auch zu Ihren finanziellen Möglichkeiten, dann wird es Zeit zum ersten intensiveren Informationsgespräch.

## Das Projekt

Werden Ihre Absichten ernsthafter, sollten Sie ein erstes ausführliches Gespräch mit dem Bauträger vereinbaren, es kann aber sein, dass dieser Sie an den Makler verweist. Am besten ist es, wenn Sie die folgenden Unterlagen bereits im Vorfeld, spätestens aber zu diesem Termin erhalten:

- Baubeschreibung

- Information zum Gesamtumfang des Projektes (Doppel-/Reihenhäuser/Neubausiedlung)

- Informationen zum Bauträger

- Planungsunterlagen (meist im Maßstab 1:100, ein Zentimeter im Plan entsprechen 1 Meter in der Wirklichkeit)

- Ansicht und Schnitt des Projektes (normalerweise je eine Ansicht von Norden, Osten, Süden und Westen sowie ein Querschnitt des Gebäudes, aus dem die Deckenhöhen ersichtlich sind)

- Lagekarte des Grundstücks

- Eventuell Informationen zu Teilungserklärungen bei später gemeinsam genutzten Einrichtungen wie Tiefgaragen, Versorgungsanlagen oder Stellplätzen

In aller Regel gibt es zu diesem Zeitpunkt eine eher unverbindliche vorläufige Baubeschreibung, aus der sich allerdings der Standard des Hauses ablesen lassen sollte. Fragen Sie nach genau der Baubeschreibung, die Vertragsbestandteil werden soll!

In den **Planungsunterlagen** gibt es häufig nicht maßstabsgenaue Zeichnungen, in manchen Entwürfen sind hingegen schon Einrichtungsgegenstände, Küche oder Möbel eingezeichnet, um den wohnlichen Eindruck des Hauses zu unterstreichen. Dabei stellt sich häufig die Frage, ob „realistisch" gezeichnet wurde: In der Küche sind dann Arbeitsplatten plötzlich nur 30 cm tief oder das Bett ist keineswegs ein Doppelbett, sondern allenfalls King Size.

**Achtung!**

Die Prüfung der Baubeschreibung ist Inhalt des folgenden Abschnitts. Ein Angebot müssen Sie natürlich nicht so intensiv prüfen wie die Baubeschreibung des Hauses, für das Sie sich letztlich entscheiden. Aber vielleicht fallen schon bei der oberflächlichen Prüfung der Angebote Knackpunkte auf.

## Gespräch

Es spielt keine geringe Rolle, ob Sie menschlich mit dem Bauträger zurechtkommen. Sollte er beim ersten Informationsgespräch nicht vertreten sein, suchen Sie den Kontakt bei einem weiteren Termin. Es geht bei dem ersten persönlichen Kontakt auch um die Gesprächsatmosphäre. Klären Sie hier alle Fragen, die sich aus den angebotenen Unterlagen ergeben. Schildern Sie aber auch Ihre Vorstellung vom neuen Haus und die Punkte, die Ihnen wichtig sind, etwa wenn es darum geht, den Zuschnitt der Räume zu verändern.

Sprechen Sie auch hier schon an, welche Kosten nicht im vorliegenden Angebot enthalten sind und im Laufe der Fertigstellung noch auf Sie zukommen. Das sind wahrscheinlich:

- Erschließungsbeiträge

- Anschlusskosten

- Pflaster für Zufahrt, Stellplätze, Wege, aber auch Grundstückbegrenzungen (Zäune)

- Außenanlagen/Gartengestaltung

- Terrasse

Klären Sie hier den Begriff „schlüsselfertig/bezugsfertig" und welche Ausstattung nicht im Preis enthalten ist. Typischerweise nicht im Preis enthalten sind:

- Bodenbeläge

- Tapeten beziehungsweise Anstrich

- Wandfliesen

Ein wichtiger Punkt ist auch die Frage, ob der Bauträger bereit ist, Sonderwünsche entgegenzunehmen und zu verrechnen.

**Achtung!**

Wenn es später um Gewährleistungsansprüche geht, dann ist es von großem Vorteil, wenn alle Sondervereinbarungen direkt mit dem Bauträger getroffen werden. Es kann dann keinerlei „Schwarze-Peter-Spiel" zur Mängelbeseitigung geben. Allerdings hat der Bauträger in aller Regel kein großes Interesse daran, eben weil er dann für die Qualität der Arbeit umfassender haftet. Die Vermittlung der Sonderwünsche macht ihm Arbeit und bringt keinen eigenen Gewinn. Daher ist es nicht ungewöhnlich, dass Sonderwünsche direkt mit den beauftragten Firmen zu vereinbaren und direkt an sie zu bezahlen sind. Als Kompromiss sollte gelten, dass alle größeren Sonderwünsche, die ein Umplanen der normalen Gewerke notwendig machen, direkt mit dem Bauträger vereinbart werden sollten. Kleinigkeiten, wie beispielsweise abweichende Armaturen in den Bädern, stellen normalerweise kein Gewährleistungsproblem dar.

Schon bei diesem Gespräch sollten Sie Ihre (Änderungs-)Wünsche formulieren, denn damit beginnen die Verkaufsverhandlungen.

Es ist für den Bauträger wesentlich angenehmer, nicht über den Preis verhandeln zu müssen, sondern sich auf Zusatzleistungen innerhalb des vorgelegten Angebots einzulassen – die kann er ganz anders kalkulieren und seinerseits mit den Handwerkern verhandeln.

**Beispiel**

Sie wünschen sich statt normaler Fenster eine bodentiefe Ausführung, dazu einen Extra-Kamin für einen Kachelofen und drei statt nur zwei Autostellplätze. Es ist einfacher, diese Zusatzleistungen in den bestehenden Finanzrahmen hineinzuverhandeln, als zuerst einen Preisnachlass zu fordern, und anschließend die Sonderleistungen separat zu bezahlen.

Wo die Lücken innerhalb der Baubeschreibung liegen und welche Zusatzleistungen sinnvoll oder notwendig sind, darauf geht das folgende Kapitel zur Baubeschreibung ein.

Auch im ersten Gespräch kann das Thema **Baubegleitung** eine Rolle spielen: sprechen Sie ruhig an, dass Sie einen Sachverständigen mit der Baubegleitung beauftragen werden. Die Reaktion kann interessant sein. Die meisten Bauträger werden Ihnen erklären, dass Sie sich damit unnötige Sonderkosten aufhalsen, andere verweisen auf die vom Bauträger vorgesehene Baubegleitung. Hier können Sie versuchen zu verhandeln, dass Sie sich aussuchen können, wer die Baubegleitung übernimmt, und dass Sie als Auftraggeber der Baubegleitung in Erscheinung treten.

Stimmt die Chemie und sind die vom Bauträger gemachten Angaben plausibel, dann können die Verhandlungen weitergehen. Als nächstes sollten Sie sich über den Bauträger erkundigen – und die Baubeschreibung prüfen.

## 3.3.2  Wer ist der Bauträger?

Als Bauträger können sehr unterschiedliche Arten von Anbietern und Vertragspartnern auftreten:

- Wohnungsbau- oder Immobiliengesellschaften

- Bauunternehmer

- Baubetreuer

- Gewerblich tätige Architekten

- Makler

- Unternehmer mit fachfremder Ausbildung

- Fertighausanbieter, die das Grundstück und das Haus aus einer Hand anbieten

Es gibt gute Gründe, sich den Anbieter eines Bauträgergeschäfts genau anzusehen.

Im Vordergrund steht dabei die wirtschaftliche **Leistungsfähigkeit** des Bauträgers, aber auch dessen fachliche Kompetenz bei der Durchführung eines Projekts.

Die ersten Informationen dazu stammen aus dem Exposé, das Sie als Interessent zu allererst in die Hand gedrückt bekommen sollten. In diesem wird nicht nur das Bauvorhaben beschrieben, es sollten sich darin auch Informationen über den Bauträger befinden.

Sammeln Sie die Informationen, fragen Sie nach:

Tabelle 17: **Checkliste Bauträgerinformationen**

| Name des Bauträgers | Ja | Nein |
|---|---|---|
| Rechtsform (GmbH, KG, GmbH & Co. KG, GbR, andere) | | |
| Unternehmen besteht seit | | |
| Inhaber (Person oder anderes Unternehmen) | | |
| Nachweis der Zulassung vom Ordnungsamt (§ 34c der Gewerbeordnung) | | |
| Regionaler Schwerpunkt oder bundesweit vertreten? | | |
| Adresse mit Telefonnummer/Fax/E-Mail | | |
| Internetpräsenz | | |
| Angaben über abgeschlossene Referenzprojekte | | |
| Angaben über laufende Projekte | | |
| Hinweise auf Mitgliedschaft in Verbänden | | |
| Zertifizierungen | | |

Häufig werden etwa für die Erschließung eines Neubaugebiets neue **Zweckgesellschaften** gegründet, die im Namen zwar dem eigentlichen Bauträger ähneln, als juristische Einheit aber unabhängig sind. Der Name des Bauträgers ist daher wichtig und es sollte sich dabei um den konkreten Vertragspartner handeln.

Diese Zweckgesellschaften sind gut daran zu erkennen, dass sie nicht alt sind. Häufig werden als Referenzobjekte die Vorhaben anderer Tochtergesellschaften des Geschäftsträgers genannt – das kann zu ordentlicher Verwirrung beitragen.

Leider haben insbesondere mittelständische, regionale Anbieter keine eigene Internetpräsenz, auf der sich weitere Informationen finden lassen.

Im Bereich Fertighaus kann die Mitgliedschaft in Verbänden einen gewissen Hinweis auf die Seriosität eines Unternehmens geben. Infrage kommen dafür etwa:

- Bundesverband Deutscher Fertigbau (BDF). Vertritt 45 Unternehmen, die im Bereich energieeffizienter Holz-Fertigbau tätig sind. Organisiert die Qualitätsgemeinschaft Deutscher Fertigbau (QDF), die Mindeststandards für Baustoffe, Fertigung und Montage von Fertighäusern vorgibt. Für Streitfälle gibt es eine Ombudsstelle.

- Deutscher Fertighausverband (DFV), rund 30 Unternehmen, die ebenfalls in Holzfertigbauweise bauen.

- Verband Europäischer Selbstbaupartner (VES). Anbieter von Herstellern von Bausatzhäusern und anderen Selbstbaumodellen.

## Informationen zum Bauträger recherchieren

Wie es um Ihre wirtschaftlichen Verhältnisse, Ihre Zuverlässigkeit beim Rückzahlen von Krediten oder Ihre Bonität im Allgemeinen bestellt ist, das kann jeder potenzielle Geschäftspartner relativ einfach in Erfahrung bringen. Alleine bei der SCHUFA sind Daten zur finanziellen Situation von 69 Millionen Deutschen gespeichert und für Unternehmen und Banken abrufbar.

Umgekehrt sind Sie inzwischen ebenfalls in der Lage, relativ einfach an Informationen über Ihren möglichen zukünftigen Vertragspartner zu kommen, vor allem über das Internet. Dafür benötigen Sie die korrekte Firmierung des Bauträgers, am besten zusammen mit der Angabe über die Eintragung ins Handelsregister sowie die Handelsregisternummer.

**Wirtschaftsdatenbanken online:** Einige kostenlose amtliche Informationsdienste sind leider wenig informativ. Unter www.insolvenzbekanntmachungen.de und www.handelsregisterbekanntmachungen.de lassen sich nach Handelsregisternummer zwar Angaben recherchieren, allerdings meist nur für kurze Zeiträume.

Besser geeignet für einfache Auskünfte ist die zentrale Webseite www.unternehmensregister.de. Hier finden sich vor allem die Pflichtveröffentlichungen von Unternehmen, die im Elektronischen Bundesanzeiger publizieren. Dazu finden sich direkte Links zu den Informationen der Registergerichte zu einzelnen Unternehmen. Für 4,50 Euro lassen sich hier die aktuellen Handelsregisterdaten einsehen oder die historischen Daten seit der elektronischen Erfassung bestellen. Abgerufen werden können im Detail:

- AD – die aktuellen Daten, ein Ausdruck der aktuell gültigen Eintragungen

- CD – ein chronologischer Ausdruck mit allen Daten seit der Umstellung des Registers auf elektronische Führung

- HD – ein historischer Ausdruck mit den Daten vor dieser Umstellung

- DK – die Baumstruktur der zum Register eingereichten Dokumente

- UT – Unternehmensträgerdaten

Die Unternehmensträgerdaten sind kostenfrei abrufbar und genügen möglicherweise schon. Die für Sie wichtigste Information ist hier der Zeitpunkt der Eintragung, sprich: wie lange existiert dieses Unternehmen schon.

Diese Recherche ist einfach und wenig aufwändig. Sie finden unter den Bekanntmachungen auch die zuletzt veröffentlichten Bilanzen von GmbH-Gesellschaften und gewinnen so einen ersten groben Eindruck von der wirtschaftlichen Leistungsfähigkeit des Unternehmens. Ist das Unternehmen schon mindestens zwei bis drei Jahre aktiv am Markt tätig, können weitere Rechercheschritte folgen – denn alleine aus den Registerdaten und Bekanntmachungen lässt sich kaum auf die Zuverlässigkeit des möglichen Geschäftspartners schließen.

Ist das Unternehmen jünger, so liefern auch weitere Recherchen keine echten Informationen: Bonitätsauskünfte und die Einschätzungen von **Wirtschaftsauskunfteien** basieren auf Vergangenheitswerten. Unternehmen, die keine Vergangenheit haben, können auch nicht vernünftig eingeschätzt werden. Alternativ kann man sich zwar anschauen, wem die Unternehmen gehören und wie es um deren Bonität bestellt ist, das hilft aber nicht sonderlich weiter, da die Eigentümer eines Bauträgers ja nicht selbst Vertragspartner werden.

Für Firmen mit Vergangenheit empfiehlt es sich, eine möglichst umfassende Auskunft einzuholen. Wirtschaftsdatenbanken führen, vergleichbar mit der SCHUFA, Daten zu Unternehmen. Sie bedienen sich dabei der offiziellen Quellen wie den Registerdaten und Bekanntmachungen, sammeln aber auch darüber hinaus Informationen zu Geschäftsbeziehungen, Kreditlinien und führen diese Daten zu Übersichten zusammen.

Welche Daten sollte eine solche Auskunft enthalten?

- Rechtsformdaten

  – Rechtsform

- – Gründungsdatum

- – Handelsregisterdaten

- – Angaben zu Stammkapital und Haftungssumme

- – Namen, Adressen von Inhaber, Vorstand, Geschäftsführer etc.

- – Hinweis auf Negativmerkmale der genannten Personen

- – Weitere Funktionen und Beteiligungen der Inhaber, Vorstände, Geschäftsführer etc.

- Firmenhistorie

- Geschäftsgegenstand/Branche

- Niederlassungen/Betriebsstätten

- Beteiligungen

- Finanzlage oder einen Bonitätsindex

- Zahlungserfahrungen

- Eventuell bestehende Negativmerkmale für das Unternehmen selbst

- Immobilienbesitz

- Bankverbindungen

- Geschäftszahlen aus den letzten Jahren

Mitglieder des Vereins Wohnen im Eigentum – die Wohneigentümer und des Bauherrenschutzbunds können über ihren Verband (kostenpflichtig) diese Auskünfte einholen.

Denkbar ist es auch, selbst eine **Wirtschaftsauskunft** in Auftrag zu geben – die Kosten dafür sind inzwischen überschaubar, wenn man etwa den Auftrag über das Internet erteilen kann. Einige Auskunfteien bieten ihre Dienste nur für Gewerbetreibende und Unternehmen an, andere stehen auch Privatpersonen offen. Entscheidend für die Beauftragung eines Auskunftsdienstes ist der Nachweis, dass ein berechtigtes Interesse vorliegt. Beim Check des Bauträgers handelt es sich um den Zweck der Geschäftsanbahnung. Auf Nachfrage muss dieses „berechtigte Interesse" möglicherweise detailliert erläutert werden. Die DWA Wirtschaftsauskunft GmbH (www.dwa-wirtschaftsauskunft.de) bietet einen „Business Check" an, der rund

60 Euro kostet. Er enthält eine Vollauskunft zum Unternehmen und bedient sich dabei dreier Datenbanken. Quellen sind die internationale Auskunftei D&B und der deutsche Anbieter Bürgel.

Eine Firmenauskunft, die allein auf den Daten von Bürgel Wirtschaftsinformationen basiert, gibt es unter http://auskunft.unternehmen24.info/. Einen Vollbericht mit einem Bonitätsindex auf Basis von „Schulnoten" gibt es hier für rund 68 Euro.

**Recherche über das Internet:** Zusätzlich kann man über die Suchmaschine Google oder vergleichbare Angebote selbst über den Bauträger recherchieren – natürlich sind vor allem Erfahrungsberichte von bisherigen Kunden interessant.

Allerdings wird man gerade über kleinere lokale oder regionale Anbieter wenig Informationen finden. Stoßen Sie auf Erfahrungsberichte, so sind diese nur dann von Nutzen, wenn sie bestimmte Angaben enthalten.

- Wann wurde mit dem Bauträger gebaut?

- Um welche Art Haus handelte es sich?

- Gibt es objektiv nachprüfbare Tatsachen, die die Aussagen des Berichtenden bestätigen können?

- Gibt es die Möglichkeit zur Kontaktaufnahme mit demjenigen, der einen Erfahrungsbericht ins Internet gestellt hat?

Ist Letzteres der Fall und der Erfahrungsbericht möglicherweise für das geplante Projekt relevant, dann lohnt es sich, Kontakt aufzunehmen.

Man sollte nur im Hinterkopf behalten, dass es sehr viele subjektive Gründe für Unzufriedenheit mit dem Bauträger geben kann. Das können beispielsweise überhastet abgeschlossene Verträge und der Kauf eines Hauses sein, das dann doch nicht den eigenen Vorstellungen entspricht. Dafür kann der Bauträger dann wenig. Aber auch positive Kommentare sind mit Vorsicht zu genießen – schließlich ist im Internet die Versuchung hoch, Werbung in eigener Sache zu machen oder Käufern Boni für gute Bewertungen zu versprechen.

Eine saubere Netzreputation ist einigen Firmen viel Geld wert: Betreibern von Foren mit kritischen Erfahrungsberichten wird mit juristischen Mitteln gedroht, wenn die für das Unternehmen nachteiligen Beiträge nicht aus dem Netz genommen werden. In vielen

Fällen genügt das, sonst werden Abmahnungen verschickt und Klagen erhoben.

**Beispiel**

Der Bauträger Privileg Massivhaus ging jahrelang offensiv gegen kritische Erfahrungsberichte in Internetforen vor. Im Bewertungsportal Ciao (www.ciao.de) finden sich noch Hinweise auf gelöschte Artikel, die verbliebenen sind von den Autoren absichtlich so vage gehalten, dass sie den Anwälten des Unternehmens keine Ansatzpunkte für Klagen liefern: „An dieser Stelle wollte ich eigentlich davon berichten, warum und wie es dazu gekommen ist. Das ist aber gar nicht so einfach, denn immer wieder wird mein Erfahrungsbericht von Ciao deswegen gelöscht, weil die Anwälte von Privileg Massivhaus das Ganze immer wieder unterbinden. Nach dem dritten Versuch habe ich aufgehört zu zählen. (…) Am gleichen Tag, als ich das erste Mal bei Ciao über meine negativen Erfahrungen berichtet habe, entstanden ganz überraschend plötzlich 5 überaus positive Berichte über das Bauen mit Privileg, alle von Ciao-Mitgliedern, die sich auch am gleichen Tag das erste Mal angemeldet haben und gleich solch zufriedene Berichte eingestellt haben, dass mir und auch anderen Ciao-Mitgliedern der Kopf brummte …" (Erfahrungsbericht von Nutzer „JerryundFlecki", Stand 20.2.2010).

Inzwischen finden sich bei Ciao, aber auch anderswo im Internet, etwa bei Berliner Rechtsanwälten, die eine große Zahl von Kunden des Unternehmens vertreten, immer mehr Erfahrungsberichte, die die Richtigkeit der medialen Berichterstattung über das Unternehmen unterstreichen. Auch auf den Internetseiten mehrerer Fernsehsender, bei WISO und anderen finden sich jetzt ergänzende Texte zu den Geschäftspraktiken des Unternehmens. Gegen diese Texte und die weitere Veröffentlichung der TV-Beiträge ging die Firma regelmäßig vor, nur teilweise in einzelnen Detailpunkten mit Erfolg. Auf www.youtube.com finden sich aber nach wie vor die entsprechenden Filme, die allerdings nicht von den Fernsehanstalten selbst eingestellt wurden.

Seit September 2012 ergaben sich zahlreiche Ermittlungsverfahren etwa der Staatsanwaltschaft Berlin gegen das Unternehmen. Allerdings erschwert das komplizierte Firmengeflecht die Ermittlungen. Im Tagesspiegel (19.9.2012) heißt es dazu:

„Das ist ein großes Verfahren mit vielen Firmen und Personen, die Ermittlungen dauern an", sagt Martin Steltner, Sprecher der Staatsanwaltschaft. Solch komplizierte Unternehmensgeflechte seien kein Zufall – sie würden mitunter bewusst geschaffen, um spätere Ermittlungen zu erschweren."

Es ist daher zwar eine Standardübung, im Internet über mögliche Vertragspartner zu recherchieren, bei der Bewertung der gefundenen Informationen hilft aber nur der gesunde Menschenverstand.

**Tipp**

Kommt Ihnen ein Eintrag besonders relevant vor, versuchen Sie den Autor zu kontaktieren, etwa indem Sie sich in dem entsprechenden Forum selbst anmelden. Allerdings: je älter ein Eintrag ist, desto geringer ist sein Nutzwert für Sie, und es sinkt die Chance, den Autor noch zu erreichen.

## Referenzobjekte

Sobald es „ernster" wird und ein Vertragsabschluss möglich erscheint, sollten Sie sie sich Referenzobjekte aus den letzten drei bis zehn Jahren nennen lassen sowie aktuelle Baustellen, auf denen der Bauträger tätig ist. Besuchen Sie ein bis drei Referenzobjekte und befragen Sie die Besitzer – in aller Regel haben diese dem Bauträger das O.K. gegeben, ihre Adresse weiterzugeben.

**Tipp**

Ein persönliches Gespräch nach telefonischer Vorankündigung ist ergiebiger als nur ein Telefonat. Nehmen Sie Blumen oder ein anderes Mitbringsel mit.

Klopfen Sie dabei folgende Punkte ab und bewerten Sie nach eigener Inaugenscheinnahme (dabei Geschmacksfragen außen vor lassen) und den Aussagen der Eigentümer des Referenzobjekts:

- Alter des Hauses

- Fertigstellungstermin gehalten?

- Zustand außen (Dachrinnen, Fassade, Pflaster, Dach)

- Zustand innen

- Traten Mängel während der Bauphase auf?

- Traten danach Mängel auf?

- Zufriedenheit mit der Mängelbeseitigung

- Gab es eine Baubegleitung durch einen vom Käufer beauftragten Sachverständigen?

- War die Abnahme problemlos?

- Nicht abgesprochene Zusatzkosten?

- Allgemeine Beurteilung des Bauträgers?

- Namen der Handwerker

Die Namen der Handwerker spielen deshalb eine Rolle, weil der Bauträger ja beim neuen Projekt keineswegs wieder mit denselben Unternehmen zusammenarbeiten muss – der neue, viel billigere Heizungsbauer liefert möglicherweise eine andere Qualität ab. Ein **Besuchsprotokoll** fürs Referenzobjekt finden Sie im Anhang und im Internet.

Sicher wird Ihnen der Bauträger bevorzugt **Referenzen** nennen, bei denen es kaum Probleme gegeben hat – fragen Sie vor Ort immer auch nach den Erfahrungen der benachbarten Häuser.

Versuchen Sie bei Reihen- und Doppelhäusern auch mit anderen Käufern oder Interessenten Kontakt aufzunehmen. Will Ihnen der Makler oder Bauträger diese Kontakte nicht vermitteln, dann fragen Sie ihn nach der Begründung. Möglicherweise haben die anderen Käufer schon sehr gut über den Preis verhandelt, was für den Bauträger unangenehm ist. Mit ihnen sollten Sie Erkenntnisse über Projekt und Bauträger austauschen. Auch in Sachen Sozialstruktur ist es sehr wichtig zu wissen, mit wem man Tür an Tür wohnen wird. Sind etwa Kinder vorhanden oder Haustiere; solche und ähnliche Fragen spielen eine Rolle – und erklären dem Bauträge oder Makler gegenüber auch das Interesse an den anderen Interessenten oder Käufern.

## Besuch beim Bauamt

Kommt ein Projekt in Ihre engere Auswahl, dann sollten Sie dem **Bauamt** in der Kommune, in der das Haus entstehen soll, einen Besuch abstatten. Sie erhalten hier eine Reihe von Informationen, die Ihnen bei der Einschätzung des Projekts helfen können. Vereinbaren

Sie telefonisch unter Verweis auf das geplante Objekt einen Termin. Nehmen Sie alle Unterlagen, die Sie vom Bauträger erhalten haben, mit. Folgende Fragen sollten Sie auf dem Bauamt klären:

- Welche Bebauungsvorschriften der Kommune spielen für das Projekt eine Rolle? Je nach Gemeinde und Baugebiet sind vielfältige Punkte unterschiedlich präzise geregelt. Leider gelten gerade in Neubaugebieten besonders viele strenge Vorschriften, auch wenn sich inzwischen herumspricht, dass dadurch diese anonymen, überall gleich aussehenden Einheitswohngebiete entstehen.

- Wichtig für die Zukunft sind auch Fragen zur bebaubaren Fläche des Grundstücks. Wird diese bereits voll ausgenutzt, dann kann es Probleme geben, wenn einmal ein Wintergarten angebaut oder eine Gartenhütte aufgestellt werden soll. Besonders spannend sind die Vorschriften, was solche Erweiterungen angeht: Könnte später eine Garage statt der vorgesehenen Stellplätze gebaut werden? Ist ein Carport genehmigungspflichtig oder genehmigungsfähig?

- Allgemein kann man auch fragen: Liegt überhaupt eine Baugenehmigung für das Haus vor? Mussten die eingereichten Planungsunterlagen möglicherweise geändert werden? Denn dann halten Sie mit dem Angebot möglicherweise einen veralteten Stand in Händen.

### Beispiel

In den ursprünglichen Plänen wurde die maximal zulässige Firsthöhe überschritten und die vorgeschriebene Dachneigung nicht eingehalten. Wurde hier die Planung nachgebessert, ergeben sich dadurch geringere Wohnflächenwerte für das Dachgeschoss, was in den Ihnen vorliegenden Unterlagen möglicherweise noch nicht zu finden ist.

- Werfen Sie einen Blick auf das vorgesehene Baugebiet: handelt es sich um ein reines **Wohngebiet** oder um ein **Mischgebiet** mit auch gewerblicher Nutzung? Hier sollten Sie nach Unternehmen Ausschau halten, die möglicherweise die Wohnqualität beeinträchtigen. Das Bauamt kann auch, zumindest informell und im Gespräch, über mögliche Schwierigkeiten in und mit der Nachbarschaft berichten.

- Als nächstes interessiert die Frage: gibt es kommunale **Lasten**, etwa Wegerechte, Nutzungsrechte an Versorgungsleitungen und

Kanälen, die auf dem Grundstück liegen? All das ist wertmindernd. Auch und gerade bei Neubauten in bestehenden Gebieten stellt sich die Frage nach zukünftigen Belastungen: ist etwa ein Austausch des Straßenpflasters und eine Erneuerung der Bürgersteige geplant, dann entstehen zukünftig Anliegerkosten. Diese treffen immer den Grundstückseigentümer, nach Übergang des Eigentums also Sie. Wenn solche Maßnahmen kurz bevorstehen, dann sollten Sie das in die Kaufverhandlungen einfließen lassen.

▪ Versuchen Sie auch zu erfahren, welche Erkenntnisse die Kommune zu möglicherweise bestehenden **Altlasten** hat, etwa über einen früher ansässigen Gewerbebetrieb oder andere mögliche Umweltbelastungen des Grundstücks.

▪ Gibt es Hinweise auf den Stand des **Grundwassers** in der Lage? Meist kennen die Mitarbeiter des Bauamtes ihre Gemarkung recht gut. Wenn drückendes Grundwasser oder andere Probleme vorhanden sind, dann bleibt das dem Bauamt nicht verborgen.

Ärger kann auch drohen – selbst bei einer Bebauung in einem reinen Wohngebiet – wenn sich landwirtschaftliche Betriebe oder ein Gewerbegebiet in der Nähe befinden. Lassen Sie sich daher auch die Umgebung der geplanten Baumaßnahme auf der Karte zeigen. Gibt es noch größere Brachflächen in der Umgebung, so fragen Sie nach möglicherweise bestehenden Bebauungsplänen für diese Grundstücke – vielleicht entstehen dort in nicht allzu ferner Zukunft Gewerbeansiedlungen, Einkaufszentren oder andere Objekte, die die Wohnqualität beeinflussen.

Ein Ausflug aufs Bauamt lohnt sich in den meisten Fällen. Allerdings einen hundertprozentigen Schutz gegen böse Überraschungen wird auch die dort gegebene Information nicht bieten – schon gar nicht, wenn es sich nur um mündliche Aussagen handelt und, im schlimmsten Fall, die Kommune ein eigenes Interesse an dem Bauprojekt hat.

**Beispiel**

Zum schlimmstmöglichen Desaster beim Kauf vom Bauträger kam es 2009 in Wiesbaden. 16 Käufer einer Reihenhausanlage im sogenannten Künstlerviertel sahen sich nach Beginn der Bauarbeiten mit einem gerichtlich verfügten Baustopp konfrontiert. Gekauft hatten sie vom Bauträger Bien-Zenker, der die Bebauung und Vermarktung der Grundstücke der Stadt Wiesbaden übernommen hatte. Der neue Bebauungsplan, der das Areal als Wohngebiet auswies, ignorierte dabei zwei bestehende Gewerbebetriebe, darunter eine bestehende Holzhandlung, die in direkter Nachbarschaft der geplanten Reihenhäuser lag. Der Eigentümer der Holzhandlung fürchtete nun neue teure Lärmschutz- und andere Auflagen und klagte gegen den neuen Bebauungsplan. Gerichte gaben ihm Recht: die Stadt hatte bei der Aufstellung des neuen Bebauungsplans dessen Rechte nicht ausreichend berücksichtigt. Der Bau wurde gestoppt. Für die 16 Familien eine Katastrophe, auch wenn die Stadt schnell versprach, diese zu entschädigen. Die Käufer gaben an, auf Fragen nach dem benachbarten Gewerbebetrieb, immer wieder die Auskunft erhalten zu haben, dieser werde auf ein anderes Grundstück umziehen. Allerdings gab es zu dieser Abwanderung keine Aussagen des Holzhändlers, geschweige denn konkrete Verhandlungen.

Fazit: auch die Aussagen der Stadt oder Gemeinde sind nicht für bare Münze zu nehmen.

### Tipp

Gibt es eine Gewerbeansiedlung in direkter Nachbarschaft, dann lohnt es sich, an die Quelle zu gehen: fragen Sie den Eigentümer nach möglicherweise bestehenden Konflikten.

# 4. Kapitel

# Clever finanzieren dank guter Vorbereitung

**4**

Bei der Finanzierung eines Immobilienobjekts vom Bauträger stellen sich spezifische Fragen, die Ihnen in diesem Kapitel erläutert und beantwortet werden.

- Achten Sie beim Kauf vom Bauträger auf spezifische anfallende **Kreditnebenkosten**, die nicht im effektiven Jahreszins auftauchen, etwa Bereitstellungszinsen oder Teilzahlungsaufschläge. Der Einbau von eigenkapitalähnlichen Finanzierungen wie Bausparverträge, Wohn-Riester oder bestehende Riesterverträge verbilligt die Kreditaufnahme.

- **Förderprogramme** können sich lohnen, allerdings ändern diese sich beständig, sodass eine umfassende Information im Vorfeld eines Projekts nötig ist.

- Bringen Sie unbedingt Ihren **SCHUFA-Eintrag** auf Vordermann und halten Sie die notwendigen Finanzierungsunterlagen bereit.

- Vorsicht bei **Finanzierungsangeboten** vom Bauträger.

In diesem Kapitel werden Sie keine erschöpfende Anleitung zur allgemeinen Immobilienfinanzierung finden, es beschränkt sich bewusst auf die Vermittlung von Grundwissen. Wer tiefer einsteigen möchte, dem sei das Buch „Immobilienfinanzierung" von Michael Hölting empfohlen.

Es geht hier um die Besonderheiten beim Bauträgerkauf, aber auch bei dem Vertrag mit Generalüber- oder Generalunternehmer. Vorgestellt werden die am häufigsten vorkommenden Finanzierungswege.

## 4.1 Basiswissen Finanzierungsformen

Sich frühzeitig um die Finanzierungsfrage zu kümmern ist allein schon deshalb sinnvoll, da es auch darum geht, vorbereitet in die Verhandlungen mit dem Bauträger zu gehen, denn sollte tatsächlich ein Projekt spruchreif werden, entsteht ganz normaler Zeitdruck – neben der Prüfung der Vertragsunterlagen und der Baubeschreibung ist dann wenig Zeit, sich auch noch um eine möglichst gute Finanzierung zu kümmern. Und das kann sehr teuer werden, denn ein Immobilienkredit läuft ja über rund 25 bis 30 Jahre. Wer es gerade am Anfang versäumt, eine sowohl solide als auch preisgünstige Finanzierung zu organisieren, der zahlt drauf.

Im Folgenden das grundlegende Basiswissen zur Immobilienfinanzierung.

### 4.1.1 Annuitätendarlehen

Im Volksmund wird die häufigste Finanzierungsform auch Hypothekenkredit genannt, auch wenn der streng genommen kaum noch vorkommt. Gesichert wird der Darlehensvertrag zugunsten der Bank mit der Eintragung einer Schuld ins Grundbuch; kommt der Schuldner seiner Zahlungsverpflichtung nicht mehr nach, hat die Bank über diese Schuld Zugriff auf das Haus und das Grundstück und kann, etwa auf dem Wege der Zwangsversteigerung, versuchen so an das verliehene Geld wiederzukommen.

### Zins und Tilgung

Das Annuitätendarlehen bedeutet, dass der Kredit in jährlich beziehungsweise monatlich festen Raten zurückgezahlt wird. Gezahlt werden zuerst die fälligen Zinsen, danach ein Tilgungsanteil, der am Anfang festgelegt wird. Diese Tilgung wird nach dem Vertrag monatlich oder, schlechter für den Schuldner, jährlich mit der Schuld verrechnet, woraus sich eine geringere Zinslast ergibt. Da die Rate der Rückzahlung immer gleich bleibt, steigt dadurch kontinuierlich die Tilgung.

In den ersten Jahren fließt aber der größte Teil der Rate in die Bedienung der Zinsen – der jährliche „Kontoauszug" der Kredit gebenden Bank zeigt daher anfänglich eine nur unwesentlich dahinschmelzende Schuldenlast.

Gerade in **Niedrigzinsphasen** sollte der Schuldner daher eine höhere Tilgung als die meist üblichen 1–2 Prozent vereinbaren.

Tabelle 18: **Vergleich Zins und Tilgung eines Annuitätendarlehens**
**Darlehenssumme 150.000 Euro, 4,5 Prozent Zinsen effektiv**

| nach ... Jahren | Restschuld / gezahlte Zinsen bei 1 Prozent Tilgung. Monatliche Rate 676,22 Euro | Restschuld/ gezahlte Zinsen bei 2 Prozent Tilgung. Monatliche Rate 801,22 Euro | Restschuld / gezahlte Zinsen bei 2,5 Prozent Tilgung. Monatliche Rate 863,72 Euro |
|---|---|---|---|
| 5 Jahren | 141.626,09 | 133.252,05 | 129.065,09 |
| 10 Jahren | 131.190,66 | 116.930,58 | 102.976,40 |
| 15 Jahren | 118.186,21 | 92.041,51 | 70.465,20 |
| 20 Jahren | 105.512,87 | 61.025,26 | 29.950,28 |
| Zurückzahlung des Darlehens nach | 38 Jahren | 27 Jahren | 23 Jahren |
| Gesamtkosten (davon Zinsen) | 311.227,26 (161.227,26) | 254.401,89 (104.401,89) | 239.390,06 (89.390,06) |

Aus vielerlei Gründen sollte die **Tilgung** innerhalb von 25 bis 30 Jahren erfolgen, denn meist beginnen dann auch die größeren Ersatzinvestitionen, für die Geld da sein muss. Außerdem dient ja die eigene Immobilie auch dazu, die Mietzahlungen im Alter zu ersparen.

**Tipp**

Allerdings sollten Sie nicht zu ehrgeizige Tilgungspläne machen und die monatliche Rate moderat halten. Entscheiden Sie lieber je nach Kassenlage, durch Sondertilgungen den Kredit zu bedienen und die Tilgungsleistung zu erhöhen. Allerdings erfordert das Disziplin – wenn Sie nicht der Typ dafür sind, Überschüsse auf dem Konto auch mal zu sparen, dann lieber stramm tilgen.

Dieses **Sondertilgungsrecht** bedurfte früher der gesonderten Verhandlung mit den meisten Kreditgebern, inzwischen gehört es fast zum Standard bei den Angeboten – es sollte auf jeden Fall vorgesehen sein. Dabei darf der Schuldner jährlich einen gewissen Betrag oder Prozentsatz der Restschuld als einmalige Tilgungszahlung leisten.

Dies verringert sofort die Zinslast, was durch den Zinseszinseffekt die Laufzeit des Darlehens verkürzt.

Gerade in Zeiten, in denen langfristige Geldanlagen nur karge Renditen bieten, lohnt sich die Sondertilgung, da sie Zinsen in Höhe der nominalen Schuldzinsen erspart.

Sollte der Kreditvertrag allerdings aus einer Niedrigzinsphase stammen und inzwischen die Geldanlagezinsen deutlich gestiegen sein, etwa in den Bereich der Finanzierungszinsen, dann sollte das Geld besser in Form von festverzinslichen Wertpapieren angelegt werden, um am Ende der Zinsbindungsfrist ein Teil des Darlehens abzulösen. Bei dieser Variante ist ein Vorteil, dass in der Zwischenzeit die finanzielle Flexibilität des Haushalts größer ist, da über das angelegte Geld besser verfügt werden kann. Was erst einmal als Sondertilgung geflossen ist, kann nicht mehr zurückgeholt werden.

Unter www.zinsen-berechnen.de findet sich unter anderem ein Hypothekenrechner, mit dem Sie selbst verschiedene Finanzierungsvarianten durchrechnen können. Das Spielen mit Tilgungssätzen und Zinshöhen gibt Ihnen ein Gefühl für Kredite und die langfristigen Effekte selbst kleiner Änderungen der Ausgangsbedingungen.

## Konditionen vergleichen

Spezielle Baufinanzierungsbanken, die Hausbanken sowie Finanzierungsvermittler werben mit ihren Konditionen. Um die einzelnen Angebote miteinander zu vergleichen, muss auf folgende Faktoren besonders geachtet werden:

- **Nominalzins:** Auf die geschuldete Kreditsumme sind Zinsen zu zahlen, angegeben in Prozent „per annum (p.a.)", also pro Jahr. Der Zinssatz ist das wichtigste Kriterium bei der Auswahl eines Kredits, längst aber nicht das einzige. Und wichtig ist auch: die einfache Angabe der zu bezahlenden Zinsen, der „nominale Zinssatz", ist kein geeigneter Wert, um Kreditangebote miteinander zu vergleichen. Zu viele andere Faktoren bestimmen den genauen „Preis", der für einen Kredit zu zahlen ist. Von vielen Banken wird aber ausgerechnet dieser Zinssatz besonders beworben.

- **Zinsbindung:** In der Regel werden die Zinskonditionen eines Darlehens nur für einen bestimmten Zeitraum festgeschrieben, die sogenannte Zinsbindungsfrist. Für fünf, zehn, zwölf oder fünfzehn Jahre legt sich die Bank auf einen Zinssatz fest. Nach Ablauf dieser Frist kann die Bank ein neues Finanzierungsangebot zur Fortführung des Darlehens machen, das sich am aktuellen Zinsniveau, aber möglicherweise auch an der Wertentwicklung der Immobilie oder geänderten Einkommensverhältnissen des Kreditnehmers orientiert. Der Kreditnehmer hat dann die Möglichkeit, bei einem anderen Institut die Finanzierung fortzusetzen (umzufinanzieren), was eine Ablösung des alten Darlehens, also dessen vollständige Rückzahlung an die alte Bank, und eine Umschreibung der Grundschuld auf die neue Bank zur Folge hat.

- **Tilgungssatz:** Wie beschrieben, spielt dieser eine entscheidende Rolle bei den Kosten für einen Kredit. Flexible Banken ermöglichen einen Wunsch-Tilgungssatz, der auch 1,5 oder 2,25 Prozent betragen kann – so kann die monatliche Rate nach der möglichst exakten Belastbarkeit des Haushaltsbudgets bestimmt werden.

- **Sondertilgungsrecht:** Hier gibt es sehr unterschiedliche Konditionen – die Möglichkeit zu Zahlungen außer der Reihe sollte der Kredit auf jeden Fall bieten.

- **Zins- und Tilgungsverrechnung:** Selbst bei monatlicher Zahlung gibt es Banken, die Zinsen und Tilgung nur einmal im Jahr verrechnen – ein großer Nachteil für den Kunden, denn schließlich sinkt so seine Schuldenlast nicht Monat für Monat, sondern nur jährlich. Allerdings: eine solche nachteilige Berechnung geht in den sogenannten effektiven Jahreszins ein (s.u.).

- **Bearbeitungs- und Vermittlungs„gebühren":** Immer noch gibt es Banken, die nicht nur am Kredit verdienen wollen, sondern für den Abschluss eines Darlehensvertrags auch noch zusätzliche einmalige Kosten in Rechnung stellen. Und seien es nur 0,3 Prozent des Kreditvolumens, dann sind das bei 150.000 Euro Kredit immer noch 450 Euro. Das sollte sofort Gegenstand von Verhandlungen werden. Der Bundesgerichtshof hat in zwei Urteilen am 13. Mai 2014 entschieden, dass derartige „Gebühren" unzulässig sind (Az. XI ZR 405/12 und Az. XI ZR 170/13). Es ist aber nicht ungewöhnlich, dass kreative neue Namen für eine Kostenberechnung alleine bei Vertragsabschluss erfunden werden.

- **Effektiver Jahreszins:** Solch negativen Verrechnungsmodelle und Nebenkosten wie in den letzten beiden genannten Punkten gehen in den effektiven Jahreszins ein, mit dem sich die Konditionen für

Darlehen mit gleicher Laufzeit vergleichen lassen. Grundlage des effektiven Zinssatzes ist der nominale Zinssatz, oben drauf werden aber die versteckteren Kosten gerechnet, eben die effektive Belastung des Schuldners. Die Bezeichnung „anfänglicher effektiver Jahreszins" zeigt an, das nach Ende der Zinsbindungsfrist bei meist anderen Konditionen Änderungen eintreten, der angegebene Wert nur zu Beginn der Darlehenslaufzeit gilt. Bei unterschiedlichen Zinsbindungsfristen ist ein Vergleich von Krediten nicht möglich. Allerdings, es gibt noch weitere

- **Nebenkosten:** Es gibt andere Nebenkosten, die nicht in den effektiven Jahreszins eingehen. Sehr häufig finden sich hier

  – Schätzkosten der Immobilie

  – Bereitstellungszinsen

  – Teilauszahlungszuschläge

  – Kontoführungsgebühren

Und das, obwohl gegen viele dieser so genannten Gebühren inzwischen erfolgreich gerichtlich vorgegangen wurde:

Gegen die **Schätzkosten** der Immobilie gibt es einen seit Jahren geführten Kampf der Verbraucherschützer. Inzwischen haben eine Reihe von Gerichtsurteilen deren Rechtsauffassung bestätigt, dass die Schätzung des Immobilienwertes alleine im Interesse der kreditgebenden Bank geschieht (und in aller Regel bekommt der Kunde dieses Wertgutachten ja auch nie zu Gesicht), und daher ausschließlich von ihr zu bezahlen ist.

Das bestätigten auch die folgenden Urteile: das Landgericht Stuttgart erklärte Klauseln von Wüstenrot zu Schätzkosten für unzulässig (Az.: 20 O 9/07, rechtskräftig). Auch das OLG Düsseldorf (Az.: I-6 U 17/09) entschied gegen eine Volksbank, die in einem Darlehensvertrag eine „Schätzgebühr/Besichtigungsgebühr" verlangt hatte. „Die Prüfung der vom Kunden angebotenen Sicherheiten, hier die Schätzung und Besichtigung des Beleihungsobjekts, erfolge nur im Interesse der Bank", heißt es in der Pressemeldung des Gerichts. Auch das Landgericht Dortmund sieht in der Beauftragung eines Wertgutachtens, in diesem Fall durch die Nationalbank, keinen Grund, diese Kosten dem Darlehensnehmer aufzubürden – selbst wenn die Beauftragung separat, also nicht im Rahmen des Darlehensvertrages erfolgt. Es genügt der enge Zusammenhang mit dem Darlehen (Urteil vom 6. Januar 2015, Az. 25 O 184/14, rechtskräftig).

Noch ist keine Entscheidung in dieser Sache vor dem Bundesgerichtshof BGH anhängig – die Banken scheuen ein höchstrichterliches Urteil und gehen daher nicht in die letzte Instanz. Allerdings: selbst BGH-Entscheidungen haben Banken in der Vergangenheit in der täglichen Praxis nicht umgesetzt, etwa Urteile zur Wertstellung oder zu Vorfälligkeitsentschädigungen.

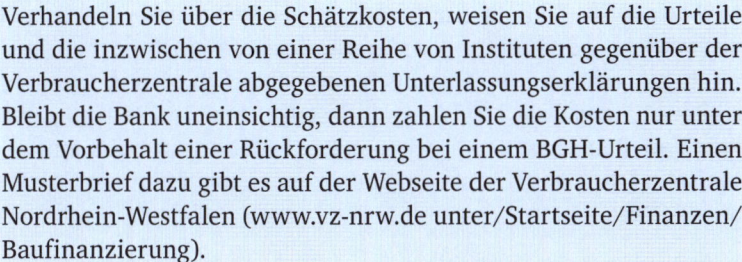

**Wichtig**

Verhandeln Sie über die Schätzkosten, weisen Sie auf die Urteile und die inzwischen von einer Reihe von Instituten gegenüber der Verbraucherzentrale abgegebenen Unterlassungserklärungen hin. Bleibt die Bank uneinsichtig, dann zahlen Sie die Kosten nur unter dem Vorbehalt einer Rückforderung bei einem BGH-Urteil. Einen Musterbrief dazu gibt es auf der Webseite der Verbraucherzentrale Nordrhein-Westfalen (www.vz-nrw.de unter/Startseite/Finanzen/Baufinanzierung).

In Sachen Kontoführungsgebühren hat der BGH am 7. Juni 2011 bereits entschieden, dass diese unzulässig sind (Az.: XI ZR 388/10). Die Führung des Kontos komme im Wesentlichen der Bank zu Gute, der Darlehensnehmer habe dagegen keine Vorteile.

## Besonderheiten für den Bauträgerkauf

Besonders wichtig für das Bauen mit dem Bauträger oder Generalübernehmer sind die Faktoren Bereitstellungszinsen und Teilzahlungsaufschläge.

**Bereitstellungszinsen** verlangt das Geldinstitut für das Bereithalten von (auch Teil-)Darlehenssummen zur Auszahlung, etwa wenn zwischen Abschluss des Kreditvertrages und der Auszahlung des Darlehens Zeit vergeht. Und die kann, etwa bei verzögertem Baubeginn, schnell einen längeren Zeitraum umfassen. Und beim Bauträgerkauf wird typischerweise in Raten nach Baustand gezahlt, so dass es immer Teilsummen des Darlehens gibt, die noch nicht abgerufen wurden. Die Banken argumentieren: wir verdienen vor der Auszahlung noch kein Geld an den vom Kreditnehmer gezahlten Zinsen, müssen aber zahlungsbereit sein. In manchen Fällen sind diese Bereitstellungszinsen ab Vertragsabschluss fällig, in anderen Fällen gibt es eine Frist, innerhalb der keine Bereitstellungszinsen anfallen.

Die Kosten sind nicht gering: häufig werden zwischen 0,25 Prozent im Monat und 3 Prozent im Jahr verlangt. Das wären über 12 Monate, in denen ein Kredit von 150.000 Euro nicht abgerufen wird rund 375 Euro im Monat und 4.500 Euro im Jahr. Damit kommt zu dem Ärger, den ein möglicherweise verzögerter Baubeginn macht, auch noch eine Menge an Kosten auf den Käufer zu.

**Tipp**

Versuchen Sie, Bereitstellungszinsen aus dem Vertrag herauszuverhandeln, oder achten Sie darauf, dass die zinsfreie Zeit ausreichend bemessen ist. Hat das Bauprojekt noch nicht begonnen, sollten 12 zinsfreie Monate, mindestens aber der Zeitraum bis zum vom Bauträger versprochenen Fertigstellungstermin, enthalten sein. Läuft der Bau schon, dann können auch kürzere Fristen ausreichen!

**Teilzahlungszuschläge** sollten Sie auf keinen Fall akzeptieren, denn diese sind beim Bauträgerkauf unvermeidlich. Hier will die Bank dafür Geld nehmen, dass sie den Betrag nicht auf einmal, sondern in Raten auszahlt.

**Wichtig**

Die Nebenkosten, die nicht in den effektiven Jahreszins eingehen, können einen relevanten Unterschied machen. Gerade beim Kauf vom Bauträger oder dem Bauen mit dem Generalübernehmer sollten Bereitstellungszinsen und vor allem Teilzahlungsaufschläge besonders im Auge behalten werden.

### 4.1.2 Bausparvertrag

Der „gute alte" Bausparvertrag gehört ebenfalls zu den häufigsten Finanzierungsformen. Ist er bereits seit Jahren bespart worden, liefert er neben dem dringend benötigten Eigenkapital, zu dem die Ansparsumme zählt, auch einen meist zinsgünstigen Kredit.

## Der Klassiker

Im klassischen Schema wird eine Bausparsumme festgelegt, in der **Ansparphase** werden 40 bis 50 Prozent davon vom Bausparer angespart, meist nur mäßig verzinst. Ist die geforderte Quote angespart (und sind noch ein paar andere Voraussetzungen erfüllt, siehe unten), dann gibt es die Restsumme als Darlehen, und ausgezahlt wird die gesamte Bausparsumme. In der **Darlehensphase** wird wie beim Annuitätendarlehen das Darlehen mit gleichbleibenden Raten bedient. Allerdings sind die Tilgungssätze meist sehr hoch, denn eine Rückzahlung des Darlehens ist meist über einen Zeitraum von unter zehn Jahren vorgesehen – das macht die monatliche Belastung aus einem solchen Bauspardarlehen auf jeden Fall höher als die früheren monatlichen Einzahlungen auf das Bausparkonto.

Auch wenn das Guthaben in der Ansparphase meist nur dürftig verzinst wird, so hat doch das Bauspardarlehen später einige Vorteile zu bieten. Neben möglicherweise günstigen Zinsen (was auf dem aktuellen Zinsniveau allerdings schwierig ist) geht es dabei auch darum, dass die Bausparkassen entweder eine nachrangige Sicherung im Grundbuch ohne Zinsaufschlag akzeptieren oder gar keine grundbuchliche Sicherung verlangen.

Ein Bausparvertrag, wenn er schon seit Jahren bespart wird, gehört also in jedem Fall als Finanzierungsbaustein in die Kreditfinanzierung der Immobilie, zur Vermeidung hoher monatlicher Raten muss aber über die Tilgungsdauer verhandelt werden.

■ **Zuteilungsreife:** Für den Bausparkunden gibt es einen wichtigen Termin, nämlich den, zu dem sein Darlehen zuteilungsreif wird. Die Zuteilungsreife richtet sich in erster Linie danach, ob die im Tarif vereinbarte Mindestsparzeit und die Mindestansparung erreicht wurde, je nach Vertrag rund 40 bis 50 Prozent der Bausparsumme. Aber damit wird das Darlehen nicht automatisch ausgezahlt. Als nächstes wird die Zielbewertungszahl ermittelt – diese soll für Gerechtigkeit unter den Bausparern sorgen. Die erreichte Punktzahl wird in der Ansparphase auf jedem Kontoauszug angezeigt. Grundsätzlich sollen dabei die Bausparer bevorzugt werden, die über einen langen Zeitraum einen niedrigen, oder die in einer kurzen Zeitspanne einen hohen Sparanteil eingezahlt haben. Aus diesen Einzahlungen hat die Bausparkasse ja in der Zwischenzeit Bauspardarlehen vergeben. Aber auch Verträge, bei denen eine schnelle Tilgung vorgesehen ist erreichen schneller eine hohe Bewertungszahl, da die Bausparkasse das Geld sehr schnell wieder zurückerhält. Das Verfahren selbst ist kompliziert und schwer durchschaubar. Doch selbst mit der Zuteilungsreife kann es noch zu Verzögerungen bei der Auszahlung kommen, denn die Bausparkasse wickelt ihre Darlehen auch innerhalb einer Zuteilungsperiode nach der erreichten Bewertungszahl ab. Im schlimmsten Fall dauert es noch drei bis sechs Monate, bis das Darlehen wirklich ausgezahlt wird.

## Finanzierung ohne Ansparung

Um Schwung ins Bauspargeschäft zu bringen, gibt es inzwischen eine Variante, die ohne Ansparphase angeboten wird, ein sogenanntes Kombi-Darlehen. Hier gibt die Bank ein sogenanntes **Vorausdarlehen**, das zur Finanzierung genutzt wird. Gleichzeitig wird ein Bausparvertrag abgeschlossen. Der Kunde zahlt während der Phase des Vorausdarlehens die Zinsen, nicht aber die Tilgung. Gleichzeitig bedient er in der Ansparphase das Bauspardarlehen – ihm entstehen bis zur Zuteilungsreife des Bauspardarlehens also Zinskosten plus die Einzahlungen auf das Bausparkonto.

Sobald das Bauspardarlehen zuteilungsreif wird, wird das Vorabdarlehen vollständig in einer Summe getilgt, ab diesem Zeitpunkt läuft dann nur noch das Bauspardarlehen. Eine Besonderheit sind dabei feste Zinsen über besonders lange Zeiträume, etwa 20 bis 25 Jahre, bis zur vollständigen Tilgung des Kredits. In einem Baufinanzierungsvergleich der Stiftung Warentest schlugen Anfang 2010 diese Modelle der Bausparkassen in Sachen Gesamtbelastung des Kunden die meisten Annuitätendarlehen aus dem Feld. Grund sind die im langjährigen Vergleich absolut niedrigen Bauzinsen. Bei steigenden Zinsen müssen diese Modelle aber neu betrachtet werden.

 **Wichtig**

Bei Bausparverträgen werden sogenannte Abschlussgebühren verlangt. Im Gegensatz zu den Gebühren beim Annuitätendarlehen hat der BGH diese für zulässig erklärt (Az. XI ZR 3/10). Diese Kosten sind auf jeden Fall in den Konditionenvergleich einzubeziehen.

## 4.1.3 Versicherungsdarlehen

Wie beim Kombi-Kredit der Bausparkassen wird ein Vorausdarlehen gegeben, bei dem nur die Zinsen monatlich gezahlt werden. Das Darlehen wird nach einer bestimmten Zeit durch eine fällig werdende

Kapitallebensversicherung abgelöst, zu der monatliche Beiträge zu leisten sind.

Übereinstimmend raten Verbraucherschützer von dieser Variante ab. Sie wird schön gerechnet, indem der Vertreter mit einer Verzinsung der Kapitallebensversicherung in Höhe der in früheren Jahren gezahlten Zinsen rechnet, der sogenannten Überschussbeteiligung. Da kamen gerne über 4 bis 5, in den 90er Jahren sogar 7 Prozent heraus. Doch angesichts des niedrigen Zinsniveaus stellt sich die Frage, wie sich diese Überschüsse entwickeln werden. Denn sie sind nicht garantiert – die maximal vom Versicherer zuzusagende Garantieverzinsung liegt bei nur noch 1,25 Prozent – und zwar auf den Sparanteil, der ja nur einen Teil der monatlichen Einzahlung ausmacht. Der Rest geht vor allem in den ersten Jahren als Zahlung an das Finanzinstitut, den Vermittler und in die Todesfallabsicherung.

**Wichtig**

Im Gegensatz zu der Kombi-Darlehens-Variante der Bausparkassen sind die Überschussanteile unvorhersehbar, und die Kosten für den Lebensversicherungsanteil sowie die Abschlusskosten zu hoch. Das Leben sollte auf jeden Fall über eine Risikolebensversicherung gesichert werden, die ist sehr viel günstiger zu haben!

## 4.1.4 Wohn-Riester

Umstritten ist die 2009 eingeführte Möglichkeit, die Riester-Zuschüsse für die Altersvorsorge heute schon für einen Immobilienkredit zu nutzen. Eine **Riester-Förderung** können alle Arbeitnehmer, Beamte und andere in der gesetzlichen Rentenversicherung Pflichtversicherten erhalten. Gefördert werden Darlehen für die selbstgenutzte Immobilie, die von der Bundesanstalt für Finanzdienstleistungsaufsicht zertifiziert werden. Getilgt werden muss das Darlehen spätestens bis zum 68. Lebensjahr des Empfängers der Förderung.

Die staatliche Riester-Förderung beträgt 154 Euro Grundzulage pro Jahr, für jedes Kind gibt es 300 Euro (für bis 2007 geborene nur 185 Euro). Dafür muss der Kreditnehmer mindestens 4 Prozent des Bruttoeinkommens abzüglich der Zulagen in die Tilgung stecken, maximal allerdings 2100 Euro im Jahr. Um die Förderung auszuschöpfen müssen Ehepaare zwei Kredite, einen für jeden Zulagenberechtigten, aufnehmen.

Die Zulagen und möglichen Steuervorteile machen Wohn-Riester zu einer guten (Zusatz-) Finanzierung, vor allem weil die Zulagen so ähnlich wie Eigenkapital bewertet werden können.

In der Praxis gibt es Wohn-Riester als Variante des Annuitätendarlehens, in dem die Zulagen einfach in Zins und Tilgung fließen, oder bei den Bausparkassen als Kombi-Darlehen. Auch hier gilt: die lange Zinsbindung kann bei günstigen Bausparangeboten den Ausschlag geben, ob ein Vertrag hier günstiger ist.

## Komplikationen

Bei Riester-Verträgen ist das Grundprinzip häufig einfach, in den Details wird es aber schwierig.

Zum einen gibt es Voraussetzungen, die eingehalten werden müssen. So muss der Kredit so angelegt werden, dass er mit dem 68. Lebensjahr spätestens abbezahlt ist. Das Darlehen muss zertifiziert sein. Wer aus dem Kreis der Zulagenberechtigten ausscheidet, etwa weil er sich selbstständig macht, bekommt möglicherweise Schwierigkeiten, den Kredit weiter zu bedienen. Immerhin verbessert weiterer Nachwuchs durch neue Zulagenansprüche automatisch die Finanzsituation der Familie, weil weitere 300 Euro pro Jahr in das Darlehen fließen.

Vertrackt ist die **steuerliche Betrachtung**: Während der Ansparphase eines Riester-Vertrages, im Falle von Wohn-Riester in der Zahlungsphase des Darlehens, sind die Beträge steuerfrei. Im Rentenalter sind die Rentenzahlungen allerdings zu versteuern. Solche Zahlungen gibt es bei Wohn-Riester natürlich nicht (mit der Förderung wurde ja das Haus abbezahlt). Daher gibt es ein fiktives Wohnförderkonto, das der Darlehensgeber führt. Hier werden alle Einzahlungen im Rahmen des Wohn-Riesters, also der Eigenbeitrag von 4 Prozent des Bruttoeinkommens und die Zulagen verzeichnet. Dann wird noch so gerechnet, als verzinsten sich diese Einzahlungen bis zum Rentenbeginn mit 2 Prozent p.a. Die sich ergebende fiktive Summe muss dann ab den 68. Lebensjahr versteuert werden. Das geschieht entweder, indem diese Summe in monatlich gleichen Raten bis zum 85. Lebensjahr versteuert wird. In der Steuererklärung wird dann dieser Betrag auf die tatsächlichen Einkünfte aus dem Wohnförderkonto draufgerechnet, und daraus ergibt sich die Steuerpflicht. Das zu versteuernde Einkommen liegt hier also höher als die tatsächlichen Geldzuflüsse aus Rente und anderen Einkommensquellen.

**Achtung!**
Diese Steuer-Zahlungspflicht geht im Todesfall auf die Erben über.

Oder der Geförderte entscheidet sich, die Steuern bei Rentenbeginn auf einen Schlag zu zahlen. Dafür muss er nur auf 70 Prozent des Endbetrags des Wohnförderkontos nach seinem persönlichen Steuersatz Steuern zahlen.

Knifflig wird die Lage auch, wenn die Wohnimmobilie verkauft wird, im Riesterjargon spricht man dabei von einer riesterschädlichen Verwendung. Dann muss der angesammelte Betrag auf dem Wohnförderkonto auf einen Schlag versteuert werden, aber immerhin sind die Zulagen nicht zurückzuzahlen. Dieser Belastung entgeht der Sparer unter Umständen, wenn

- innerhalb von vier Jahren ein neues Eigenheim gekauft wird, oder

- die Summe, die auf dem Wohnförderkonto steht, in einen Riester-Vertrag eingezahlt wird, oder

- der Auszug aus der Immobilie durch einen beruflich bedingten Umzug stattfindet, die Immobilie vermietet wird und der Geförderte spätestens mit dem 67. Lebensjahr wieder einzieht.

Das klingt schon weniger attraktiv: in Sachen Flexibilität sind Riester-Verträge eher mit Vorsicht zu genießen, eine Änderung der Lebensverhältnisse hat möglicherweise komplizierte Auswirkungen auf die Immobilienfinanzierung.

**Tipp**
Egal, welchen Riester-Vertrag Sie nutzen, Wohn-Riester oder eine andere Vorsorgeform: vergessen Sie nicht, die Zulagen zu beantragen und bei Änderungen der Fördervoraussetzungen Anpassungen vorzunehmen. Zwischen 25 und 33 Prozent der Riester-Sparer verzichten auf die ihnen zustehenden Zulagen, und damit den eigentlichen Vorteil einer Riester-Rente.

Und achten Sie auf Nebenkosten: die Zeitschrift Ökotest hat Angebote untersucht und dabei wieder Fallstricke gefunden. So gibt es auch hier bei einzelnen Anbietern Kontoführungsgebühren, ein Anbieter kassierte sogar für das gesetzlich vorgeschriebene Führen des Förderkontos stattliche 12 Euro im Monat.

## 4.1.5 KfW-Darlehen

In vielen Fällen gehören die von den Banken vermittelten Darlehen der KfW-Förderbank (früher Kreditanstalt für Wiederaufbau) zur sinnvollen Kombination von Finanzierungsinstrumenten einfach dazu. Früher gab es einen deutlichen Zinsvorteil auf Seiten der KfW, also im Vergleich zu den normalen Banken deutlich billigeres Geld. In der Niedrigzinsphase ist dieser Unterschied zwar kleiner geworden, es kann sich aber dennoch lohnen, nachzurechnen.

### Wohnraumförderprogramm

Im Grundprogramm zur Förderung von Wohneigentum gibt es Darlehen bis zu 50.000 Euro. Die Zinsfestschreibung beträgt 5 oder 10 Jahre, danach macht die KfW neue Konditionsangebote, der Kredit kann aber auch durch eine andere Bank abgelöst werden.

Bei einer Gesamtlaufzeit des Kredits von bis zu 20 Jahren können ein bis drei tilgungsfreie Jahre vereinbart werden, in dieser Zeit werden nur die Zinsen abgebucht. Bei einer Kreditlaufzeit von 21–35 Jahren können bis zu fünf tilgungsfreie Jahre vereinbart werden. Derart lange Laufzeiten sollte man aber vermeiden, und auch den Tilgungsplan so kalkulieren, dass spätestens im Alter von 60 Jahren das Haus abbezahlt wird.

**Achtung!**
Bereitstellungszinsen werden nach vier Monaten und zwei Tagen fällig, der Kreditbetrag muss innerhalb von 12 Monaten nach Zusage abgerufen werden, eine Verlängerung ist möglich.

Ein KfW-Kredit aus dem Wohnraumförderungsprogramm lohnt sich nicht immer, auch angesichts der beschränkten Finanzierungssumme.

### Energieeffizient bauen

Spannender sind die Konditionen für Kredite, die für Neubauten gegeben werden, die die aktuellen Anforderungen an das energetische Niveau von Häusern übertreffen. Dafür definiert die KfW-Bank den Standard „KfW-Effizienzhaus". Einen Kredit gibt es, wenn das geplante Haus maximal 70 Prozent des im Standard definierten Jahresprimärenergieverbrauchs erreicht.

### Jahresprimärenergieverbrauch

In die Berechnung des Energieverbrauches eines Hauses geht nicht nur der direkte Verbrauch etwa an Heizöl, Gas oder Solarenergie ein, es wird auch ein Faktor berücksichtigt, der je nach Energieträger misst, wie viel Energie außerhalb des Hauses zur Erzeugung, etwa der Förderung des Transports bei Heizöl, aufgewendet werden muss. Angegeben wird die Zahl in kWh pro Quadratmeter – je niedriger, desto effizienter das Haus. Zum Energiebedarf gehört auch die Qualität der Dämmung von Bauteilen wie Wänden und Fenster.

Ab 1. April 2016 werden nur noch Häuser, die die Standards „KfW Effizienzhaus 55", „KfW-Effizienzhaus 40 plus" und „KfW-Effizienzhaus 40" erreichen zusätzlich durch einen Tilgungszuschuss gefördert. Die Zahlen geben an, wie viel Prozent des Primärenergiebedarfs des Effizienzhauses vom Gebäude erreicht werden, so benötigt das „Effizienzhaus 40" nur 40 Prozent der im Standard vorgesehenen Energie.

Ab 2016 beträgt die maximale Kreditsumme 100.000 Euro, eine Zinsbindung von 20 Jahren wird möglich.

Die KfW-Programme werden ständig an die Marktsituation angepasst, aber auch an die zur Förderung durch den Staat bereitstehenden Mittel. Es lohnt sich, sich über die Webseite www.zukunfthaus.info und direkt bei der KfW www.kfw.de Informationen zu holen. Allerdings ist vieles in Schriftform sehr trocken dargestellt. Am Telefon sind viele Fragen schneller geklärt. Die KfW informiert unter 0180 0800 539 9002 (kostenfreie Rufnummer) zu den wohnwirtschaftlichen Programmen.

### Achtung!

Der KfW-Kredit kann nur vor der Unterzeichnung des Kaufvertrags beantragt werden, ein späterer Einbau in die Finanzierung ist nicht möglich. Der Darlehensvertrag wird über die Hausbank vermittelt, nicht direkt von der KfW – das findet die Hausbank manchmal lästig, weil diese die Vermittlungsarbeit und das Heranschaffen von Unterlagen betreiben muss. Um in den Genuss der Kredite und Förderungen zu kommen müssen beispielsweise der Energieausweis und eventuell zusätzliche Gutachten von zertifizierten Energieberatern hinterlegt werden.

## 4.1.6 Bauförderprogramme der Länder

Ziemlich unübersichtlich wird es, wenn in die Finanzierung noch Förderprogramme der Bundesländer oder gar der Kommunen eingebaut werden sollen.

Allgemeine Förderprogramme sind häufig an die **Einkommensverhältnisse** der Bauherren gekoppelt, es gibt Einkommens- und Förderhöchstgrenzen. Und auch nach unten wird gerechnet. Damit sich einkommensschwache Familien nicht aufgrund einer möglichen Förderung überheben, rechnen die Programme mit einem Mindesteinkommen, das dem Geförderten nach Abzug der Finanzierungskosten verbleiben muss. Das sind bei einem Einpersonenhaushalt zwischen 500 und 650 Euro, bei zwei Personen 750 bis 850 Euro, für jede weitere Person werden 200 Euro dazugerechnet.

Andere Fördertöpfe bezuschussen altersgerechtes Bauen oder Energieeffizienz, etwa die Nutzung regenerativer Energien.

Die Programme sind meist mit einer bestimmten Fördersumme ausgestattet, ist dieser Betrag erschöpft, gibt es keinen Anspruch auf die Zahlungen aus den Programmen. Gerade im zweiten Kalenderhalbjahr sind die Programme meist erschöpft.

Eine Übersicht bietet die Internetseite www.baufoerderer.de, die gemeinsam von der KfW und der Verbraucherzentrale Bundesverband betrieben wird. Ansprechpartner vor Ort sind zumeist Wohnraumförderungsstellen in Landratsämtern oder Stadt- und Gemeindeverwaltungen. Weitere Informationsadressen nach Bundesländern geordnet finden Sie im Anhang.

Auch Kommunen fördern Wohneigentum – nicht überall, aber viele Städte wollen etwas für ihre Bevölkerungsstruktur tun und den Wegzug etwa von Familien verhindern.

**Beispiel**

In Stuttgart gibt es etwa das „Familienbauprogramm" für Haushalte, in denen mindestens ein Kind unter 18 Jahren wohnt. Dann wird ein zinsverbilligtes Darlehen der L-Bank vermittelt, so werden für die ersten 10 Jahre nur 0,75 Prozent Zinsen fällig (Stand 2015). Alternativ kann etwa eine Familie mit zwei Kindern einen Baukostenzuschuss von bis zu 20.000 Euro erhalten, etwa um das vorhandene Eigenkapital aufzustocken. Für das Erreichen bestimmter Energie-Effizienzstandards gibt es weitere Förderung.

In den Förderbedingungen heißt es außerdem: „Bei jungen Paaren ohne Kinder erfolgt die Förderung durch Optionsdarlehen der L-Bank mit der Zusage einer Ergänzungsförderung, wenn innerhalb von sechs Jahren Kinder hinzukommen." Das Programm „Preiswertes Wohneigentum" stellt für Bauvorhaben verbilligte Grundstücke zur Verfügung.

Die Verbilligung von Grundstücken für Familien gibt es in zahlreichen Kommunen.

**Tipp**
Die Frage nach Fördermöglichkeiten gehört auf jeden Fall zum Besuch des Bauamtes der Kommune, in der Sie vom Bauträger kaufen wollen (siehe „Besuch beim Bauamt" im Abschnitt 3.3.2).

Eine Online-Übersicht bietet die FMH-Finanzberatung unter www.fmh.de/Zinsvergleich/Hypothekenzinsen/Förderdarlehen und Baufinanzierung

## 4.2 Wie finde ich den günstigsten Kredit?

Der erste Weg bei der Suche nach einem Kredit führt zur Hausbank. In aller Regel wird diese Immobilienkredite anbieten. Der Vorteil für Bank und potenziellen Kreditnehmer: man kennt sich.

Und die Konditionen der **Hausbank** müssen nicht schlecht sein, das hängt von der aktuellen Firmenpolitik ab, die konjunkturellen Schwankungen unterworfen ist. Mal setzen die Banken auf das Hypothekengeschäft, mal halten sie die Interessenten mit schlechten Konditionen fern. Gerade Sparda- und PSD-Banken haben in den letzten Jahren gute Konditionen geboten, aber auch die Volksbank oder Sparkasse kann interessante Angebote machen.

Als zweite Gruppe kommen **Direktbanken** infrage, die nur in wenigen Filialen oder nur über das Internet und per Telefon vermitteln. Telefonkontakt sollte dabei möglich sein, denn statt vieler E-Mails hilft manchmal nur das persönliche Gespräch. Manche Banken bieten dabei gute Beratungsdienstleistungen an, andere eher schmale Informationen.

Über die dritte Gruppe, die **Finanzvermittler**, kommt man auch an die Angebote der Spezialbanken heran, die nahezu ausschließlich Baukredite vergeben.

Das Geschäftsmodell der Finanzvermittler beruht darauf, bei verschiedenen Banken Kreditkontingente zu buchen, worauf diese natürlich einen Nachlass bekommen. Dieser wiederum kann an die Kunden weitergegeben werden. Daraus ergibt sich aber auch eine gewisse Standardisierung des Angebots, denn schließlich hat der Vermittler ja ein Pauschalpaket eingekauft. Vielleicht hat er auch gerade für den Zeitpunkt der Anfrage keine passenden Kredite mit der gewünschten Laufzeit im Portfolio, oder sein Kontingent ist erschöpft und wird gerade neu verhandelt.

Manchmal ist nicht direkt zu erkennen, wer Finanzvermittler ist oder auf eigene Rechnung arbeitet, Banken wie die Volkswagenbank direkt oder Versicherungen wie CosmosDirekt treten als Finanzierungsvermittler auf und vergeben keine eigenen Kredite, auch wenn man das zuerst vermuten könnte.

Die Stiftung Warentest erkennt daraus einen Trend: bevor die Banken einen Kunden ziehen lassen, weil sie selbst kein passendes Angebot im Portfolio haben, bieten sie selbst die Vermittlung von Darlehen eines anderen Instituts an. Beim Konditionsvergleich für das Jahr 2014 stellte Finanztest fest, dass fast die Hälfte der Banken auch Angebote von Mitbewerbern vorweisen konnte. Das Fazit der Verbraucherschützer: „Viele Banken unterscheiden sich daher gar nicht mehr stark von Kreditvermittlern wie Interhyp und Dr. Klein. Jedenfalls sind die Zeiten vorbei, in denen die Vermittler generell ein breiteres Angebot und meist auch bessere Konditionen als Banken zu bieten hatten."

**Beispiel**

Die Stiftung Warentest untersucht jährlich die Kreditkonditionen von Banken und hat für das Jahr 2014 Annuitätendarlehen mit einer Zinsbindung von 20 Jahren und einem Zinssatz unter zwei Prozent gefunden – steckt man die Zinsersparnis in die Tilgung, dann kann man innerhalb der Zinsbindung den Kredit vollständig tilgen, hat also über 20 Jahre eine konstant bleibende monatliche Belastung, mit der sich gut kalkulieren lässt. Allerdings gab es immer noch eine erstaunliche Bandbreite an Angeboten: „Für einen 150.000-Euro-Kredit mit 25 Jahren Zinsbindung zahlen

Kreditnehmer bei den Topanbietern 67.600 Euro weniger Zinsen als bei der teuersten Bank".

2015 zogen die Zinsen wieder an, Kredite wurden teurer, allerdings ist ein Ende der Billigzinsphase noch nicht abzusehen.

Manchmal treten (Lebens-)Versicherungen als Vermittler auf, manchmal aber auch als Finanzierer, da sie ja langfristige Geldanlagen suchen und sich über den Immobilienmarkt ebenfalls refinanzieren können. Oder sie bieten die bereits angesprochenen Kombi-Darlehen aus Lebensversicherung und Annuitätendarlehen an.

## 4.2.1 Recherche über Baufinanzierungskonditionen im Internet

Einen wichtigen Überblick über die augenblicklichen Baufinanzierungskonditionen bieten Internetrechner.

Jedoch ist hier zu beachten, dass eine Reihe von Portalen zwar im Internet den Vergleich von Baufinanzierungskonditionen anbietet, jedoch, wenn man genau hinschaut, die meisten dieser Webseiten nur eine sehr begrenzte Anzahl von Anbietern im Angebot haben, von denen sie Provisionen bei Vertragsabschluss bekommen, oder sie sind selbst Finanzierungsvermittler.

Unabhängige **Vergleichsportale** sind dagegen selten. Langjährig auf dem Markt mit guter Leistung sind die Angebote der FMH-Finanzberatung (www.fmh.de) und der Vergleichsanbieter Biallo (www.biallo.de).

Beide Portale (die Macher sind einander herzlich abgeneigt) folgen unterschiedlichen Philosophien. Bei FMH bezahlen die Banken für die Aufnahme in die Datenbank, Biallo berücksichtigt zunächst einmal jeden, verdient aber an der Weiterleitung von Aufträgen an die Banken. Zu Banken, die dieses Provisionsgeschäft nicht mitmachen, gibt es manchmal nur karge Informationen.

Beide Seiten bieten Durchschnittswerte für Zinsen in bestimmten Zeiträumen und weitere Informationen zu Baukrediten.

Auch die Stiftung Warentest veröffentlicht immer zu Anfang eines Monats aktuelle Baukonditionen in einer vergleichenden Übersicht im Internet und in der Zeitschrift Finanztest.

**Achtung!**

In den Vergleichsportalen wollen die Anbieter mit Konditionen glänzen und in den Vergleichstabellen ganz vorne stehen. Also werden dort häufig Daten angegeben, die für den durchschnittlichen Kreditnehmer nicht zu bekommen sind – schließlich steht immer dabei, dass die genauen Konditionen vom Objekt und der Bonität des Kreditnehmers abhängen. Also: im Schaufenster stehen Daten zur groben Orientierung, die Suche beginnt damit aber meist erst.

Bei Beginn der Suche nach einer Immobilie bieten die Vergleichsportale Hilfe bei der Einschätzung der Marktlage für Kredite und auch erste Rechenexempel sind möglich. Ernst wird es, wenn die infrage kommende Immobilie feststeht. Bis dahin sollten Sie aber noch weitere Vorbereitungen treffen!

## 4.3 Finanzielle Verhältnisse ordnen

Auf dem Weg zur Finanzierung, auch wenn noch kein konkretes Projekt ansteht, sollten Sie Ihre finanziellen Verhältnisse ordnen. Dabei geht es um die Vorbereitung auf die Kreditanfragen, die Banken bei der SCHUFA und anderen Auskunfteien stellen werden, das Zusammenstellen der Unterlagen, die für einen Kreditantrag benötigt werden und das Bereitstellen des Eigenkapitals.

### 4.3.1 SCHUFA & Co.

Die finanzierenden Banken werden Kreditauskünfte über Sie einholen, vor allem bei der SCHUFA, der ehemaligen Schutzgemeinschaft für allgemeine Kreditsicherung. Gegründet 1927, gibt das Unternehmen heute rund 100 Millionen mal Auskunft pro Jahr über die Kreditfähigkeit von 65 Millionen Personen an rund 4.500 Vertragspartner. Aber auch andere Datenbanken speichern derzeit Informationen zu mindestens folgenden Punkten:

- bestehende Bankverbindungen

- bestehende Kreditkarten

- laufende Kredite, Kredithistorie

- geschäftliche Kontakte etwa zu Versandhändlern

- laufende Dauerschuldverträge, etwa bei Mobilfunkunternehmen

Die SCHUFA erhebt und speichert nach eigenen Angaben die folgenden Daten:

Neben Name, Vorname, Geburtsdatum und Geburtsort, aktuellen und früheren Anschriften, finden sich in der Regel Informationen, die von Vertragspartnern gemeldet wurden, so zum Beispiel:

- Kredit- oder Leasingvertrag mit Betrag und Laufzeit sowie eventueller vorzeitiger Erledigung

- Eröffnung eines Girokontos, Ausgabe einer Kreditkarte

- Einrichtung eines Telekommunikationskontos

- Kundenkonten beim Handel

Eventuell sind auch von Verträgen abweichende Verhalten aufgeführt, wie beispielsweise:

- Forderungen, die fällig, angemahnt und nicht bestritten sind

- Forderungen nach gerichtlicher Entscheidung und deren Erledigung

- Missbrauch eines Giro- oder Kreditkontos nach Nutzungsverbot

Außerdem sind möglicherweise Angaben aus öffentlichen Verzeichnissen und amtlichen Bekanntmachungen aufgenommen. Dazu gehören unter anderem:

- Eidesstattliche Versicherung, Haftbefehl zur Erzwingung von eidesstattlichen Versicherungen

- Eröffnung eines privaten Insolvenzverfahrens

- Abweisung und Einstellung des Verbraucherinsolvenzverfahrens mangels Masse

Manchmal finden sich auch Angaben zu einem Identitätscheck im Internet. Dabei werden durch E-Commerce-Unternehmen oder Online-Auktionshäuser lediglich persönliche Daten wie Name und Anschrift geprüft, um sich und andere vor möglichen Betrügern zu schützen.

Aus vielen statistischen Daten, die für den Laien kaum nachvollziehbar und manchmal schon für Experten eher ein Buch mit sieben Siegeln sind, errechnen die Auskunftsdienste einen sogenannten Scorewert, eine Zahl, die angibt, mit welcher Wahrscheinlichkeit der angefragte Konsument einer Kreditverpflichtung in Zukunft nachkommen wird.

Dabei unterscheiden manche Firmen zwischen einem allgemeinen **Scorewert** und speziellen Branchenwerten, die genauere Informationen zulassen, sodass sich etwa der Wert für ein Versandhandelsgeschäft von dem eines Immobiliendarlehens unterscheiden kann. Es ist anzunehmen, dass für die Berechnung dieser Branchenwerte die Gewichtung der Einzeldaten verändert wird, etwa dass für die Hausfinanzierung eher die langfristigen Verbindlichkeiten in die Rechnung einfließen. Diese Branchenscores, gibt die SCHUFA an, werden nicht gespeichert, sondern immer wieder aktuell berechnet, sind also in einer normalen Selbstauskunft nicht enthalten.

## Daten korrigieren

Nach einer Untersuchung im Auftrag des Bundesministeriums für Ernährung, Landwirtschaft und Verbraucherschutz vom Juni 2009 liegen die umfangreichsten Daten der vier untersuchten Wirtschaftsauskunfteien bei der SCHUFA vor. Allerdings: die Qualität der dort zu findenden Daten ist bestürzend schlecht:

„Nach Überprüfung der zugestellten Eigenauskünfte durch die Testpersonen ergibt sich, dass – gemessen an den SCHUFA-Kriterien – 45 Prozent (!) der Eigenauskünfte fehlerhafte, unvollständige oder falsche Eintragungen aufweisen. Unvollständige Eintragungen beziehen sich auf fehlende Girokonten oder Bankverbindungen sowie fehlende Immobilienkredite und fehlende Handyverträge. Falsche Eintragungen beziehen sich auf falsche oder gekündigte Handyverträge, falsche Girokonten, abgelaufene oder nicht existente Kreditkarten." (Korczak, Wilken: Verbraucherinformation Scoring, 2009)

Eine so hohe Fehlerquote ist erschreckend, deckt sich aber mit der über viele Jahre von Verbraucherschützern an der SCHUFA und anderen Auskunftsdiensten geäußerten Kritik sowie mit der von der Zeitschrift Finanztest 2002 durchgeführten Stichprobe (Fehlerquote 69 Prozent).

Fazit der Studie: Wesentliche Faktoren zur Bonitätsbeurteilung sind der SCHUFA entweder nicht bekannt oder falsch gespeichert.

2014 führte das Handelsblatt eine nicht repräsentative Stichprobe mit zehn Profilen durch, auch hier waren 50 Prozent der gespeicherten Datensätze fehlerhaft (Handelsblatt, 4.8.2014).

Aus diesen falschen Daten werden dann Scorewerte für Bürger ermittelt, die nachzuvollziehen auch den Machern der Studie nicht gelang.

Über das genaue Berechnungsverfahren des allgemeinen Scorewertes gibt es keine Informationen, anscheinend führen aber folgende Faktoren zur Verschlechterung des Scorewertes, sortiert nach aufsteigender Einflussgröße:

- laufende kurzfristige Ratenkredite (ein bis drei Jahre)

- überdurchschnittliche Anzahl kleinerer Ratenkredite

- längerfristige Ratenkredite

- Berichte über Forderungsausfälle

- Insolvenzverfahren

In den SCHUFA-Unterlagen finden sich auch Angaben über Anfragen, die Bürger bei Kreditinstituten stellen.

Die Banken prüfen schon bei reinen Konditionsanfragen die SCHUFA-Daten der Bürger. Dies erscheint unter dem Begriff **Konditionenabfrage** in der SCHUFA-Auskunft – es lässt sich also nachvollziehen, bei welchen und wie vielen Banken der Kunde bereits Anfragen gestellt hat. Hintergrund ist die Tatsache, dass Banken bereits bei den Zinskonditionen die Bonität des Anfragenden einbeziehen. Je schlechter der Basisscore dabei ist, desto schlechter fallen tendenziell auch die Zinskonditionen aus, weil die Banken ihr Forderungsausfallrisiko in die Konditionen eingehen lassen.

Kommt es zu einem konkreten Kreditantrag, führt das zu einer zweiten SCHUFA-Abfrage und wird also solche auch notiert.

### Achtung!

In der Vergangenheit haben sowohl Konditionenanfrage als auch Kreditanfrage den Scorewert verschlechtert. Je mehr Banken man also um Finanzierungsangebote anging, desto schlechter wurden die Konditionen. Die SCHUFA gibt an, derartige Angaben gingen nun nicht mehr in die Berechnung des Scores ein, allerdings fanden die Macher oben genannter Studie in einem Fall keine andere Erklärung für einen schlechten Scorewert als eben das Vorliegen mehrerer Konditionsanfragen.

Praktisch bedeutet das: Jeder zukünftige Hausbauer oder -käufer tut gut daran, ganz am Anfang eine **SCHUFA-Selbstauskunft** einzuholen, eventuell auch bei anderen Auskunftsdiensten (Adressen siehe Anhang). Seit der Neufassung des § 34 Bundesdatenschutzgesetzes hat jeder Datensammler die Pflicht, einmal pro Kalenderjahr auf Anfrage in Textform jedermann **kostenlos** Auskunft über die über ihn gespeicherten Daten zu geben. Der Auskunftsanspruch bezieht sich auch auf die Herkunft und die Empfänger der Daten in den letzten beiden Jahren vor der Selbstauskunft.

Bei den Scoringwerten hat man den Anspruch, die Werte zu erfahren, die in den letzten sechs Monaten gespeichert oder erhoben wurden.

### Tipp

Kontrollieren Sie Ihre Daten mit Hilfe von Selbstauskünften! Sorgen Sie für umgehende Korrekturen bei falschen Daten. Unter www.meineschufa.de können Sie ein Dauerkonto bei der SCHUFA zur Verfolgung Ihrer Werte einrichten – das ist zwar nicht kostenfrei wie die einmalige Selbstauskunft pro Jahr, dafür können Sie häufiger auf ihr Datenkonto zugreifen und Änderungen nachvollziehen. Über dieses Konto können Sie auch Anträge auf Selbstauskunft bei anderen Diensten in die Wege leiten. Die haben ihre Daten aus anderen Quellen und rechnen auch anders, so dass sich bei verschiedenen Auskunfteien auch sehr unterschiedliche Informationen zur Kreditwürdigkeit finden. Besorgen Sie sich, auch wenn es einen kleinen Betrag kosten kann, Ihren Bankenscoringwert und den für das Hypothekengeschäft.

Nur aufgrund korrekter Daten werden Sie auch die bestmöglichen Konditionen bei Banken bekommen!

## 4.3.2 Eigenkapital

Banken finanzieren immer nur einen Teil des Hausprojekts. Wie bereits im ersten Kapitel angesprochen, sollte der Eigenkapitalanteil an den Gesamtkosten (!) rund 20 bis 30 Prozent betragen.

Je höher der **Eigenkapitalanteil**, desto günstiger wird auch die Finanzierung, die Banken bieten günstigere Konditionen. Es ist nicht sinnvoll, große Summen als Geldanlage in Aktien, Anleihen, Sparbriefen oder anderen Anlageformen zu halten und gleichzeitig schlechte Konditionen für den Darlehenskredit hinzunehmen.

Der Nachweis des Eigenkapitals erfolgt normalerweise durch entsprechende Kontoauszüge, die kurzfristig verfügbares Einkommen nachweisen. Dieses Eigenkapitalkonto sollte als vergleichsweise gut verzinstes Tagesgeldkonto angelegt werden.

Es gilt nun, alle verfügbaren Rücklagen auf dieses Konto umzuschichten.

**Tipp**

Behalten Sie als Notfallrücklage zwischen vier und acht Monatsnettogehälter – allerdings auch diese in möglichst kurzfristig verfügbaren Anlageformen, etwa als Festgeld mit der Möglichkeit zu vorzeitiger Kündigung (wenn auch unter Zinsverlust).

Wie teuer das neue Eigenheim wird, das haben Sie auch beim Bauträgerkauf noch in der Hand. Sie müssen Ihr Eigenkapital nicht komplett verbrauchen, denn es müssen ja nicht gerade die teureren Armaturen im Bad oder die Edel-Fliesen für den Keller sein. Streben Sie an, Geld auf dem Tagesgeldkonto zurückzuhalten.

## Wertpapiere

Wenn sich die Aktienmärkte nicht gerade in einem tiefen Tal befinden, sollten die entsprechenden Wertpapiere verkauft werden, auch wenn damit eventuell Verluste verbunden sind. Zu beachten ist allerdings die Abschlagsteuer, die mit 25 Prozent auf Gewinne aus Wertpapiergeschäften erhoben wird. Auch wenn die Banken diese Steuer direkt abführen, lohnt sich doch ein Check, ob die Steuer zu Recht abgezogen wurde – so fallen etwa Wertpapiere, die schon vor dem 1.1.2009 gekauft wurden, nicht unter diese Besteuerung.

## Sparbuch und Termingelder

Viele Bankkunden vergessen gerne, dass das Geld, das auf dem Sparbuch liegt, nicht jederzeit verfügbar ist, sondern meist nur ein bestimmter Betrag (je nach Bank unterschiedlich hoch) sofort abgehoben werden kann; der Rest hat eine dreimonatige Kündigungsfrist. Also: runter vom Sparbuch, rauf aufs Tagesgeldkonto. Termingelder, die frei werden, ebenfalls.

**Achtung!**

Manches Angebot, bei dem Geld für drei, sechs oder zwölf Monate angelegt wird, verlängert sich automatisch, wenn nicht rechtzeitig gekündigt wird. Vergewissern Sie sich, dass Sie nach Ablauf der Anlagefrist auch wirklich über das Geld verfügen können oder informieren Sie sich über die Kündigungstermine.

Unter www.fmh.de, www. biallo.de, www.check24.de finden Sie die Banken mit den aktuell besten Tagesgeldkonditionen.

## Schenkungen

Nicht selten werden Schenkungen in Finanzierungen eingebaut. Hier gilt es, die steuerlichen Aspekte im Auge zu behalten. Finanzämter nehmen gerne die Baufinanzierung unter die Lupe, denn spätestens bei der Erhebung der Grundsteuer haben sie Informationen über das betreffende Geschäft.

Dabei sind die Freigrenzen, bis zu denen keine **Schenkungsteuer** fällig wird, sehr großzügig. Es gilt: jedes Elternteil darf seinem Kind innerhalb von zehn Jahren 400.000 Euro steuerfrei schenken, früher waren es „nur" 205.000 Euro. Übertragen Großeltern Geld an Enkel oder Stiefenkel, so liegt der Freibetrag bei 200.000 Euro. Knapper wird es bei Onkeln und Tanten, die beitragen wollen, hier liegt der Freibetrag bei nur 20.000 Euro, jeder Euro mehr wird teuer.

### Achtung!

Auch wenn die Schenkung steuerfrei bleibt – manchmal forscht das Finanzamt nach der Herkunft des Geldes, wenn es unversteuerte Einnahmen als Quelle vermutet: Schwarzgeld.

Eine Version der Schenkung kann übrigens auch ein **Familiendarlehen** sein. Dieses sollte schriftlich fixiert werden und natürlich möglichst zinslos zur Verfügung gestellt werden. Allerdings sollte man die Bank über die entsprechenden Konditionen aufklären und nicht der Versuchung erliegen, diese Verbindlichkeiten zu verschweigen – etwa das Darlehen als Eigenkapital auszugeben. Ob die Bank das als Eigenkapital anrechnet, soll diese selbst entscheiden können.

## Riester-Renten-Vertrag

Wer bereits einen Riestervertrag abgeschlossen hat, der kann den bisher angesparten Betrag als Eigenkapital in die Finanzierung einbauen. Entweder er löst den bisherigen Vertrag komplett auf, oder mindestens 75 Prozent davon. Diese Summe wird dann als Eigenkapital in die Finanzierung eingebracht – wie beim Wohn-Riester müssen aber im Alter die Einzahlungen versteuert werden (siehe dazu auch den Abschnitt 4.1.4). Am einfachsten geht das, indem diese Summe zum Grundstock eines Wohn-Riester-Darlehens wird.

**Achtung!**

Die Auflösung des bisherigen Riester-Vertrags will gut überlegt sein: denn in den ersten Jahren eines solchen Vertrags ist der Großteil der Kosten angefallen, die das zur Verfügung stehende Kapital schmälern. Besonders ungünstig ist die Lage bei Riester-Rentenversicherungen, während bei Riester-Banksparverträgen die wenigsten Vertriebskosten anfallen. Hier gilt es, in Beratung mit der Bank oder Versicherung, den schlauesten Weg zu finden. Denkbar ist auch, zwar das Kapital zu entnehmen, den Vertrag aber beizubehalten und weiter zu besparen. Das entnommene Kapital muss zum Vertragsende wieder in den Riester-Vertrag eingezahlt werden. Aber generell gilt beim Riestern, dass man sich beim Renteneintritt 30 Prozent der angesparten Summe auszahlen lassen kann und das Restguthaben verrentet wird. Diese Zahlung kann gut genutzt werden, um ein Darlehen endgültig oder vorzeitig zu tilgen – wenn man sich diese Möglichkeit bei Abschluss des Vertrages einräumen lässt.

Steht das Eigenkapital bereit, dann kann souverän bei der Bank angefragt werden.

## 4.3.3 Unterlagen bereithalten

Wenn es in die erste heiße Phase geht, also ein Angebot konkret interessiert und es in Richtung konkreter Finanzierungsanfrage geht, dann sollten Sie die Unterlagen, die Sie für diese Anfrage brauchen, nicht erst mühsam zusammenkopieren müssen. Legen Sie sich also möglichst frühzeitig folgende Unterlagen in Kopie zurecht:

- Die **Einnahmen-/Ausgaben-Rechnung**, die Sie im ersten Kapitel erstellt haben, zumindest aber eine Aufschlüsselung aller monatlichen Einnahmen

- Den letzten **Einkommensteuerbescheid**, bei Freiberuflern und Selbstständigen die letzten drei Einkommensteuerbescheide

- Den **Arbeitsvertrag** oder die Arbeitsverträge, aus denen der nicht befristete Charakter und das Bruttogehalt hervorgehen

- Die letzten drei **Lohn- oder Gehaltsabrechnungen**

- **Eigenkapitalnachweis** (Kontoauszüge Girokonten/Tagesgeldkonten/Bausparvertrag, Riester-Vertrag Jahresmeldung)

Wird die Anfrage konkret, dann benötigt die Bank für das zu finanzierende Projekt auf jeden Fall folgende Unterlagen:

- Entwurf des Kaufvertrags

- Baubeschreibung

- Lageplan/Flurkarte

- Planungsunterlagen: Ansicht, Schnitt, Geschossplan

- Die Wohnflächenberechnung, eventuell auch die Berechnung des umbauten Raumes

Mit diesen Unterlagen können Sie dann an die Bank herantreten.

## 4.4 So rechnet die Bank

Sie können und sollten wissen, was die Bank mit Ihrer Anfrage und Ihrem Kreditantrag macht, am Ende stehen nämlich ganz individuelle Konditionen. An dieser Stelle sollten auch dringend die finanziellen Parameter noch einmal auf den Prüfstand.

### 4.4.1 Einkommenssituation

Die Vorarbeiten im ersten Kapitel zum verfügbaren Einkommen und den monatlichen Ausgaben des Haushalts sind nicht rein akademischer Natur: eine entsprechende Aufstellung möchte die Bank meist mit dem Kreditantrag ohnehin haben. Die gemachten Angaben werden grob auf Plausibilität geprüft.

Meist machen die Banken dabei eine überschlägige Rechnung, welchen Kredit sich der potenzielle Kunde überhaupt leisten kann.

Im ersten Verfahren geht es zu wie bei der Mindestbelastbarkeitsberechnung der öffentlichen Zuschüsse (siehe Abschnitt 4.1.6). Dabei nimmt die Bank an, dass vom Nettoeinkommen etwa folgende Beträge pro Haushaltsmitglied übrig bleiben müssen:

Tabelle 19: **Errechnung der Belastbarkeit des Einkommens**

| Haushaltsnettoeinkommen | | |
|---|---|---|
| Alleinstehender | – 550 Euro | – |
| Ehepaar | – 850 Euro | – |
| Kind 1 | – 200 Euro | – |
| Kind 2 | – 200 Euro | – |
| | | |
| | | |
| **Summe** = Maximale monatliche Kreditbelastung | | |

Die angenommen Summen sind pure Faustregeln, denn sie bedeuten, dass ein Ehepaar mit zwei Kindern einen monatlichen Bedarf von 850 Euro + 200 Euro + 200 Euro = 1.250 Euro hat. Ob das realistisch ist, hängt vom Alter der Kinder und vielen weiteren Umständen ab, etwa ob zwei Fahrzeuge unterhalten werden müssen, weil das Haus auf dem Land steht. Daher: es ist nur eine Faustregel, aber eine für die Banken recht einfach durchzuführende **Plausibilitätsrechnung** der gemachten Angaben.

Die Bank hat kein Interesse daran, dass die Finanzierung nach Ablauf der ersten Zinsbindungsfrist platzt. Daher errechnen sie aus dem maximalen monatlichen Kreditbetrag die mögliche Darlehenssumme häufig unter Ansetzung eines höheren als des derzeitigen Zinssatzes. Im langjährigen Durchschnitt seit 1950 kosteten 10-jährige Annuitätendarlehen rund 7 Prozent Zinsen – ob es eine Rückkehr zu diesen Niveaus gibt, kann heute niemand absehen. Gerade angesichts der Finanzkrise rechnen Banken sehr viel vorsichtiger als bisher.

## 4.4.2 Beleihungswert und Beleihungsgrenze

Wer vom Bauträger kauft, der glaubt den Wert seines zukünftigen Hauses zu kennen, nämlich den Preis, den er bezahlt. Das ist allerdings ziemlich wahrscheinlich nicht der Wert, den die Bank der Immobilie beimisst, wenn sie die Darlehenskonditionen berechnet. Wie Ihr individuelles Angebot zustande kommt, wird sich von außen wahrscheinlich nie richtig nachvollziehen lassen, da jede Bank anders rechnet.

Die Bank interessiert zuerst der **Beleihungswert**. Das ist der Wert, der im schlimmsten Fall, nämlich wenn der Kreditnehmer seinen

Verpflichtungen nicht mehr nachkommen kann, beim Verkauf der Immobilie zu erzielen ist. Das ist meist so etwas wie der Verkehrswert einer Immobilie und wird von der Bank oder einem ihrer Gutachter anhand der Lage des Objekts sowie der vorliegenden Baupläne und beim Kauf vom Bauträger vor allem mit Hilfe der Baubeschreibung ermittelt.

Klarer Fall: in den Beleihungswert gehen nur die **Herstellkosten** des Gebäudes und der Grundstückswert ein, nicht aber die Nebenkosten für Makler, Notar, Eintragungen ins Grundbuch und Baubegleitung. Daher liegt der Beleihungswert wahrscheinlich unter den Gesamtkosten des Bauträgerkaufs.

Bei den Kreditangeboten finden Sie schnell den nächsten wichtigen Wert für die Banken: die **Beleihungsgrenze**. Die meisten Banken finanzieren nicht mehr als 80 Prozent des Beleihungswertes. Den Rest muss der Kunde als Eigenkapital bereits mitbringen.

Die Kredite werden günstiger, wenn nur 60 oder 70 Prozent des Beleihungswertes finanziert werden müssen. Deshalb wird meistens mit den Zinskonditionen geworben, die bis zu einer Beleihungsgrenze von 60 Prozent gelten.

**Beispiel**

Der Gesamtpreis für das Bauträgerhaus liegt inklusive Nebenkosten bei 260.000 Euro. Der reine Haus- und Grundstückswert beträgt 240.000 Euro, das ist nach Begutachtung der Bank auch der Beleihungswert. Liegt die Beleihungsgrenze der Bank bei 80 Prozent, dann finanziert sie das Projekt bis 192.000 Euro. Den günstigeren Zinssatz gibt es nur bis zu 60 Prozent, also bis 144.000 Euro. Daraus ergäbe sich ein Eigenkapitalbedarf für die Gesamtkosten von 68.000 Euro beziehungsweise 116.000 Euro. Das sind dann nicht die „20 Prozent Eigenkapital", von denen immer die Rede ist, da sie sich nur auf den Beleihungswert beziehen. Im ersten Fall sind es knapp 27 Prozent, im zweiten sogar schon 44 Prozent.

Gesichert wird ein Annuitätendarlehen durch die Eintragung eines **Grundpfandrechts** im Grundbuch, das die Ansprüche der finanzierenden Bank durch eine Zugriffsmöglichkeit auf das Objekt sichert. Bis zur Beleihungsgrenze spricht man von einem erstrangigen Pfandrecht, auch 1a-Hypothek.

Beim Beleihungswert von 80 Prozent ist jedoch noch nicht unbedingt Schluss, was die Finanzierungsmöglichkeiten angeht. Hier steigt dann etwa das Bauspardarlehen ein, denn die Bausparkassen verzichten auf eine erstrangige Grundschuld oder komplett auf die Eintragung eines Grundpfandrechts. Es ist aber auch möglich, nachrangig gesicherte Kredite zu erhalten – allerdings gegen Zinsaufschlag und in Abhängigkeit von den finanziellen Verhältnissen des Antragsstellers. Beamte und langjährig unbefristet eingestellte Antragsteller haben hier bessere Chancen und Konditionen als Selbstständige, Freiberufler und insbesondere befristet Beschäftigte.

Bei der Sicherung eines Kredits können aber auch öffentliche **Bürgschaften**, die etwa einzelne Bundesländer oder öffentlich-rechtliche Banken bieten, hilfreich sein.

## Tipp

Das Entscheidende ist ein hoher Beleihungswert des Bauprojekts. Einen wichtigen Beitrag dazu leisten Sonderleistungen, die Sie etwa mit dem Bauträger verhandeln oder zusätzlich bezahlen: alles, was den Wert des Gebäudes erhöht, verbessert den Beleihungswert. Wenn Sie also etwa eine Fußbodenheizung, hochwertige Parkettböden und Fliesen bei den Verhandlungen um das Projekt „herausholen" und diese nicht in der Baubeschreibung stehen, müssen Sie den potenziellen Kreditgeber oder dessen Gutachter auf diese wertsteigernden Merkmale ausdrücklich hinweisen. Es lohnt sich. Sind Sie mit den angebotenen Konditionen nicht einverstanden, lassen Sie sich die Beleihungswertberechnung vorlegen – und im Zweifel von einem weiteren Bauwertgutachter prüfen.

## Achtung!

Um es noch einmal auf den Punkt zu bringen: Tarnen, tricksen und täuschen bei der Finanzierung wird mit allerhöchster Wahrscheinlichkeit auf ein Desaster hinauslaufen. So stark der Wunsch nach einem Eigenheim auch ist, und so „hilfsbereit" mancher Bauträger bei der Verwirklichung sein will: die Anzahl der wirklich tragischen Berichte aus diesem Bereich ist sehr groß!

**Beispiel**

Überregionale Aufmerksamkeit erhielt seit 2006 das Berliner Unternehmen Privileg Massivhaus. Als Lieferant von Häusern, aber auch als Bauträger, der Grund und Haus veräußert, hat das Unternehmen viele Kunden gewonnen, die vor allem von den Stichworten „Kaufen statt Miete zahlen" und „Bauen ohne Eigenkapital" angezogen wurden.

Im Kern wurde vielen Käufern und Bauherren die Vermittlung von Krediten versprochen und in der Berechnung der monatlichen Belastung ein deutlich geschöntes Ergebnis produziert. Ein „Vorteilsclub" etwa versprach, feste monatliche Einnahmen von mehreren Hundert Euro, wenn sich die Hauskäufer verpflichteten, ein Werbeschild des Unternehmens aufzustellen und das Haus für Besichtigungstermine von Interessenten zur Verfügung zu stellen. Während in der Kalkulation des Kredits die Zahlungen über die gesamte Laufzeit konstant angenommen wurden, stellte sich für eine Reihe von Käufern heraus, dass diese Zahlungen nur für einen begrenzten Zeitraum, etwa ein Jahr, flossen. Danach wurden die Zahlungen entweder reduziert oder ganz eingestellt. Die genauen vertraglichen Bedingungen und Kündigungsrechte des Unternehmens lagen nach Aussagen von Käufern erst nach Abschluss des Kaufvertrages oder gar der Fertigstellung des Objektes vor.

In einem vom MDR (Umschau 18.8.2009) geschilderten Fall wurde auch die Vermietung einer (nicht bestehenden) Einliegerwohnung in die Finanzierung eingerechnet. Die finanzierende Familie sollte eine monatliche Belastung von nur 434 Euro zu tragen haben. Ohne diese und andere eingerechnete Positionen wurden daraus dann aber 1.131 Euro – und das bei einem Haushaltsnettoeinkommen von rund 1.300 Euro plus Kindergeld. Eine Katastrophe für die Betroffenen.

Das Problem mit dem nicht bestehenden Eigenkapital, so berichtete die ZDF-Sendung WISO am 12.02.2007, löste das Unternehmen in einzelnen Fällen, indem es Beträge über mehrere 10.000 Euro auf das Konto des Käufers überwies. Dieser konnte dann der finanzierenden Bank Kontoauszüge zum Nachweis des Eigenkapitals vorlegen, musste aber anschließend das Geld wieder zurücküberweisen. Das Unternehmen bestreitet, dass diese Überweisungen den Zweck hatten, Eigenkapital vorzutäuschen. In einzelnen Fällen seien die Gelder gezahlt worden, um im Gegenzug einen Gewährleistungsverzicht der Käufer zu erhalten.

In dieser massiven, anscheinend systematischen Häufung mag das Unternehmen ein Einzelfall sein, viel zu optimistische Berechnungen gehören aber für viele Verkäufer und auch Makler zum Geschäft.

## Tipp

Wenn der Bauträger die Vermittlung einer Finanzierung anbietet, so scheint das bequem zu sein, und vielleicht sind sogar die Rahmendaten aus effektivem Jahreszins und anderen Konditionen in Ordnung. Doch gerade bei der Einschätzung des Wertes eines Objekts und der finanziellen Leistungsfähigkeit der Käufer sollte auf jeden Fall eine andere Bank zur Finanzierung vollumfänglich angefragt werden – das heißt, man sollte nicht nur die allgemeinen Konditionen erfragen, sondern konkret, ob und zu welchen Konditionen die Bank das Projekt finanzieren würde. Hält die unabhängige Bank das Objekt für zu teuer oder die finanzielle Basis der Käufer für nicht ausreichend, dann ist das ein Warnsignal – vielleicht sollte man dann von diesem Objekt Abstand nehmen. Leichtfertig wird keine Bank eine Finanzierung versagen!

Kritisch zu sehen ist auch jede Maßnahme, die großen **Zeitdruck** auf den Käufer ausübt, etwa sogenannte zeitlich befristete Sonderaktionen oder Rabatte, die zu einem schnellen Vertragsabschluss führen sollen. Seriöse Bauträger arbeiten nicht mit derartigen Praktiken aus dem Fundus des normalen Konsumgüterhandels. Der Blick auf Rabatte und Prozente verstellt leider bei vielen den Blick auf den tatsächlichen Umfang des Projekts und die möglicherweise lauernden Pferdefüße.

# Energie sparen und Hausbau

Früher kümmerte sich niemand um die Wärmedämmung von Neubauten, welche Fenster und welche Heizung eingebaut wurde. Der Energieverbrauch von Wohnhäusern wuchs und wuchs. Heute bestimmt die **Energie-Einsparverordnung** über den Hausbau entscheidend mit: sehr präzise und vielleicht manchmal zu detailliert wird vorgeschrieben, wie viel Energie ein Haus verbrauchen darf, und aus welchen Quellen diese zu beziehen ist. Das bringt viele alt eingesessene Handwerker, Architekten und auch Bauträger durchaus ins Schwitzen. Entscheidend ist allerdings: verantwortlich für die Einhaltung gesetzlicher Bestimmungen sind nach der Abnahme Sie als Besitzer. Es ist daher wichtig, sich auszukennen. Drängen Sie auf die Einhaltung der gesetzlichen Bestimmungen und lassen Sie sich dies vertraglich zusichern.

## 5.1 Die Energie-Einsparverordnung

Für neue Häuser wurden ab 2002 durch verschiedene gesetzliche Vorgaben die Anforderungen an die Umweltverträglichkeit deutlich erhöht – und das fast Jahr für Jahr. Das betrifft vor allem den Energieverbrauch der Wohngebäude, unbestritten in der Klimabilanz einer der wichtigsten Faktoren neben der Industrie und sicher weit vor dem Kraftverkehr.

So sind im Rahmen der Erreichung der Klimaziele die Anforderungen an Neu- aber auch Bestandsbauten stetig gewachsen. Ältere Wohngebäude mit 140 Quadratmetern Wohnfläche und vier Personen im Haushalt emittieren pro Jahr mehr als 10 Tonnen $CO_2$, nach der Energie-Einsparverordung (EnEV) 2007 sank der vorgeschriebene

Maximal-Wert auf 4 Tonnen, nach der Novelle von 2009 verbleiben 2,6 Tonnen. Im Vergleich dazu: ein Kleinwagen mit 20.000 Kilometern Jahresfahrleistung landet bei rund 3 Tonnen $CO_2$-Emissionen pro Jahr.

Die Bezugsgröße in den Vorschriften der EnEV für Neubauten ist allerdings nicht der $CO_2$-Ausstoß, sondern der sogenannte Jahres-Primärenergieverbrauch sowie der Transmissionswärmeverlust über die Gebäudehülle, häufig ist dabei von Dämmung die Rede.

### Jahres-Primärenergiebedarf

In dieser Bezugsgröße geht es nicht alleine um den gebäudebezogenen Verbrauch von Energie gemessen etwa in Kilowattstunden. Es geht auch nicht (alleine) darum, welchen Schadstoffausstoß ein Energieträger hat. Berücksichtigt wird auch, welche Energiebilanz die Erzeugung hat, etwa im Vergleich von Strom, Gas, Öl oder erneuerbaren Energieträgern wie Sonne und Holz. Bei gleicher Wärmeerzeugung haben die regenerativen Energien einen geringeren Primärenergieverbrauch.

In die Ermittlung des Primärenergieverbrauchs gehen etwa beim Öl der Energiebedarf für die Förderung, den Transport nach Deutschland und die Verteilung in Deutschland ein. Bei Solarenergie geht in den Primärenergiebedarf der Aufwand für die Herstellung der Solarkollektoren ein, der allerdings nur einmalig entsteht und daher die Rechnung zugunsten der regenerativen Energie verbessert.

### Transmissionswärmeverlust

Der zweite Faktor nach EnEV ist der Wärmeverlust eines Gebäudes. Bei einem Temperaturunterschied zwischen Innen- und Außentemperatur gibt es Wärmemengen, die durch die einzelnen Bauelemente (Außenwand, Fenster, Türen, Dach, Kellerwände, Kellerboden) abgegeben werden. Die Summe der Wärmeverluste muss im Inneren durch Heizenergie kompensiert werden, wenn die Temperatur gehalten werden soll. Bei geringeren Transmissionswärmeverlusten ergibt sich folglich ein geringerer Heizaufwand.

Für jeden Teil der Gebäudeaußenfläche gibt es einen Wärmedurchgangskoeffizienten, den sogenannten U-Wert (früher als K-Wert bezeichnet). Er wird angegeben in Watt pro Quadratmeter bei einem Temperaturunterschied von einem Kelvin (früher: 1 Grad Kelvin), das Zeichen dafür W/(m$^2$K).

Wie genau der U-Wert berechnet wird, das ist Sache für Bauingenieure. Wichtig für Sie ist, dass der U-Wert ein wichtiger, standardmäßiger Vergleichswert für Bauteile ist, an dem Sie sich bei der Auswahl etwa von Fenstern, Türen und anderen Bauteilen orientieren können.

Zur Orientierung hier ein paar typische U-Werte:

Tabelle 20: **U-Werte für typische Bauteile**

| Bauteil | | Durchschnittlicher Wert W/(m$^2$K) |
|---|---|---|
| Außenwand | Beton, 25 cm Dicke, keine Dämmung | 3,3 |
| | Vollziegelmauerwerk, 24 cm, Putz | 1,5 |
| | Vollziegelmauerwerk 36 cm, Putz | 0,8 |
| | Lochziegel, hochporös, unverputzt, 50 cm | 0,17–0,23 |
| | Holzrahmenbau | 0,15–0,2 |
| | Ziegelmauerwerk 36,5 cm plus 13 cm Polyurethan-Hartschaum (PUR) Wärmedämmung | 0,2 |
| Fenster | Einfachfenster | 5,0–5,9 |
| | Doppelfenster | 3,0–3,2 |
| | Fenster mit Wärmeschutzverglasung, 2,4 cm | 1,3 |
| | Fenster in Passivhausstandard | 0,5–0,8 |

*Quelle: www.wikipedia.de / www.baumarkt.de*

Die EnEV schreibt folgende maximalen U-Werte für die gesamte Gebäudehülle vor:

Tabelle 21: **Vorgaben der Energie-Einsparverordnung zum Wärmeverlust durch die Gebäudehülle**

| Haustyp | U-Wert W/(m²K) |
|---|---|
| Neubau, freistehendes kleines Wohnhaus bis 350 qm Wohnfläche | 0,4 |
| Neubau, einseitig angebautes Wohnhaus | 0,45 |
| Neubau, freistehendes kleines Wohnhaus über 350 qm Wohnfläche | 0,5 |
| Neubau: alle weiteren Wohngebäude | 0,45 |

*Quelle. http://enev-bausafin.com/*

## 5.1.1 Die Vorgaben der Energie-Einsparverordnung (EnEV)

Die beiden Hauptbestandteile zur Einhaltung der gesetzlichen Vorgaben der EnEV, nämlich Jahres-Primärenergiebedarf und Transmissionswärmeverlust sorgen dafür, dass heutzutage bei der Hausplanung die Auswahl der Hausanlage zum Heizen und der Warmwasserbereitung mit der Wärmedämmung der Außenhülle des Gebäudes abgestimmt werden muss.

Es ist nämlich möglich, durch eine Optimierung der Anlagentechnik die Anforderungen an die Gebäudehülle gering zu halten, andererseits kann eine verbesserte Wärmedämmung dazu führen, dass Nachteile in der Heizungsanlage ausgeglichen werden.

Für den Architekten bedeutet das, dass er bei der Planung die erreichbaren Effizienzwerte im Vergleich zu einem sogenannten Referenzhaus nach EnEV zu errechnen hat. Hier kann auch unter Kostengesichtspunkten optimiert werden – der Bauträger wird vor allem darauf sein Augenmerk richten.

Es kommt dabei möglicherweise zur Unterschreitung des Anforderungsnivaus. Schafft man dies deutlich, dann können möglicherweise Fördertöpfe angezapft werden (siehe Kapitel 4: Clever finanzieren).

 **Tipp**

Liegt das Haus nur knapp vom förderfähigen Standard entfernt, lohnt es sich möglicherweise, in den Aufpreis zur Erreichung des Energieeffizienzstandards KfW-50 oder KfW-40 zu investieren. Neben den Fördermöglichkeiten spricht der noch weiter sinkende

Energieverbrauch in den Jahren des Betriebs und ein höherer Wiederverkaufswert für diese Möglichkeit.

Die EnEV regelt darüber hinaus noch Dämmungspflichten gegen Außenwärme, damit sich Gebäude im Sommer nicht zu sehr aufheizen und etwa eine zusätzliche Kühlung nötig wird, sowie weitere Maßnahmen zur effizienten Energienutzung.

## 5.1.2 Luftdichtigkeit

Auch die Luftdichtigkeit spielt bei der Energieeffizienz eines Gebäudes eine große Rolle. Was hilft die Verwendung der tollsten **Dämmmaterialien**, wenn es zu einem unkontrollierten Luftaustausch mit Draußen kommt. Gerade im Dachbereich spielt die Dichtigkeit eine sehr große Rolle, nur das ordentliche Isolieren des Daches und eine dichte Verklebung der Dampfbremse, in der Regel einer feuchtevariablen Folie, inzwischen sind aber auch Papiermaterialien in Gebrauch, beim Anstoß an Wandflächen oder der Durchleitung von Leitungen hilft gegen Energieverlust und damit hohe Heizkosten. Hier wird häufig recht planlos mit viel Klebeband hantiert, ohne dass wirklich Dichtigkeit erreicht wird, ein beliebter Job für den Azubi.

Weitere beliebte Stellen für Undichtigkeiten sind die Revisionsklappen von Rollläden, alle Stellen, an denen Bauschaum eingesetzt wurde, Steckdosen und Schalter in der Außenwand, Türen und Fenster.

Die EnEV fordert eine nach den „anerkannten Regeln der Technik" zu erreichende Luftdichtigkeit. Gemessen wird der Austausch von Luft bei einem Druckunterschied von 50 Pascal (Pa) zwischen Innen und Außen. Der entsprechende Wert gibt an, wie häufig das gesamte Luftvolumen eines Gebäudes innerhalb einer Stunde durch Außenluft ersetzt wird. Für diesen Luftaustausch gibt es nach der EnEV festgelegte Höchstwerte.

Um diesen Wert zu messen, wird ein sogenannter Blower-Door-Test durchgeführt. Über eine provisorische Folientür wird bei geschlossenen Fenstern mit einem Gebläse ein **Über- oder Unterdruck** im Gebäude erzeugt. Danach wird gemessen, welche Luftmenge innerhalb einer Stunde nachströmt oder durch Leckagen austritt.

Wird so ein Test durchgeführt, dann darf der Austauschwert bei einem Haus ohne raumlufttechnische Anlagen 3,0 nicht überschreiten, gibt es solche Anlagen, liegt der Wert bei 1,5.

Diese Anforderung ist nicht sehr scharf, ein wirklich guter Wert ist für jedes Gebäude das 1,0 bis 1,5-fache des Luftvolumens des Innenraums. Schlechte Werte wie das Sechs- bis Zwölffache entsprechen einem durchgehend geöffneten kleinen Fenster.

Für den späteren Gebrauch des Hauses sollten Sie wissen, dass die heutigen sehr dichten Gebäude ein anderes Verhalten beim regelmäßigen Lüften erfordern. Nur regelmäßiges Stoßlüften sorgt für eine angenehme Wohnatmosphäre. Die Installation einer automatisierten zentralen oder dezentralen Lüftung ist sinnvoll, um Folgeschäden zu vermeiden.

## 5.2 Der Einsatz erneuerbarer Energien ist (fast) Pflicht

Nicht alleine die EnEV bestimmt über die Planung des Gebäudes, auch die Regelungen des Gesetzes zur Förderung erneuerbarer Energien im Wärmebereich (Erneuerbare-Energien-Wärmegesetz-EEWärmeG) machen für Neubauten Vorgaben.

Die wichtigste Regelung schreibt die Nutzung erneuerbarer Energien bei Neubauten vor. Dabei muss ein bestimmter Prozentsatz des **Wärmeenergiebedarfs** eines Hauses aus diesen Quellen stammen. Der Wärmeenergiebedarf ist der Bedarf für Heizung und Warmwasserbereitung, hinzugerechnet wird der Kältebedarf für Kühlung, etwa wenn eine Klimaanlage eingebaut ist. Möglich ist etwa der Einsatz von Solarthermie, aber auch Geothermie, also der Nutzung von Erdwärme, aber auch Umweltwärme oder Biomasse.

Bei Solarthermie ist vorgegeben, wie hoch die Kollektorfläche zu sein hat, nämlich 0,04 qm Kollektorfläche pro Quadratmeter Wohnfläche, macht also bei einem Haus mit 120 qm Wohnfläche einen Kollektor von 4,8 qm Größe.

Wird sonstige solare Strahlungsenergie eingesetzt, so müssen 15 Prozent des errechneten Wärmeenergiebedarfs durch diese gedeckt werden. Beim Einsatz von Geothermie und anderen Formen wie etwa Holzpellets als Biomasse sind 50 Prozent zu erreichen.

Allerdings gilt eine entscheidend wichtige Ausnahme von der Vorschrift: Sie müssen eine solche Anlage nicht installieren, wenn der Höchstwert sowohl für den Primärenergiebedarf als auch für den Transmissionswärmeverlust nach EnEV 2009 um mindestens 15 Prozent unterschritten wird.

**Wichtig**

Lassen Sie sich vom Bauträger genau darüber informieren, wie sein Bauprojekt mit den gesetzlichen Anforderungen umgeht. Häufig lohnt es sich, die EnEV-Anforderungen zu unterschreiten und eine Solarstromanlage aufs Dach zu setzen. Auch nach der Absenkung der Mindestabnahmepreise durch das Erneuerbare Energiengesetz 2010 lassen sich, bei günstiger Dach-Ausrichtung, weiter gute Renditen erzielen. Wenn Ihr Bauträger keine guten Informationen zum „Energiegedöns" hat, dann könnte es zu einem Problem kommen. Vereinbaren Sie die Einhaltung der vorgeschriebenen Standards nach EnEV und EEWärmeG in der Baubeschreibung oder im Kaufvertrag. Nach Übergabe des Gebäudes sind sonst möglicherweise Sie als Besitzer alleine dafür haftbar, dass die Werte nicht eingehalten werden – und eine Nachrüstung ist auf jeden Fall sehr teuer.

Zu den Unterlagen, die Sie am Ende vom Bauträger zu erhalten haben, gehört der Energieausweis Ihres Hauses. Lassen Sie sich dazu auch alle Berechnungsgrundlagen aushändigen und vereinbaren Sie das im Kaufvertrag oder in der Baubeschreibung.

# 6. Kapitel

# Das wird Ihr Haus – die Baubeschreibung

Die Baubeschreibung ist ein zentraler Bestandteil des Kaufvertrages und legt den Kaufgegenstand fest – schließlich steht das Haus noch nicht, also kaufen Sie im Prinzip die Baubeschreibung. Was nicht in der Baubeschreibung steht, darauf haben Sie auch kein Anrecht. Im folgenden Kapitel sollen Sie in die Lage versetzt werden, eine Baubeschreibung einem ersten Check zu unterziehen und zu erkennen, ob diese das gewünschte Objekt ausreichend beschreibt.

- Aus der **Länge** einer Baubeschreibung alleine lässt sich nicht auf deren Qualität schließen. Relativierende Sätze und mangelnde Präzisierungen können in allen Bereichen einer Baubeschreibung auftauchen, selbst aufmerksamen Lesern fallen sie manchmal nicht auf. Daher muss die Baubeschreibung Punkt für Punkt auf Eindeutigkeit geprüft werden.

- Um Baubeschreibungen miteinander vergleichen zu können, sollten Sie sich in die **Sprache** der Baubeschreibung einlesen – es ist wie im Reisekatalog: Selbstverständlichkeiten werden groß herausgestellt und Unangenehmes schön verpackt.

- Am schwierigsten sind **Weglassungen** für den Laien zu erkennen. Daher ist die Prüfung der Baubeschreibung des von Ihnen gewünschten Hauses durch einen Fachmann eine wichtige Voraussetzung für stressfreies Bauen.

Bereits mehrfach war von der Baubeschreibung als dem zentralen Dokument beim Bauträgerkauf oder der Beauftragung eines Generalüber- oder -unternehmers die Rede. Dennoch kann man es gar nicht deutlich genug machen: Was in diesem Dokument nicht drin steht, das muss der Bauträger auch nicht liefern. Was unklar beschrieben ist, das kann im Zweifel zugunsten des Bauträgers und zuungunsten des Käufers ausgelegt werden. So können sich hier Kostenfallen verstecken, die die Gesamtkosten in die Höhe treiben.

Eine **Checkliste** für die Prüfung einer Baubeschreibung finden Sie im Anhang.

Manche Baubeschreibungen lesen sich für den Profi wie eine Ansammlung von Selbstverständlichkeiten, ohne dass die wichtigen Informationen genannt werden. Wäre manche Baubeschreibung ein Reiseprospekt, so würde die Reise so beschrieben werden:

**Beispiel**

Sie reisen mit einem Flugzeug, das ist ein Transportmittel mit zwei Tragflächen. Die transportierende Fluggesellschaft ist durch das Bundesluftfahrtamt für Starts und Landungen in Deutschland zugelassen. Das Flugzeug erfüllt vollständig die DIN 45643 und ist vorwiegend in den Farben grau und ocker lackiert, Abweichungen sind aus wichtigen Gründen möglich. An Bord genommen darf ein Stück Handgepäck nach Maßgaben der Beförderungsbedingungen der IATA in der Fassung v. 1.9.1999.

Der Aufenthalt findet in einem Hotel statt, das ist ein Haus mit vielen Schlafzimmern, die jeweils einzeln nächteweise vermietet werden. Sie wohnen in einem dieser Zimmer, die Betten sind in der Farbe Mahagoni gehalten.

Das Hotel liegt in Sichtweite des Meeres. Sie erhalten ortsübliche Mahlzeiten zu den üblichen Zeiten, etwaige Sonderwünsche gehen zu Ihren Lasten. Es gibt einen Pool, eine Liegewiese und eine kleine, sehr geschmackvoll eingerichtete Bar, die vor allem aus Stühlen, Tischen und einer Theke besteht. Die Qualifikation des Personals entspricht deutschen Normen oder vergleichbar.

So könnte das noch eine Weile lang weitergeben. Welche Art von Urlaubsreise das dann wirklich wird, ist höchst fraglich. Es entstehen mit Sicherheit Zusatzkosten (welches ist der Startflughafen, wie kommt der Reisende vom Flughafen zum Hotel?); andere Dinge sind unklar und liegen vielleicht sogar in der Willkür des Veranstalters (wie viele Mahlzeiten gibt es wirklich?). Der erfahrene Urlaubsbucher kennt inzwischen die Floskeln, die in Reiseprospekten unschöne Wahrheiten kaschieren: „aufstrebender Ferienort" bedeutet viele Baustellen, „lebhaftes Zentrum" viel Lärm, und viele ähnliche

Klauseln verraten nur dem geübten Leser die Wahrheit. Ähnliches gilt leider auch für die Baubeschreibung.

### Wichtig

Die Baubeschreibung wird im Kaufvertrag als Vertragsbestandteil vereinbart. Ansprüche gegen den Bauträger ergeben sich nur aus dem Kaufvertrag. Alle anderen Absprachen sind unwirksam. Nur darauf, was in Kaufvertrag und Baubeschreibung steht, haben Sie einen Anspruch. Das bedeutet auch: bis zur Unterschrift unter dem Kaufvertrag können Sie verhandeln und Verbesserungen oder Präzisierungen durchsetzen – danach sind Sie in der passiven Käuferfunktion und können erst einmal kein Entgegenkommen vom Bauträger erwarten, etwa bei später auftretenden Sonderwünschen.

Im Folgenden gibt es eine Reihe von Hinweisen auf Probleme in Baubeschreibungen, die Sie schon als Laie erkennen können. Das genügt beim Angebotsvergleich und für die ersten Verhandlungen. Wenn Sie allerdings tatsächlich zum Kauf schreiten, sollten Sie überlegen, einen Fachmann die Baubeschreibung prüfen zu lassen.

Folgende Punkte geben bei einer Baubeschreibung Anlass zur Sorge:

- **Die Beschreibung von Selbstverständlichkeiten:** Häufig wird auf Normen und Vorschriften Bezug genommen, die ohnehin vom Bauträger einzuhalten sind oder, schlimmer noch, deutlich hinter dem Stand der Technik hinterherhinken. Allerdings ist manchmal schwer zu entscheiden, was selbstverständlich ist und was nicht. So gibt beispielsweise bei der Beschreibung der Dämmung die Baubeschreibung Auskunft darüber, wie der Bauträger gedenkt, die Vorschriften der EnEV einzuhalten (siehe Kapitel 5: Energie sparen und Hausbau).

- **Die Relativierung:** Problematisch sind alle Passagen in denen es heißt „… oder vergleichbar" oder „abweichend kann …". Vergleichbar ist bekanntlich alles, selbst Äpfel und Birnen werden gerne miteinander verglichen. Ebenfalls nicht hilfreich, weil nicht ausreichend gut zu definieren, sind Begriffe wie „Markengerät" oder „Markenhersteller", denn auch die Lebensmitteldiscounter behaupten, „Marken" zu haben – das alleine ist kein Qualitätsmerkmal.

- **Finanziell unbestimmte Beschreibungen:** Überall da, wo der Kunde die Chance auf Gestaltung hat und haben sollte, muss dieser wissen, in welchem Rahmen er sich bewegen darf. Das betrifft beispielsweise die Fliesen im Bad. Die einfache Angabe „türhoch gefliest" sagt nichts darüber aus, welche Fliesen das sind – im Zweifel die billigsten Verfügbaren. Steht hier etwa der Wert 15 Euro/qm kann der Kunde sich schlau machen, ob zu diesem Preis Fliesen nach seinem Geschmack und seinem Qualitätsanspruch zu finden sind.

- Möglicherweise am schwersten zu erkennen: **Weglassungen.**

### Achtung!

Es kommt bei der Baubeschreibung nicht auf die Länge an. Beschränkt sich ein Bauträger auf das Wesentliche und Wichtige, dann können schon vier bis sechs A4-Seiten ausreichen, um eine gute Beschreibung zu bieten.

Wenn die Baubeschreibung in manchen Punkten nicht besonders präzise ist, dann muss das aber nicht auf einen Hinterhalt des Bauträgers hindeuten. Denn diese Baubeschreibung entsteht häufig in einem sehr frühen Stadium, meist vor Beginn der Vermarktung und des Verkaufs, des Baubeginns und schon gar des Beginns des Innenausbaus. Der Bauträger hat natürlich ein Interesse daran, sich zum Zeitpunkt der Anschaffung nach Marktlage mit günstigen Produkten zu versorgen – das muss nicht billig im Sinne von minderwertig bedeuten. Das gilt etwa für die Heizung: bereits 18 Monate im Voraus Marke und Typenbezeichnung festzulegen, wäre nicht sehr vernünftig, übrigens auch nicht für den Käufer, denn schließlich kann bis zum Installationszeitpunkt eine bessere Anlage zur Verfügung stehen. Das Interesse des Bauträgers an manch vager Formulierung ist daher legitim, andererseits müssen Sie als Käufer darauf achten, nicht der Willkür des Bauträgers ausgeliefert zu sein.

Der Kaufvertrag gibt die Möglichkeit, Angaben aus der Baubeschreibung zu präzisieren und Sonderwünsche einzufügen.

Entlang einer typischen Gliederung einer Baubeschreibung finden Sie hier die Punkte, auf die Sie besonders achten müssen.

## 6.1 Vorbemerkungen

Hier finden sich schon gerne ein paar **Schutzklauseln** für den Bauträger, etwa „dass es zu Änderungen oder Abweichungen von der Baubeschreibung kommen kann, wenn dies keine Nachteile oder Wertminderung bedeutet". Eine solche Generalklausel ist ein potenzieller Streitfaktor, denn die Beurteilung eines Nachteils ist ebenso schwierig wie auch die präziser klingende Wertminderung. Bedenklich ist auch ein Hinweis darauf, dass Änderungen „aufgrund behördlicher" Auflagen auftreten können. Beim Vorliegen einer **Baugenehmigung** sollten solche Auflagen nicht mehr entstehen können. Liegt die Baugenehmigung noch nicht vor, dann sollte genau geklärt werden woran das liegt und ein Vertragsabschluss aufgeschoben werden, es sei denn, es gibt eine ausdrückliche, kostenneutrale Rücktrittsklausel.

**Achtung!**

Generalklauseln sollten ausgeschaltet werden, indem Änderungen an der Baubeschreibung „nur einvernehmlich" oder „mit Zustimmung des Käufers" erfolgen können.

Besonders häufiger Streitpunkt ist die Formulierung „... oder gleichwertig", denn was gleichwertig etwa zu einer bestimmten Heizungsanlage ist, das ist häufig schwer zu entscheiden. Daher ist es häufig besser, genaue Produkteigenschaften zu definieren (Leistungszahlen, Verbrauchswerte), als ein bestimmte Produkt zu nennen.

Schon 2005 hat der BGH (Az VII ZR 200/04) etwa folgende Klausel in Baubeschreibungen untersagt:

*„Grundlage der Bauausführung ist die Baubeschreibung. Änderungen der Bauausführung, der Material- bzw. Baustoffauswahl, soweit sie gleichwertig sind, bleiben vorbehalten."*

Der BGH hebt darauf ab, dass nur „triftige" Gründe zu einer Änderung der Bausführung berechtigen, nicht aber etwa nur rein wirtschaftliche Erwägungen des Unternehmens.

Im Folgenden werden die einzelnen Punkte einer Baubeschreibung besprochen. Die meisten Baubeschreibungen entsprechen dem hier vorgestellten Schema, allerdings kann vor allem beim Innenausbau eine andere Systematik genutzt werden. Haken Sie daher die Punkte in der Baubeschreibung ab.

Manchmal finden sich solche Klauseln auch in den Schlussbemerkungen. Ein Beispiel in meinen Unterlagen: „Änderungen dieser Baubeschreibung bleiben ausdrücklich vorbehalten, insbesondere wenn sie sich aus technischem Fortschritt oder Genehmigungsauflagen ergeben und keine grundsätzliche Änderung bedeuten." Raten Sie mal, ob der Autor eine Baubeschreibung mit diesem abschließenden Satz unterschrieben hat. Hat er.

Das „insbesondere" bedeutet, dass keineswegs technischer Fortschritt oder Genehmigungsauflagen vorliegen müssen, damit der Bauträger etwas anderes bauen kann. Was „grundsätzliche" Änderungen sind, darf man sicher großzügig interpretieren, immerhin dürfte der Verzicht zum Beispiel auf ein Geschoss oder die Installation von Abwasserrohren dazugehören.

## 6.1.1 Planungsleistungen und Bauleitung

Die Leistungsbeschreibung sollte die erbrachten **Planungsleistungen** anführen, etwa die Entwurfs- und Genehmigungsplanung. Es sollte angegeben werden, ob es ein **Baugrundgutachten** gibt, das Grundlage für die gewählte Abdichtungsart für Keller oder Grundplatte ist. Und sie sollte die ausführenden Planer und Statiker aufführen.

Wichtig ist, dass die Planung nach den Maßgaben des baulichen Wärmeschutzes und der Energieeinsparverordnung (EnEV) in der zu Baubeginn gültigen Fassung erfolgt und dies zugesagt wird. Selbst wenn später Angaben zur Dämmung, etwa Art und verwendete Materialien gemacht werden, können Sie nicht beurteilen, ob die Maßnahmen auch ausreichen, um die Vorschriften zu erfüllen.

Die **Ausführungsplanung** sollte die Erstellung von Konstruktionsplänen im Maßstab 1:50 enthalten. Eine Werkplanung für die Bereiche Sanitär, Heizung, Lüftung und Elektro sollte vorliegen.

Insbesondere der Punkt **Lüftung** ist hier in der konkreten Beschreibung wichtig, vor allem wenn es um Effizienzhäuser nach KfW-Standard geht. Denn die Art und Weise, wie das Konzept angelegt ist, entscheidet darüber, ob es wirklich funktioniert und für eine angenehme Atmosphäre im Haus sorgt und Schimmelbildung bei hochdichten Häusern vermeidet.

In der Baubeschreibung oder im Kaufvertrag ist außerdem der **Bauleiter** namentlich zu nennen, der Ihr Ansprechpartner bei der Projektdurchführung ist.

Zur Planungsleistung gehört auch die Planung der **Außenanlagen**, etwa der Stellplätze und Zuwegung zum Haus. Dazu sind auf jeden Fall die Geländehöhen zu planen.

Eigentlich sollten diese Leistungen bei schlüsselfertigen Bauten nicht separat aufgeführt werden müssen, denn schließlich wird ein bezugsfertiges und bewohnbares Haus verkauft – sicher ist aber sicher.

## 6.2 Beschreibung Allgemeines

### 6.2.1 Allgemeines

Hier muss der **Haustyp** beschrieben werden, im Falle eines Fertighauses die Herstellerbezeichnung. Genannt werden muss die Bauweise (Massiv-, Fertig- oder Holzfertigbau oder Mischformen). Alle Elemente, bei denen vorgefertigte Bauteile zum Einsatz kommen, sind anzuführen.

Hier können schon besondere Vereinbarungen getroffen werden, etwa wenn es sich um ein Bauprojekt zur barrierefreien Nutzung für ältere Menschen oder Menschen mit körperlichen Einschränkungen handelt. Hier kann etwa die DIN 18025 Teil 1 und 2 als Vertragsbestandteil vereinbart werden (siehe Kapitel 2: Welches Haus hätten Sie gerne?).

### 6.2.2 Detaillierte Gebäudedaten

Hier sollten sich die genauen **Gebäudeabmessungen** befinden (Länge, Höhe, Breite), dazu Flächenangaben zum Grundstück und zum Bauvorhaben. Zum Gebäude gehört die Bruttogrundfläche nach DIN 277-1, die Nutzfläche sowie die Wohnfläche – mit der Angabe, welche Berechnungsweise für die Wohnfläche gewählt wurde. Anzugeben ist die Zahl der Vollgeschosse, Angaben zum Kellergeschoss (ob als Wohnfläche nutzbar gemäß jeweils gültiger Landesbauordnung oder nur als Nutzfläche), Dachgeschoss (ausgebaut oder nicht) und Anzahl der Wohnräume sowie der sonstigen Räume und die Raumhöhen.

Sinnvoll ist hier die Angabe der **Energiekennwerte** wie des Jahres-Primärenergiebedarfs nach EnEV. Ist eine Förderung durch die KfW als Effizienzhaus angestrebt, dann sollte die Einhaltung der entsprechenden Vorgaben (Etwa EnEV minus 50 Prozent) vereinbart werden. Hier ist auch zu benennen, wie der vorgeschriebene Anteil der Nutzung regenerativer Energien erreicht werden soll.

Es sollte die **Luftdichtheit** des Gebäudes sowie ein entsprechender Test (Blower-Door-Test) vereinbart werden, die Kosten des Tests sind vom Bauträger zu tragen.

Eine weitere nützliche Angabe wäre die nach der Kompaktheit des Gebäudes: das Verhältnis zwischen wärmeübertragender Umfassungsfläche (A, angegeben in Quadratmetern) zum beheizten Bauwerksvolumen (V, Angabe in Kubikmetern). Für dieses Verhältnis A/V gilt: je kleiner der Wert, desto energiesparender ist das Haus. Alle Erker, Vorsprünge und ähnliche Abweichungen von der kompakten Form eines Hauses verschlechtert den A/V-Wert.

**Schallschutz**: hier sollten Angaben zum Standort des Objekts gemacht werden (an Hauptverkehrsstraße, an Nebenstraße, Nähe zu Bahngleisen). Je nachdem sollten Schallschutzwerte vereinbart werden. Nicht ausreichend sind die Mindestanforderungen nach DIN 4109:1989-11. Diese beschreibt nur einen Grundschutz und entspricht nicht mehr dem allgemeinen Stand der Technik. Besser ist eine Vereinbarung nach DIN 4102 Beiblatt 2. Möglich ist auch die Angabe der Schallschutzstufe nach VDI 4100, hier sollten die Stufen II oder besser noch III eingehalten werden.

**Beispiel**

„Das Bauvorhaben liegt in einem ruhigen Wohngebiet am nördlichen Ortsrand von …“

Allerdings an der Hauptdurchgangsstraße, die zugleich Bundesstraße ist. Solche Sätze sollten der Wahrheit entsprechen!

In der Baubeschreibung des Boklok-Hauses, das mit wenig Erfolg von IKEA in Deutschland vertrieben wurde, fand sich zum Schallschutz nur der Hinweis auf die veraltete DIN-Norm, obwohl in den Verkaufsprospekten von besonders gutem Schallschutz die Rede war.

Diese Schallschutzanforderungen sollten auch innerhalb des Hauses gelten, also zwischen den einzelnen Räumen und Stockwerken, um ein gutes Zusammenleben möglich zu machen.

### 6.2.3 Grundstück, Baustelleneinrichtung, Anschlüsse

Wichtig ist auch die Frage, ob die Baubeschreibung alle vorbereitenden Arbeiten aufführt wie Aushub des Bodens, Lagerung auf dem Grundstück oder Abfuhr des überschüssigen Aushubs. Der Käufer will schließlich nicht für den Abtransport zuständig sein. Je nach örtlichen Gegebenheiten ist die Abfuhr des Aushubs oder eine Zwischenlagerung notwendig, eventuell muss Füllboden angeliefert werden. Die Verfüllung der Baugrube einschließlich Verdichtung sowie die Herstellung des geplanten Geländeniveaus etwa durch Auffüllung sind Beschreibungsbestandteil.

Der Bauträger sollte auf jeden Fall die Baustelleneinrichtung inklusive Absicherung und Absperrung, die Präparation und den Unterhalt von Zufahrt und Kranstandplätzen, die Bereitstellung und Betriebskosten von Baustrom, die komplette Bauschuttbeseitigung und die Bereitstellung einer WC-Anlage übernehmen.

**Beispiel**

„Die Erdarbeiten umfassen das Herrichten des Baugrundstücks, den Aushub der Baugrube, der Fundamente, Rohrgräben usw. sowie das fachgerechte Wiederverfüllen und Verdichten der Arbeitsräume etc."

Kein Wort also zu etwa überschüssigem Aushub, Deponietransport- und -einlagerungskosten.

Spannender Punkt sind die Erschließungs- und Hausanschlusskosten. Hier sollte präzise geregelt sein, welche der folgenden Kosten der Bauträger übernimmt:

- Kommunale Erschließungskosten

- Anschluss an die Wasserversorgung

- Anschluss an die Abwasserversorgung

- Anschluss an Gas- oder Fernwärmenetz

- Anschluss an das Stromnetz

- Anschluss ans Telefonnetz

Möglicherweise finden sich die Formulierungen hierzu auch im Kaufvertrag. Vereinbart werden sollte die betriebsfertige Übergabe der Anschlüsse.

Die Kosten für das Einmessen der Baugrube, die Sicherung einschließlich der Sicherung gegen Tagwasser sollten beim Bauträger liegen.

### 6.2.4 Fundamente, Bodenplatte, Keller

Beschrieben werden hier die Fundamentarten, etwa Streifenfundament oder Plattenfundament. Je nach Baugrunduntersuchung zum Grundwasser sind eventuell Dränagen notwendig. Steht der Keller des Hauses im Grundwasser, so müssen die Kosten der Grundwasserabsenkung während der Bauzeit vom Bauträger übernommen werden.

Anzugeben ist, welche Abdichtung vorgesehen ist, entweder gegen „Bodenfeuchte und nicht stauendes Sickerwasser" oder aufwändiger „gegen drückendes Wasser oder aufstauendes Sickerwasser". Die Notwendigkeit der einen oder anderen Konstruktion ergibt sich aus den Angaben zum **Baugrund**. Vom Bauamt können Sie Hinweise auf bestehende Probleme erhalten.

**Wichtig**

Gehen Sie hier auf Nummer sicher: eindringende Feuchtigkeit ist eines der schlimmsten Langzeitprobleme beim Bauen. Die Schäden treten meist erst lange nach Ablauf der Gewährleistungsfristen auf, sodass nur der Nachweis einer vorsätzlich schlechten Planung des Bauträgers noch eine Chance auf Kostenerstattung bietet. Leider verzichten viele Bauträger (ebenfalls vorsätzlich) auf eine Baugrunduntersuchung: Was ich nicht weiß, macht mich nicht heiß – und führt vor allem nicht zu Schadenersatzansprüchen. Dabei sind feuchte Kellerwände später ein unglaublich kostspieliges Problem – für den Käufer!

Des Weiteren sollte das Material der Kelleraußenwände beschrieben werden, etwa unter Hinweis auf vorgefertigte Bauteile. Danach muss die Ausführung der Abdichtung genauer beschrieben werden ebenso wie die Wärmedämmung der Kelleraußenwände und des Bodens, vor allem wenn Aufenthaltsräume im Keller vorgesehen sind.

**Beispiel**

„Es kommt eine Bodenplatte aus bewehrtem Stahlbeton beziehungsweise Streifenfundamenten nach statischer Notwendigkeit zur Ausführung, Fundamenterde etc. inbegriffen".

Die Floskel „nach statischer Notwendigkeit" bedeutet nichts anderes, als dass die billigst mögliche Ausführung gewählt wird. Die nichtssagende Beschreibung der Bodenplatte spricht für die Vermutung, dass es sich um eine „Universalbaubeschreibung" des Bauträgers handelt, die zu allen seinen Bauprojekten, egal bei welchen Bodengegebenheiten, passen soll.

Sind im Keller Aufenthaltsräume geplant, so muss eine Wärmedämmung vorgesehen werden, entweder unter der Bodenplatte oder dem Estrich.

## Kellerfenster und Lichtschächte

Die Ausführung der Kellerfenster ist zu beschreiben, ebenso wie die Lichtschächte, die massiv oder auch aus Kunststoff sein können. Geklärt sein muss auch die Frage, wie die Lichtschächte entwässert werden.

Bei den Kellerfenstern geht es auch um einen guten **Einbruchschutz**. Kellerfenster, die in der Ausführung wie Wohnraumfenster sind, sollten entweder nach DIN V ENV 1627 mindestens die Widerstandsklasse 2 aufweisen oder mit Gittern ausgestattet werden. (siehe hierzu auch Abschnitt 6.4.2 „Türen und Fenster").

Bei Kellerfenstern mit Stahllochblenden müssen diese stabil mit dem Mauerwerk verbunden werden und gegen das Öffnen gesichert werden. Besonders sichere Fenster sind dann unnötig, wenn der Lichtschacht ausreichend gegen Einbruch gesichert ist. So lassen sich betonierte Lichtschächte besonders gut gegen Einbruch schützen; sogenannte Rollenrostsicherungen bieten den besten Schutz, alternativ können die Gitterroste mit vier Abhebesicherungen, in jeder Ecke eine, geschützt werden. Bei Kunststofflichtschächten wird die Sicherung am Mauerwerk empfohlen.

## 6.3 Rohbau

### 6.3.1 Außenwände

Aus der Beschreibung sollte die Konstruktion der Außenwände hervorgehen und welches Material verwendet wird.

Welche Dicke hat das Außenmauerwerk inklusive Wärmedämmung? Für das reine Mauerwerk sind Dicken von 30 cm, 36,5 cm und 49 cm üblich.

Es sollte aus der Beschreibung hervorgehen, welche Wärmedämmung und welcher Außenputz gewählt wird, unter Angabe der verwendeten Materialien.

Idealerweise wird hier der U-Wert für die Dämmeigenschaft der Außenwand sowie der Schallschutzwert angeführt.

Bei den verwendeten Materialien gibt es einiges an Unterschieden zu beachten. In der Regel werden **Wärmedämmungs-Verbundsysteme** (WDVS) genutzt, beliebtester weil preisgünstigster Baustoff ist EPS. Das steht für offenporigen Dämmstoff aus expandierten Polysterol, auch als Styropor bekannt. Für rund 15–20 Euro pro Quadratmeter bringt der Stoff gute dämmende Eigenschaften mit, die Wärmeleitfähigkeit liegt bei 0,035–0,045 W(mK). EPS Platten geben normalerweise keine Giftstoffe an die Umgebung ab, die Verwendung des umstrittenen Brandschutzmittels HBCD ist seit 2015 verboten.

Allerdings gibt es auch Nachteile: der Stoff fällt zwar unter die Baustoffklasse 1 und ist schwer entflammbar, was aber nicht bedeutet, dass er nicht brennt. Verarbeitet wird nun in der Regel das Flammschutzmittel Polymer-FL. Gerät eine gedämmte Wand in Brand, dann schmilzt das Polysterol und tropft brennend die Fassade hinunter – es kann passieren, dass das komplette WDVS abbrennt und das Mauerwerk stark beschädigt. EPS ist nicht UV-beständig und altert bei Sonneneinstrahlung, daher ist eine gute Verkleidung oder ein entsprechender Putz nötig. Insgesamt gibt es von Kritikern Zweifel an der Haltbarkeit des Systems, die Demontage und Entsorgung ist aufwendig und teuer, das Material lässt sich kaum recyclen. Gegen Sommerhitze isoliert EPS überhaupt nicht.

Darüber hinaus stehen eine Vielzahl von Dämmstoffen zur Verfügung, von Mineral- und Glaswolle bis hin zu organischen, später vollständig kompostierbaren Lösungen. Alle haben Vor- und Nachteile.

Einen Überblick über Dämmung, Materialien und auch Fördermöglichkeiten bietet die vom Bundesumweltministerium geförderte Webseite www.co2online.de. Kommerzielle Informationsangebote, die in der Regel zu Unternehmen aus der Branche weitervermitteln wollen, sind: energiekosten-sparen.org, energiefachberater.de, daemmen-und-sanieren.de

## 6.3.2 Innenwände, Decken und Böden

Zu den Innenwänden sollten ebenfalls Angaben bezüglich der Konstruktion und Material vorhanden sein, unterschieden nach tragenden und nicht-tragenden Innenwänden, dazu die jeweilige Wanddicke.

**Achtung!**
Innenwände sind in Küchen besonderen Belastungen ausgesetzt, denn hier tragen Wandschränke meist ein hohes Gewicht an Porzellan und Glas. Für Küchen-Innenwände gelten daher besondere Voraussetzungen an die Tragfähigkeit, die durch Trockenbauwände nicht so einfach erreicht werden.

Achten Sie darauf, in welchen Bereichen Trockenbau-Konstruktionen zum Einsatz kommen (zum Beispiel im Dachgeschoss oder zur Verkleidung von Versorgungs- und Entsorgungsschächten). Hier müssen Sie etwa beim Anbringen von Hängeschränken oder anderen Belastungen mit aufwendigeren Befestigungen rechnen beziehungsweise vorab mit dem Bauträger klären, welche Tragkraft die Unterkonstruktion hat.

**Beispiel**
„Innenwände 8–10 cm stark, schallgedämmte Leichtbauwände, Haustrennwände gemäß Schallschutzverordnung." Die Formulierung lässt keine besonders hohen Erwartungen an die Schalldämmung zu.

Wie sind Geschossdecken konstruktiv aufgebaut, etwa als Vollbetondecke, Fertigteil-Hohlraumdecke oder in anderer Ausführung? Wo sind leichte Deckenkonstruktionen vorgesehen (Holzbalkendecke), sind diese voll tragfähig für die Nutzung als Wohnraum (Dachgeschoss)? Die Deckenunterseite sollte malerfertig ausgeführt werden.

Bei den **Fußböden** müssen Angaben zum vorgesehenen Estrich, zur Trittschalldämmung und zur Abdichtung in Feuchträumen stehen.

Wichtig ist, aus der Baubeschreibung zu erkennen, an welchen Stellen wie verputzt wird. Gehen Sie Raum für Raum durch und checken Sie, ob für die geplanten Wandbeläge die Vorarbeiten ausgeführt werden (Tapeten, Feinputz, unverputzt bei Fugenglattstrich).

### 6.3.3 Dach

Ein Dach besteht aus drei Komponenten: dem Dachstuhl, also der Unterkonstruktion des Daches, der Dacheindeckung und dem Innenausbau.

Mit folgenden Fachausdrücken ist bei der **Dachbeschreibung** zu rechnen: der First ist die Schnittlinie zweier Dachflächen, deren Traufen parallel verlaufen. Unter Traufe ist die untere waagerechte Begrenzung einer Dachfläche zu verstehen. Diese kann etwa mit den Außenwänden des Hauses abschließen oder, wie meist üblich, überstehen. Die Wandfläche, die bei Satteldächern durch die Dachflächen begrenzt wird, wird Giebel genannt. Im Dachstuhl spricht man bei den parallel zum Dachfirst verlaufenden Hölzern von Pfetten. Auf diesen Pfetten liegen, vom First zur Traufe verlaufend, die Sparren. Je nach Größe der Dachfläche sind mehr oder weniger Pfetten zur Stabilität nötig.

In der Baubeschreibung muss die **Dachart** angegeben sein, beispielsweise als Flachdach, Satteldach (zwei Dachflächen), Pultdach (eine Dachfläche) oder Zeltdach (vier Dachflächen, die zu einer Spitze zusammenlaufen).

Ebenfalls muss enthalten sein, aus welchem Material das Dach besteht (Holz, Massivausführung, Stahl) oder gegebenenfalls die Dachstuhl und Dacheindeckung (Tonziegel, Beton, Schiefer, Metall) sowie der Winkel der Dachneigung und die Länge des Überstands.

**Beispiel**

„Dacheindeckung mit Frankfurter Pfannen oder gleichwertig Ähnliches in roter Farbe der Umgebung angepasst." Erneut eine zuerst präzise, dann wieder völlig informationsleere Beschreibung.

Des Weiteren müssen auf die folgenden Aspekte geachtet werden:

- Bei **Flachdächern** muss die Dachabdichtung genauer beschrieben werden.

- Wie steht es um die **Wärmedämmung** des Daches, wie wird diese ausgeführt? Am besten wird hier Art, Material und Dicke der verwendeten Dämmung angegeben.

- Die **Holzkonstruktion** des Daches ist zu schützen, entweder chemisch oder konstruktiv.

- Zum Dach gehört die **Dachentwässerung**, zum Beispiel Angaben zur Dachrinne und den Fallrohren sowie deren Führung.

- Wenn es einen begehbaren **Spitzboden** gibt, sollte geklärt werden, ob eine ausziehbare Bodentreppe vorgesehen ist.

- Anzugeben sind auch **Dachflächenfenster** und eventuell ausgeführte Gauben. Diese sind in aller Regel genehmigungspflichtig und müssen daher Bestandteil der Baugenehmigung sein.

## 6.4 Beschreibung Innenausbau

### 6.4.1 Treppen

Häufig wird den Geschosstreppen wenig Aufmerksamkeit gewidmet, dabei sind sie ein wichtiger Kostenträger und ein stark beanspruchter Teil des Hauses. Wenn hier nachlässig geplant wird, hat das Auswirkungen auf die generelle Nutzbarkeit des Hauses.

Daher sind Angaben zur Ausführung nötig, etwa ob es sich um eine Stahlbetontreppe handelt, häufig als lackierte Stahlkonstruktion mit Stufen und Handlauf aus Holz.

Bei Stahlbetontreppen sollte der Belag (Teppich oder Fliesen) geklärt sein. Bei Holzstufen ist die Verwendung von Massivholztreppen denen mit Furnier vorzuziehen. Ist eine Furnierausführung geplant, dann sollte die Dicke des Furniers mindestens 2,5 cm betragen. Bei selbsttragenden Konstruktionen sollte eine schallentkoppelte Ausführung stattfinden. Zur Materialangabe gehört auch das Geländer beziehungsweise das Material des Handlaufs.

> **Beispiel**
>
> „Die drei Geschosstreppen werden in Stahlrahmenkonstruktion mit Holzbelag in Buche ausgeführt, einschließlich Handlauf." Von Schallentkopplung ist keine Rede, und ob es sich um Massivholz oder Furnier handelt, steht ebenfalls im Belieben des Bauträgers.

Spätestens, wenn Ihnen das Treppenhaus recht klein vorkommt, sollten Sie nach dem Steigungsverhältnis fragen. Es gibt zum einen an, wie hoch eine Stufe ist (etwa 16–19 cm) und wie breit die Stufe ist (Auftrittstiefe). Angenehm sind Verhältnisse wie 17:29 cm, je höher der erste Wert, desto steiler ist die Treppe.

## 6.4.2 Türen und Fenster

In der Regel werden verschiedene Fenster eingebaut: im Kellerge-schoss, zu den Wohnräumen gehörige und im Dachgeschoss etwa als Dachflächenfenster. Art und Zahl der Fenster sollten angeführt sein, auch abweichende Größen wie etwa bodentiefe Ausführungen und Fenstertüren.

Zu den jeweiligen Fensterarten gehören Angaben zum Material der Fensterrahmen und der Art der Oberflächenbehandlung, beispiels-weise ob Holzrahmen lasiert oder lackiert sind.

Angegeben sein sollte auch, welche Verglasung vorgesehen ist, wel-che Wärmeschutzwerte eingehalten werden, am besten unter Angabe des U-Wertes.

Welche Sicherheitsanforderungen erfüllen Fenster und Fenstertüren? Allzu häufig wird hier keine Angabe gemacht, dabei ist mindestens bei Terrassen- und Balkontüren eine einbruchhemmende Ausführung wichtig. Angegeben werden solche Werte in Widerstandsklassen.

**Beispiel**

Vereinbaren Sie für Fenster und Terrassen-/Balkontüren mindes-tens die Widerstandsklasse (WK 2) nach DIN V ENV 1627. Sol-che Fenster sind Komplettsysteme, bei denen alle Komponenten (Rahmen, Beschlag, Verglasung) einem Eindringling Widerstand entgegenbringen. Das spätere Nachrüsten von Fenstern und Tü-ren ist zwar möglich, aber weniger effektiv und teuer. Die Polizei empfiehlt, bei dem System auf eine Zertifizierung zu achten: Emp-fohlen werden Zertifikate von PIV Cert (Prüfinstitut Schlösser und Beschläge Velbert, www.piv-velbert.de), VdS (Vertrauen durch Sicherheit, www.vds.de), ift-Zertifikat (Institut für Fenstertechnik, Rosenheim, www.ift-rosenheim.de) oder DIN geprüft (Zertifizie-rungsgesellschaft DIN CERTCO der TÜV Rheinland-Gruppe und DIN Deutsches Institut für Normung, www.dincertco.de).

Es sollten auch die Fenstergriffe und ihre Eigenschaften beschrieben werden (auch ob sie abschließbar und von außen schließbar sind).

Meist wird die Hauseingangstür separat beschrieben. Auch hier stellt sich die Frage nach Wärmeisolierung und Einbruchschutz. Anzuge-ben ist das Material von Türrahmen und Tür.

### 6.4.3 Rollläden und Klappläden

Hinzu kommen Angaben zu Roll- oder Klappläden: in welchen Geschossen sind sie in welcher Ausführung (Holz, Kunststoff) vorgesehen? Bieten sie einen zusätzlichen Einbruchschutz? Auch hier sind die Ausführungen ab Widerstandsklasse 2 empfehlenswert.

**Wichtig**

Häufig wird tagsüber eingebrochen, daher ist die Fenstersicherung der wesentlich wichtigere Punkt. Wer über sichere Fenster und Türen verfügt, muss bei den Rollläden nicht auf teuren Ausführungen bestehen. Das Minimum sollte allerdings ein Schutz gegen das Hochschieben sein.

Zu prüfen ist auch, ob nicht beim Neubau die Installation eines **Rollladenantriebs** infrage kommt. Dauerhafter und effektiver sind Rollmotoren im Rollladenkasten, sogenannte Gurtwickler sind nur die zweitbeste Lösung. Rollladenantriebe haben sowohl eine Komfortfunktion, sind aber auch bei Abwesenheit ein Sicherheitsfaktor, weil abendlich die Rollläden heruntergelassen werden können und so eine Anwesenheit im Haus simuliert wird, was Einbrecher abschreckt. In den Ausführungen der Steuerung sind natürlich keine Grenzen nach oben gesetzt: Tageslichtsteuerung, Programmierbarkeit nach Wochentagen, Fernsteuerung über das Internet hier nur als Stichworte.

**Tipp**

Kommt eine Rollladensteuerung im Augenblick nicht infrage, dann lassen Sie zumindest im Erdgeschoss Elektroanschlüsse oder Leerrohre zu den Rollladenkästen legen.

### 6.4.4 Fensterbänke

Bei den Fensterbänken können Natursteine oder Kunststoffelemente zum Einsatz kommen. Für die Widerstandsfähigkeit gegen Beschädigungen macht das einen großen Unterschied.

**Beispiel**

„Fensterbänke im Dachgeschoss Kunststoff, in den Bädern und Küchen Fliesen wie die Wände, alle übrigen Naturstein mittlerer Qualität." Was den Naturstein angeht, so besteht hier sehr großer Freiraum für die Vorstellungen des Bauträgers.

Am besten ist es, das Material oder zumindest den Materialwert zu vereinbaren.

## 6.4.5 Innentüren

Bei den Innentüren ist ihre Anzahl und Ausführung von Rahmen- und Türmaterial anzugeben. Material und Oberflächenbehandlung müssen zu den Wohnvorstellungen des Käufers passen, nicht jeder steht auf Holzfurniertüren. Bei den Türklinken sind Angaben zur Qualität beziehungsweise zum Wert der Ausführung notwendig. Die schönste Holztür wird durch einen billigen weißen Plastikgriff verschandelt. Üblich sind allerdings Wertangaben für die komplette Tür inklusive Rahmen und Klinken. Wollen Sie hochwertige Drücker, dann muss das in der Baubeschreibung stehen, oder lassen Sie sich eine Wertangabe für die verwendete Drückergarnitur geben, um den Aufpreis abschätzen zu können.

**Tipp**

Sehen Sie für Bäder und WC eine spezielle Klinkenarmatur für Bäder vor, mit einem Drehknopf statt eines Schlüssels. Diese können auch von außen geöffnet werden, wenn sich beispielsweise ein Kind eingeschlossen hat und nicht mehr herauskommt.

Der Aufbau der Tür entscheidet auch über den möglichen Schallschutz. In der einfachsten Ausführung als **Wabeneinlage** sind die Dämmeigenschaften wie die mechanische Belastbarkeit am geringsten. Besser sind **Röhrenspanstege**. Eine Einlage aus **Röhrenspanplatte** bietet hohe Stabilität, Druckfestigkeit und auch Schalldämmung. **Vollspanplatten** sind die höchste Ausbaustufe mit sehr guten Eigenschaften, hier können auch Lichtausschnitte eingesetzt werden, die etwa den düsteren Flur mit Tageslicht versorgen.

Für die Oberflächen gilt: **Holzfurnier**-Türen setzen auf den natürlichen Look, belastbarer sind allerdings Laminat-beschichtete Türen (**CPL**, Continuous Pressed Laminat) – in der Holzoptik sind sie von

Furnier kaum zu unterscheiden, CPL ist dazu farb- und lichtbeständig, dunkelt also nicht nach. Vielfältig, allerdings weniger belastbar als CPL sind **Dekor**-Oberflächen, die mit Fototechnik produziert werden. Bei **Massivholz**-Türen gibt das verwendete Holz das Dekor vor, auch was die Widerstandsfähigkeit gegen Kratzer angeht. Zeitlos, relativ robust und pflegeleicht sind Weißlack-Oberflächen.

**Tipp**

Die Türhöhe liegt im Normalfall nach wie vor bei zwei Metern, allerdings werden die Menschen immer größer, sodass Höhen von ca. 2,10 Metern durchaus sinnvoll sind.

Bei barrierefreier Ausführung ist auf eine **Mindestbreite** der Türen von 85 cm zu achten. Spätestens beim Beginn des Innenausbaus müssen Sie mit den Handwerkern die Öffnungsrichtungen von Türen und Fenstern festlegen. Türen zu Badezimmern und WCs sollten nach außen aufgehen, da die Bewegungsmöglichkeit in den meist kleinen Räumen ansonsten zu sehr eingeschränkt ist.

### 6.4.6 Wand- und Bodenbeläge

Wie werden die Innenwände verkleidet, wo sind reiner Innenputz, wo Wandbeläge wie etwa Tapeten oder raue Innenputze angebracht? Wie steht es um Bodenbeläge?

Hier finden sich meist die Bereiche, für die der Käufer selbst aufkommen muss.

## 6.5 Einzelne Räume

### 6.5.1 Küche

Wie steht es um **Anschlüsse** und Wand- oder Bodenbeläge, gibt es einen Durchbruch für eine Dunstabzugshaube? Im Zuge der vielleicht noch möglichen Einflussnahme auf den Grundriss, sollte hier schon geklärt werden, ob es sich um eine geschlossene oder offene Küche handelt.

Überlegen Sie sich, wenn Sie ohnehin eine Gasheizung haben, ob Sie sich vielleicht auch einen Gasherd oder einen Kombi-Gas-Elektroherd wünschen. Dann müssen die entsprechenden Zuleitungen vorgesehen werden.

## 6.5.2 Sanitärinstallation und Bäder

Der Anschluss ans öffentliche Wassernetz und die Installation des Wasserzählers erfolgt meist durch von der Kommune vorgeschriebene Unternehmen und das örtliche Wasserwerk. Danach übernimmt der **Sanitärinstallateur.** Nach dem Wasserzähler und dem Hauptabsperrhahn wird gegebenenfalls ein Druckminderer und Schmutzfilter installiert. Ein **Schmutzfilter** empfiehlt sich, da er Schmutzpartikel aus dem öffentlichen Netz filtert und die Funktionstüchtigkeit der Armaturen erhält.

Die Abwasserleitungen werden je nach Höhe des Kanalanschlusses bis unter die Kellerdecke oder die Bodenplatte geführt. Liegen sanitäre Einrichtungen, etwa ein WC oder eine Dusche im Keller, unterhalb der Rückstauebene, dann sind **Rückschlagventile** vorzusehen, welche einen Zufluss aus dem Kanal verhindern, gegebenenfalls Hebeanlagen zur Beförderung der Abwässer in den höher liegenden Kanal.

Häufig wird eine Waschküche vorgesehen, die Anschlüsse und Abläufe für die Waschmaschine enthalten.

**Tipp**

Für die Waschküche ist ein Bodenablauf sinnvoll, der im Falle eines Wasserschadens das Schlimmste verhindern kann. Zu überlegen ist, ob die Waschmaschine nicht an die Warmwasserversorgung angeschlossen werden sollte. Allerdings benötigt man dazu in der Regel ein sogenanntes Vorschaltgerät, das die Maschine wechselweise mit kaltem und warmem Wasser versorgt. Auf dem Markt ist nämlich nur ein Waschmaschinenmodell, das serienmäßig zwei Wasserzuläufe bietet.

Überlegen Sie, ob Sie einen **Brauchwasserkreislauf** zur Versorgung von WCs sowie eventuell Waschmaschine und Außenwasserhähnen installieren wollen. Eine solche Regenwassernutzungsanlage besteht aus einer Zisterne, einer Pumpe und dem separaten Zuführungssystem zu den Abnahmestellen. Ein solches System ist praktisch nicht oder nur unter erheblichem Aufwand nachzurüsten, da hier von der Trinkwasserversorgung streng getrennte Leitungen verlegt werden müssen.

Durch die Verwendung eines solchen Systems lassen sich Trink- und Abwasserkosten sparen, die Ressource Wasser wird sparsamer genutzt. Allerdings: teilweise amortisieren sich die Mehrkosten für ein solches System erst nach vielen Jahren, was auch vom Niveau der Abwasser- und Wasserkosten abhängt.

**Tipp**

Wie sich eine Regenwasseranlage finanziell auszahlt, ist von Stadt zu Stadt verschieden. Teilweise erspart ihr Einbau eine ansonsten fällig werdende „Versiegelungsabgabe" auf das Grundstück. Erkundigen Sie sich auf dem Bauamt, in einzelnen Kommunen wird der Einbau solcher Anlagen auch bezuschusst.

Für jedes Badezimmer sind die Anzahl und Ausführung von **Sanitärobjekten** (WC, Bidet, Urinal, Duschwanne (ebenerdig oder mit Einstieg), Badewanne) anzugeben, dazu Angaben zur verwendeten Marke beziehungsweise zum Gegenwert in Euro nach Wahl des Auftraggebers. Es sollte mindestens der Hersteller und vor allem die Sanitärfarbe angegeben sein, wobei weiß empfehlenswert ist.

Dasselbe gilt für die **Armaturen**, hier sollte ebenfalls ein Geldwert angegeben werden. Wird ein Hersteller angegeben, gehen Sie bitte von dessen einfachster Baureihe aus.

Bei den Armaturen für Bade- und Duschwanne können Unter- oder Aufputzarmaturen mit Thermostatbatterie oder Einhebelmischer zum Einsatz kommen, wobei der Thermostat den höheren Komfort bietet.

Auch bei Armaturen gibt es laute und leise Ausführungen, empfehlenswert ist die Geräuschgruppe 1. Hier entsteht bei einem Wasserdruck von 3 bar ein Geräuschpegel von 20 Dezibel, was dem Ticken einer Uhr entspricht. Armaturen der Geräuschgruppe 2 dürfen bis zu 30 Dezibel laut sein; das werden nachts schon störende Geräusche.

Nicht uninteressant ist auch die Menge durchfließenden Wassers pro Sekunde. Armaturen der Durchflussklasse A lassen 0,25 l Wasser pro Sekunde durch, in Klasse B sind es 0,42 l/Sek., in der Klasse C 0,5 l/ Sek. Bei Armaturen der Durchflussklasse A dauert es entsprechend doppelt so lange, ein Vollbad einzulassen. Auf der Armaturenverpackung befinden sich in einem groß gedruckten Ü zwei Ziffern und vier Buchstaben. Die letzte Ziffer gibt die Geräuschgruppe, der letzte Buchstabe die Durchflussklasse an.

**Achtung!**

Gerade bei der Ausstattung im Bad können schnell erhebliche Zusatzkosten entstehen, wenn die (finanziellen) Vorstellungen des Bauträgers und die (Komfort-)Vorstellungen des Käufers besonders weit auseinanderliegen.

Dabei gilt es für Sie, realistisch zu bleiben. Man kann schlicht und ergreifend von einem Bauträger, der ein recht preisgünstiges Haus erstellt, nicht erwarten, dass sich die Ausstattung auf Luxusniveau befindet. Am besten besucht man mit dem Handwerker eine Sanitärausstellung und lässt sich sehr ausführlich die möglichen, im Preis inbegriffenen Sanitärobjekte und Armaturen zeigen. Allerdings hat auch der Handwerker ein Interesse daran, Ihnen aufpreispflichtige Extras zu verkaufen. Das können schnell einige Tausend Euro an Zusatzkosten werden.

Duschabtrennungen und Ähnliches sind normalerweise nicht im Preis enthalten – achten Sie daher auf Standardmaße bei Dusch- und Badewannen – sonst müssen besonders teure Sondergrößen angeschafft werden. Prüfen Sie gerade beim Bad die Bauplanung (1:50) auf realistische Darstellung der Sanitärobjekte sowie möglicher Regale und Schränke. Sehr schnell ist ein Bad vollgeräumt.

Achten Sie auch darauf, ob **Bodenbeläge und Wandfliesen** enthalten sind. Wenn ja, in welchem Umfang (decken- oder türhoch gefliest oder nicht). Wenn nicht deckenhoch gefliest wird: in welchem Zustand werden die restlichen Wandflächen übergeben? Auch hier helfen Materialpreisangaben pro Quadratmeter, um sich im Fachhandel einen Eindruck davon zu verschaffen, ob der Preis den eigenen Vorstellungen vom Bad entspricht.

Empfehlenswert ist es, die Fliesen maximal türhoch anzulegen. Die restlichen Wandflächen sollten als Zementputz ausgeführt werden, der mehr Feuchtigkeit aufnehmen kann als der sonst übliche Kalk-/Gipsputz in anderen Wohnräumen. Die Wände in den Bädern nehmen so Feuchtigkeit aus der Luft auf, etwa nach dem Duschen, und geben diese langsam wieder ab.

# 6.6 Haustechnik

## 6.6.1 Heizung

Zur Haustechnik gehören in erster Linie die Heizungsanlage und die Warmwasserbereitung. Anzugeben ist, welches Heizungssystem verwendet wird (Gas-, Öl-, Pellet- oder Fernheizung) und um welchen Kesseltyp es sich handelt unter Angabe der **Nennwärmeleistung** in kW. Am besten wird der Hersteller und Gerätetyp benannt.

> **Achtung!**
>
> Achten Sie darauf, dass bei Angabe des Kesseltyps und des Herstellers nicht steht: „oder vergleichbar". Dies macht den Wert dieser Angabe wieder zunichte. Gerade die Preisunterschiede bei Kesselherstellern machen diesen Posten zur Verschiebemasse des Bauträgers. Da eine Heizung 10 bis 15 Jahre ohne sonderliche Reparaturkosten halten sollte und beim Austausch teuer wird, ist dieser Punkt besonders wichtig.

Falls eine Anlage zur Nutzung regenerativer Energien vorgesehen ist, muss diese exakt beschrieben werden. Auch bei Solarthermie-Anlage oder Wärmepumpe ist die exakte Angabe des Herstellers und der Leistungswerte der Anlage dringend nötig.

Anzugeben ist der Ort der Aufstellung, sowohl für die Heizungsanlage als auch für einen eventuell nötigen Öltank. Wie wird die Abgasanlage installiert, welches Material verwendet (Schornstein, Abgasleitung)?

Ebenfalls sollte vermerkt sein, wie die Wärmeverteilung stattfindet und wie viele Heizkreise es gibt.

Zur Wärmeabgabe können Flachheizkörper, Radiatoren, eine Fußbodenheizung oder eine Luftheizung vorgesehen werden. Auch hier interessieren Material und technische Ausführung.

Wie wird die Heizungsanlage geregelt (beispielsweise durch einen Außentemperaturfühler) und wie die Raumtemperatur? Hier können klassisch Thermostatventile zum Einsatz kommen, oder eine elektronische Einzelraumregelung. Ist die Anlage fernsteuerbar, etwa über das Internet?

**Tipp**

Beim Verlegen der Rohre für das Heizsystem kann ein Einrohrsystem ausgeführt werden, das bedeutet, dass der Rücklauf des ersten Heizkörpers gleichzeitig der Zulauf des nächsten Heizkörpers ist. Bei diesem System nimmt die Heizleistung je nach Zahl der hintereinander geschalteten Heizkörper ab. Heizkörper müssen in diesem Fall größer dimensioniert und die primäre Vorlauftemperatur besonders hoch gewählt werden. Aufwändiger aber zielgenauer sind Zweirohrsysteme. Auch wenn diese inzwischen üblich sind, werden sie in vielen Baubeschreibungen nicht explizit erwähnt. Schreiben Sie das Zweirohrsystem fest.

Für den späteren Energieverbrauch ist wichtig, dass eine geregelte Heizungspumpe unter Angabe der Energieeffizienzklasse eingebaut wird. Am sinnvollsten sind stufenlos regelbare Pumpen, die bei geringem Wärmebedarf auch nur für wenig Durchfluss sorgen.

Auch Be- und Entlüftungsanlagen müssen angegeben werden, wenn diese etwa benötigt werden, um die besonderen Passivhauswerte zu erreichen. Anzugeben ist bei künstlicher Be- und Entlüftung die Art der Lüftungstechnik sowie Details zur Wärmerückgewinnung.

**Achtung!**

Bei diesen Systemen der Be- und Entlüftung ist unbedingt die Dunstabzugshaube in die Planung und die Berechnung einzubeziehen. Deren hoher Luftaustausch kann die Energiebilanz nämlich deutlich verschlechtern.

2014 wurden laut Statistischem Bundesamt in 31,8 Prozent aller Neubauten **Wärmepumpen** eingebaut – 2007 waren es erst 13,2 Prozent. Möglich und sinnvoll wurde das erst mit den hohen Dämmstandards moderner Gebäude. Prinzipiell arbeiten Wärmepumpen nach dem umgekehrten Kühlschrank-Prinzip: sie entziehen der Luft, der Erde oder dem Grundwasser mit Hilfe elektrischer Energie Wärme und geben diese dann in das Heizungssystem ab. Als Faustregel gilt: 100 Prozent Wärmeleistung entstehen durch den Einsatz von 25 Prozent elektrischer Energie. Klingt phantastisch, aber ein solcher Wirkungsgrad entsteht nur unter optimalen Einsatzbedingungen.

Am effektivsten arbeiten Wärmepumpen, die entweder das Grundwasser oder das Erdreich als Außenwärmequelle nutzen. Leider sind diese beiden Varianten aber auch in der Anschaffung und Installation

am teuersten, es dauert also entsprechend lange, bis sich die Mehrkosten etwa im Vergleich zu einem Gas-Brennwertsystem amortisiert
haben. Häufiger verbaut werden so genannte **Luft-Wärmepumpen**,
die der Außenluft Wärme entziehen. Allerdings arbeiten diese Pumpen deutlich weniger effizient, denn während Grundwasser und
Erdreich recht konstante Temperaturen aufweisen, ist die Außenluft
gerade an den Tagen, an denen man eine Heizung besonders dringend braucht, nicht sehr wärmehaltig. Entsprechend viel elektrischer
Strom ist zum Erreichen der notwendigen Vorlauftemperatur für die
Heizung nötig – der Wirkungsgrad schrumpft, bei sehr niedrigen
Temperaturen wird aus der Wärmepumpe eine Elektroheizung.

Bei Neubauten kann das gesamte Haus als Passivhaus so angelegt
werden, dass sich die Luft-Wärmepumpe rechnet. Das bedeutet:
große Wärmedämmung von Außenmauerwerk, Fenstern, Dach und
der Einsatz einer Fußbodenheizung, da diese nur eine niedrige
Vorlauftemperatur benötigt. Die Warmwasserbereitung muss mit
richtig dimensionierten Vorratsspeichern erfolgen, hier kann sich
der Einsatz von Solarthermie auszahlen.

Wichtige Kennzahl zur Beurteilung der Qualität der Wärmepumpe
ist die so genannte Jahresarbeitszahl, die der Anbieter vertraglich
garantieren sollte. Je höher dieser Wert, desto effizienter die Wärmepumpe.

Umfassende Informationen über den sinnvollen Einsatz von Wärmepumpen finden sich unter www.verbraucherzentrale-energie-
beratung.de, dort gibt es auch eine entsprechende Broschüre zum
Download.

Sollten Sie vorsehen, einen **Kaminofen** oder eine ähnliche Feue-
rungsanlage anzuschaffen, dann muss dieser bei der Existenz einer
Be- und Entlüftungsanlage sinnvollerweise raumluftunabhängig betrieben werden. Das bedeutet, dass die Verbrennungsluft durch ein
Zuluftrohr von außen zugeführt wird. Andernfalls kann es sein,
dass die Lüftungsanlage (oder auch eine Dunstabzugshaube) im
Zimmer einen Unterdruck erzeugt, so dass giftige Rauchgase aus
dem Kamin oder Ofen in die Zimmerluft gelangen. Der Kaminofen
muss eine Zertifizierung durch das Deutsche Institut für Bautechnik
(DiBT). Auf jeden Fall muss mit dem zuständigen Schornsteinfeger
die Installation abgesprochen werden, sowohl was die Konstruktion
des Kamins als auch das Zuluftkonzept angeht.

## 6.6.2 Elektroinstallation

Für die flexible Nutzbarkeit der Wohnung ist eine ausreichende Versorgung mit Steckdosen. Lichtauslässen und -schaltern Voraussetzung. Es muss daher genau beschrieben werden, wie der Bauträger die Versorgung geplant hat.

Als Orientierung gilt die DIN 18105 Teil 2 als absolute Minimalanforderung. Das Deutsche Institut für Gütesicherung und Kennzeichnung e.V. (RAL) hat drei Ausstattungswerte festgelegt, die mit einem, zwei oder drei Sternen gekennzeichnet werden (RAL-RG 678). Die Anforderungen für einen Stern unterschreiten allerdings teilweise die DIN-Norm. Danach sind folgende Anschlüsse vorgesehen:

Tabelle 22: **Elektroanschlüsse pro Raum**

| Raum | DIN | | Ein Stern* | | Zwei Sterne** | | Drei Sterne*** | |
|---|---|---|---|---|---|---|---|---|
| | Steck-dosen | Be-leuch-tung | Steck-dosen | Be-leuch-tung | Steck-dosen | Be-leuch-tung | Steck-dosen | Be-leuch-tung |
| Schlaf-/Wohn-raum 8–12 qm | 3 | 1 | 3 | 1 | 6 | 2 | 8 | 3 |
| Schlaf-/Wohn-raum 13–20 qm | 4 | 1 | 4 | 1 | 8 | 2 | 10 | 3 |
| Schlaf-/Wohn-raum > 20 qm | 5 | 2 | 5 | 2 | 11 | 3 | 13 | 4 |
| Kochnische | 4 | 2 | 3 | 2 | 7 | 2 | 8 | 2 |
| Küche | 6 | 2 | 5 | 2 | 10 | 3 | 12 | 3 |
| Hausarbeits-raum | 3 | 1 | 3 | 1 | 8 | 2 | 10 | 3 |
| Bad/Duschbad | 3 | 2 | 2 | 2 | 4 | 3 | 5 | 3 |
| WC | 1 | 1 | 1 | 1 | 2 | 1 | 2 | 2 |
| Flur/Diele bis 3 m | 1 | 1 | 1 | 1 | 1 | 2 | 1 | 3 |
| Flur/Diele ab 3 m | 1 | 1 | 1 | 1 | 2 | 2 | 3 | 3 |
| Abstellraum | 0 | 1 | 1 | 1 | 2 | 1 | 2 | 1 |
| Keller/Boden-raum | 1 | 1 | 1 | 1 | 2 | 1 | 2 | 1 |
| Hobbyraum | 3 | 1 | 3 | 1 | 6 | 2 | 8 | 2 |

*Richtwerte für Anschlüsse nach RAL RG 678 Quelle: www.elektro-plus.com*

Dabei gilt nach RAL:

- Jedem Raumzugang und jedem Bettplatz ist eine **Schaltstelle** zuzuordnen.

- Den Bettplätzen, den Arbeitsflächen von Küchen und Hausarbeits-
räumen sowie den Telefonanschlüssen zugeordnete Steckdosen
sind als Zweifachsteckdosen auszuführen, sie zählen nach der
Tabelle als eine Steckdose.

- Den **Antennensteckdosen** zugeordnete Steckdosen sind als Drei-
fachsteckdosen vorzusehen, sie zählen nach der Tabelle als eine
Steckdose.

Einen interaktiven Anschlussplaner und viele Informationen zum
Thema finden Sie unter www.elektro-plus.com, ein Angebot, das
von einer Reihe von Anbietern initiiert wurde.

Für die Anzahl der Stromkreise, der Anschlüsse an TV und Telefon
gibt es ebenfalls eine RAL-Empfehlung:

Tabelle 23: **Anlagenbezogene Empfehlungen**

| Anlagenbezoge-ne Anzahl nach Wohnungsgröße | Ein Stern* | Zwei Sterne** | Drei Sterne*** |
|---|---|---|---|
| Radio/TV An-schluss bis zu 50 qm | 2 | 3 | 4 |
| 51 bis 75 qm | 3 | 4 | 5 |
| 76 bis 125 qm | 4 | 5 | 6 |
| größer als 125 qm | 5 | 6 | 7 |
| Telefonanschluss TAE bis zu 50 qm | 2 | 3 | 4 |
| 51 bis 75 qm | 3 | 4 | 5 |
| 76 bis 125 qm | 4 | 5 | 6 |
| größer als 125 qm | 5 | 6 | 7 |
| Beleuchtungs- und Steckdosen-stromkreise bis zu 50 qm | 3 | 4 | 5 |
| 51 bis 75 qm | 4 | 5 | 6 |
| 76 bis 125 qm | 6 | 7 | 8 |
| größer als 125 qm | 7 | 8 | 9 |

Tabelle 23: **Anlagenbezogene Empfehlungen**

| Anlagenbezogene Anzahl nach Wohnungsgröße | Ein Stern* | Zwei Sterne** | Drei Sterne*** |
|---|---|---|---|
| Gerätestromkreise | Elektroherd, Geschirrspülmaschine, Waschmaschine, (evtl. Warmwassergerät), Mikrowelle, Wäschetrockner | Zusätzlich zu*: Backofen, Bügelstation | Zusätzlich zu**: Dampfgarer, Heizung, Sauna/Whirlpool, Rollladenantriebe |
| Gebäudekommunikation | Klingel, Türöffner, Gegensprechanlage | Zusätzlich zu*: Gegensprechanlage mit mehreren Wohnungssprechstellen | Zusätzlich zu**: Videoanlage, Alarmanlage |

*Anlagenbezogene Empfehlungen nach RAL-RG 678* Quelle: *www.elektro-plus.com*

**Beispiel**

„Je Raum ist ein Deckenauslass mit Ausschaltung bzw. Wechselschaltung vorgesehen und entsprechende Anzahl von Steckdosen. Küchenzeile vier Steckdosen, Herd und Spülmaschinenanschluss. Telefon und Fax-Anschluss im Erdgeschoss und im Obergeschoss nach Wahl." Hier ist die Minderversorgung schon am Text abzulesen. Und „nach Wahl" klingt schon nach Aufpreis.

Nehmen Sie sich den Wohnungsplan vor und versorgen Sie jeden Raum mit mindestens einer Steckdose in jeder Ecke sowie unterhalb des Lichtschalters an der Tür. Jeder Raum sollte, angesichts zukünftig möglichst flexibler Nutzung, über Telefon- und TV-Anschluss verfügen.

Häufig wird der Bedarf nach Steckdosen und Lichtschaltern erst bei Beginn des Innenbaus festgelegt – dabei sind Sie dann dem Elektroinstallateur mit seiner Aufpreis-Regelung ausgeliefert.

**Tipp**

Selbst wenn Sie glauben, die richtige Anzahl an Steckdosen in die Baubeschreibung hineinverhandelt zu haben: legen Sie auch die möglichen Zusatzkosten für weitere Steckdosen fest, und zwar entweder für angereihte (aus einer einfachen Steckdose wird eine Zweifachsteckdose) sowie für eine ganz neue Steckdose an bisher nicht vorgesehenem Platz.

Es muss auch die Beschaffenheit des verwendeten Installationsmaterials der Schalter und Steckdosen geregelt sein: es gibt von den großen Herstellern **Billigreihen**, bevorzugt in den Farben elfenbein oder anderen traditionellen Farben. Allein ein Wechsel auf ein moderneres Design ist aufpreispflichtig, wenn dies nicht in der Baubeschreibung geregelt ist. Wenn Kinder im Haus wohnen werden, ist die Installation von Steckdosen mit integrierter Kindersicherung einer späteren Nachrüstung vorzuziehen.

Überlegenswert ist es, das Haus mit einer Verkabelung für ein Computernetzwerk zu versehen, von einem zentralen Punkt im Haus laufen dann Kabel der Klasse Cat5e (8-polig) in jeden Raum. So lassen sich Computer und andere Endgeräte mit Fast- oder Gigabit-Ethernet (in der Variante 1000 BASE-T, maximale Geschwindigkeit 1 GBit/s.) miteinander verbinden. Als Alternative sollten zumindest parallel zur Telefoninstallation Leerrohre für spätere Verkabelungen gelegt werden.

Mit spürbaren Kosten sind **BUS-Systeme** etwa nach EIB (Europäischer Installationsbus) verbunden. Diese ermöglichen die zentrale oder Fernsteuerung von Beleuchtungskörpern, Rollläden, Haushaltsgeräten, Heizung und Alarmanlage beziehungsweise die Statusabfrage der angeschlossenen Systeme.

Informationen über die Möglichkeiten des EIB gibt es unter www. knx.de.

Für Balkone und Terassen sind je eine Außenbeleuchtung (möglicherweise mit Bewegungsschaltung) und eine von innen schaltbare Steckdose vorzusehen.

Sollten Sie an ein Heimkinosystem mit Rundum-Lautsprechern denken, ist die entsprechende Verkabelung oder zumindest Leerrohrversorgung vorzusehen. Das gilt auch für Beamer, die etwa an die Decke gehängt werden. Hierfür sollten ebenfalls Kabel und ein Stromanschluss gelegt werden. Allerdings erfordert dies eine deutliche Festlegung der Standorte für TV und HiFi-Anlage.

Wenn die Landesbauordnung (wie inzwischen fast überall) die Installation von Rauchmeldern vorschreibt, sollten diese Bestandteile der Elektroinstallation sein.

Schäden durch **Überspannung** haben heutzutage größeren Umfang, da sich die Zahl und der Wert der an die Stromversorgung angeschlossenen Geräte stark erhöht hat. Viele Computeranwender oder Besitzer von teuren TV- und HiFi-Geräten haben einen sogenannten Feinschutz in Form von speziell gesicherten Steckdosen und -leisten im Einsatz. Bei einem Blitzeinschlag in das Stromnetz in unmittelbarer Nähe kann es dennoch zu Schäden kommen, wenn die aufzufangende Spannung zu hoch wird. Dagegen hilft nur ein Überspannungsableiter in der Nähe des Hauptverteilers in Verbindung mit einem Potenzialausgleich in der Elektroverteilung. Lassen Sie sich das Überspannungsschutzkonzept Ihres Bauträgers erklären. Auch Telefon- und TV-Kabel-Anschlüsse sollten gegen Blitzschlagfolgen geschützt sein.

## 6.7 Vor dem Haus

### 6.7.1 Außentreppen, Balkone, Terrassen, Loggien und Wintergärten

Gefragt sind hier die Art der Konstruktion, der Fundamente und der Beläge. Außerdem sind die verwendeten Materialien anzugeben. Bei Wintergärten interessiert die Art der Konstruktion und die Frage nach der Abtrennung oder Integration in den Wohnbereich, je nachdem, ob er beheizt oder unbeheizt ist.

### 6.7.2 Garagen und Carports

Ausdrücklich sollte die Genehmigungsfähigkeit der Ausführungen vereinbart werden, am besten sind sie schon Bestandteil der Baugenehmigung oder Bauanzeige. Ansonsten sind die Abmessungen, die Bauart und die verwendeten Materialien anzugeben.

### 6.7.3 Außenanlagen

Hier geht es etwa um die Pflasterung von Zuwegen, Stellplätzen, aber auch etwa um das Fällen von Bäumen oder die Beseitigung anderer bestehender Begrünung.

154

Das Anlegen und die Bepflanzung eines Gartens ist in den seltensten Fällen enthalten, das gilt auch für Grundstücksbegrenzungen wie etwa Zäune.

## 6.8 Anhänge

Bestandteil der Baubeschreibung sollten auch Gesamtansichten, Fassaden, Grundrisse und Schnitte des zu erstellenden Gebäudes sein, und zwar maßstabsgerecht in 1:100 (Planungsgröße) oder, besser noch, im Format der Herstellungsplanung 1:50.

Vereinbaren Sie die Übergabe der wichtigsten Dokumente zum Zeitpunkt der Abnahme des Gebäudes. Das sollten sein:

- eventuell vorhandene Protokolle behördlicher Abnahmen
- Protokoll der Heizungsabnahme durch den Bezirksschornsteinfegermeister
- vollständige Planungsunterlagen, Elektro- und Sanitärinstallationspläne
- Berechnungen des Wärmeschutzes des Gebäudes, Energiebedarfsausweis
- Die Berechnungen zur Statik des Gebäudes, der sogenannte „Standsicherheitsnachweis"
- Baugenehmigung
- Alle Bedienungsanleitungen und Garantierurkunden zu eingebauten Geräten, etwa der Heizung und sonstigen Haustechnik
- Schornsteinfegerbescheinigung

**Achtung!**

Ohne vertragliche Grundlage haben Sie später keinen Anspruch auf Herausgabe dieser Unterlagen, das haben mehrere Gerichte bestätigt. Dabei werden diese unbedingt benötigt, wenn es etwa später Um- oder Anbauten geben soll.

Sie können nun selbstständig die Ihnen vorliegende Baubeschreibungen auf Vollständigkeit und Aussagekraft prüfen – das ist eine wichtige Grundlage, um etwa verschiedene Angebote miteinander zu vergleichen.

Sollten Sie einen Kauf ernsthaft in Erwägung ziehen, gilt es, alle Posten zu identifizieren, die über den Kaufpreis und die Nebenkosten hinaus Ihren finanziellen Aufwand erhöhen. Das sind vor allem:

- Innenausbaukosten – alle Positionen, die nach der Baubeschreibung von Ihnen ausgeführt oder bezahlt werden müssen

- Extras – alle über den Standard des Bauträgers hinausgehenden Ausstattungswünsche

- Außenanlage – hier sind in fast allen Fällen noch Investitionen nötig

Und dann gilt es zu verhandeln. Es wird erfahrungsgemäß leichter sein, Extras in den Kaufpreis hineinzuverhandeln, als diesen zu drücken. Für alle Extrawünsche, die Sie nicht unterbringen, sollten Preise festgeschrieben werden, mit denen Sie kalkulieren können. Denn nach Vertragsabschluss kann der kleinste Sonderwunsch auf einmal ins Geld gehen oder schlimmstenfalls vom Bauträger abgelehnt werden.

### Achtung!

Eine Klausel sollten Sie auf jeden Fall vermeiden: Eine Preispauschale bei Änderungswünschen. Denn die treten nahezu zwangsläufig während der Bauphase auf. Und wenn hier pauschale Summen wie etwa „250 Euro pro Änderung" aufgerufen werden, dann haben Sie schon Kosten am Hals, wenn Sie einfach nur die Türdrücker gegen preisgleiche andere Modelle austauschen wollen. Will sich der Bauträger nicht darauf einlassen, dann verhandeln Sie eine Anzahl an kostenfreien Änderungswünschen heraus, etwa zehn bis 15, erst bei einer höheren Zahl an Änderungswünschen werden Kosten fällig.

## 6.9 Eigenleistungen

Eigentlich ist ja klar: was nicht in der Baubeschreibung steht und zur Bezugsfertigkeit des Hauses von Nöten ist, das muss der zukünftige Eigentümer selbst beschaffen. Häufig handelt es sich beim Anlegen von Decken, dem Tapezieren und Verlegen von Bodenbelägen um **Eigenleistungen**. Möglicherweise ist es sinnvoll, diese in der Baubeschreibung zu berücksichtigen, vor allem dann, wenn diese in etwas größerem Umfang stattfinden, auch um Geld zu sparen. Ist also etwa die Zuwegung zum Haus Sache des neuen Eigentümers, dann sollte das explizit aufgeführt werden.

Viele Käufer überschätzen aber gerne ihre Leistungsfähigkeit, die Decken für ein ganzes Haus zu streichen ist kaum an einem Wochenende zu schaffen. Werden die Eigenleistungen einzeln aufgeführt, bekommt man eine bessere Vorstellung davon, welche Arbeiten tatsächlich wann anstehen. Gegen Ende der Bauphase treffen diese Arbeiten übrigens gerne mit der Vorbereitung des Umzugs zusammen, im schlimmsten Fall der Auszugsrenovierung der bisherigen Mietwohnung. Dann wird es knapp. Und der Bauträger möchte gerne das Haus übergeben. Besonders kritisch wird es, wenn durch fehlende Eigenleistungen der Baufortschritt gehemmt wird.

# 7. Kapitel

# Der Kaufvertrag

**7**

Die Kaufvertragsverhandlungen sind die Gelegenheit, Ergänzungen zur Baubeschreibung aufzunehmen und Preisverhandlungen im Sinne von kostenfreien Extras vorzunehmen. Der Kaufvertrag über eine Immobilie ist wahrscheinlich das weitreichendste Geschäft, das Sie jemals tätigen werden. Wenn Sie bei allen möglichen anderen Verträgen nur die wichtigsten Punkte kontrollieren und ansonsten das **Kleingedruckte** nur überfliegen: hier dürfen Sie das auf keinen Fall tun. Jeder Punkt, jeder Satz, jede Floskel ist wichtig. Und Kaufverträge kommen selten „von der Stange", jeder ist anders. Ist der Kaufvertrag erst einmal unterschrieben, ändert sich das Kräfteverhältnis zwischen Käufer und Bauträger radikal. Dieses Kapitel soll Ihnen dabei helfen, den gröbsten Fallstricken aus dem Weg zu gehen und zu beurteilen, ob Ihnen ein faires und ausgewogenes Angebot vorliegt.

- **Unzulässige Klauseln** sind in Kaufverträgen keine Seltenheit. Die Benachteiligung des Käufers ist meist nicht auf den ersten Blick zu erkennen.

- Der **Notar** beurkundet den Vertrag, er muss Ihnen rechtlich korrekte Auskünfte auf Nachfrage erteilen, hat aber nicht die Pflicht, Sie auf vorteilhaftere oder preiswertere Gestaltungsmöglichkeiten hinzuweisen.

- Besondere Aufmerksamkeit gilt es den **Zahlungsmodalitäten** zu widmen, hier tritt der Käufer vor allem am Anfang häufig in unangemessene Vorleistung.

- Mittlerweile gibt es preiswerte **Pauschalprüfungen** von Kaufverträgen durch Rechtsanwälte. Seitdem ist die Kontrolle für jedermann erschwinglich geworden.

Es gibt gesetzliche Vorgaben, und es gibt eine Menge Rechtsprechungen zu Kaufverträgen. Und dennoch finden sich in vielen von ihnen unzulässige Klauseln oder zumindest Formulierungen, die später für Streit sorgen können.

**Beispiel**

In der Begutachtungspraxis des Bauherren-Schutzbunds im Jahr 2007 war in 47 Prozent aller Bauverträge der Vertragsgegenstand nicht eindeutig bestimmt, in 59 Prozent der Fälle war Baubeginn, Bauzeit und Fertigstellungszeitpunkt unverbindlich, bei gar 95 Prozent der Verträge waren keine Vertragsstrafen bei Überschreitung der Bauzeit vorgesehen. 67 Prozent der Bauverträge beinhalteten unausgewogene Zahlungspläne. Auch gravierend: 23 Prozent der Verträge war die Bauabnahme ungeregelt, und in 22 Prozent der Verträge mangelte es an Preissicherheit.

Bei einer erneuten Untersuchung von Verträgen zwischen 2010 und 2013 fanden die Juristen des Bauherren-Schutzbunds erneut in großer Zahl unzulässige oder den Käufer massiv benachteiligende Klauseln.

Die Übersicht über „Verbraucherfeindliche Klauseln in Bauträgerverträgen" ist beim Bauherren-Schutzbund unter www.bsb-ev.de als PDF zu finden. Der Verband Privater Bauherren dokumentiert „Problematische Vertragsklauseln" in seiner Rubrik „ABC der Gemeinheiten" auf der Webseite www.vpb.de.

Da die Kaufvertragsvorlage vom Bauträger kommt, spielt dieser seinen Informationsvorsprung gegenüber dem Erwerber hier ebenso aus wie bei der Gestaltung der Baubeschreibung. Eine Reihe von Regelungen kann Käufer benachteiligen, ohne dass man diesen das sofort ansieht.

**Achtung!**

Bevor es überhaupt zum Kaufvertragsabschluss kommt, sollte klar sein, dass der Verkäufer, also der Bauträger, als Eigentümer ins Grundbuch eingetragen ist und eine Baugenehmigung vorliegt.

Genau wie bei der Baubeschreibung ist es im ersten Schritt sinnvoll, sich selbst einen Überblick über den Kaufvertrag zu verschaffen. Im zweiten Schritt sollte eine Überprüfung des Vertrags durch einen

Rechtsanwalt, eine Verbraucherzentrale oder einen Bauherrenverband erfolgen. Der Gesetzgeber hat im Beurkundungsgesetz geregelt, dass eine **Prüfung** möglich sein muss: zwischen der Zurverfügungstellung des Kaufvertrags und der Beurkundung müssen zwei Wochen liegen (§ 17 Abs. 2a Satz 2 Nr. 2 BeurkG). Zu diesem Zeitpunkt müssen dem Erwerber alle relevanten Vertragsunterlagen vorliegen, neben dem Kaufvertrag also auch die Baubeschreibung, Baupläne und eventuell zugehörige Teilungserklärungen.

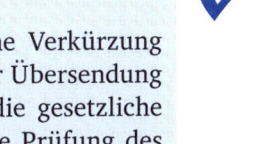

**Achtung!**

Lassen Sie sich unter keinen Umständen auf eine Verkürzung der Frist oder eine Rückdatierung der Angaben zur Übersendung des Kaufvertrags ein – es gibt gute Gründe für die gesetzliche Schutzfrist. Nutzen Sie die Zeit, um eine intensive Prüfung des Kaufvertrags vorzunehmen. Unter Juristen ist es außerdem weitgehend unstrittig, dass es nicht genügt, einen Blankovertrag, der als Vorlage für den eigentlichen Kaufvertrag genutzt wird, zur Verfügung zu stellen. Es muss sich schon um den tatsächlichen Vertragstext inklusive Angabe der Beteiligten und des Kaufobjekts sowie des Preises handeln.

Diese **Überlegungsfrist** muss vom Notar nicht in der eigentlichen Urkunde dokumentiert werden, häufig geschieht das allerdings trotzdem. Wird der ausgehändigte Text auf Betreiben des Käufers zu seinen Gunsten geändert, so beginnt die Frist nicht von Neuem, es kann also beim ursprünglichen Notartermin bleiben. Das gilt nicht für Änderungen durch den Bauträger, wenn dieser den Text einseitig in nicht unwesentlichen Punkten ändert.

Bevor es an den Kaufvertrag geht, soll kurz die Rolle des Notars beleuchtet werden, da es in dieser Beziehung häufig Missverständnisse gibt.

## 7.1 Die Rolle des Notars

Die Beurkundungspflicht durch einen Notar soll bei einem so weitreichenden Geschäft wie einem Bauträgerkauf beide Vertragspartner vor „übereilten und unüberlegten Verträgen" schützen. Der Gesetzgeber möchte eine sachgemäße **Beratung** erzielen und Streitigkeiten vorbeugen – letztlich so auch die Gerichte entlasten. Beurkundungspflichtig sind alle Haupt- und Nebenabreden, soweit sie auch nur von einer Partei erkennbar für wesentlich gehalten werden.

Das bedeutet, dass immer dann, wenn Grundstückskauf und die Erstellung eines Wohngebäudes ein zusammenhängendes Geschäft sind (das eine gibt es nicht ohne das andere), der komplette Kauf- und Werkvertrag zu beurkunden sind.

**Achtung!**

Alle getroffenen Nebenabreden, die nicht Gegenstand der Beurkundung sind, sind nichtig. Sie können dazu führen, dass im schlimmsten Fall, wenn es zu Streit zwischen Verkäufer und Käufer kommt, der gesamte Vertrag unwirksam wird! Unterschreiben Sie also keine zusätzlichen Dokumente, auf die im Kaufvertrag nicht verwiesen wird.

Das Beurkunden stellt sich für viele Neulinge so dar: es wird mit dem Notar und dem Verkäufer ein Termin vereinbart, man erscheint gemeinsam, weist sich per Personalausweis aus, der Notar liest den Vertrag vor, beide Parteien unterschreiben, fertig. Nach kurzer Zeit kommen beglaubigte Abschriften sowie die Kostennote des Notars.

Was soll das also? Keineswegs besteht die Aufgabe des Notars im reinen Vorlesen von Texten. Die vom Gesetzgeber vorgesehene Funktion ist eine andere – ob das allerdings in der Praxis immer der Fall ist, ist eine andere Frage.

Der Notar hat zum einen die Aufgabe, dafür zu sorgen, dass die vorliegende schriftliche Fassung der Willenserklärungen von Käufer und Verkäufer keine Zweifel über den Inhalt aufkommen lässt, und dass keine Irrtümer über den Vertragsinhalt bei Verkäufer und Käufer bestehen. Daher muss er mindestens bei Rückfragen (meist) dem Käufer erläutern können, was einzelne Passagen im Kaufvertrag bedeuten. Er hat auf Vollständigkeit der Vereinbarung zu achten, unter dem Aspekt, dass alles geregelt wird, das „normalerweise" zu regeln ist.

**Achtung!**

Der Notar hat nicht die Pflicht, die Baubeschreibung auf Vollständigkeit zu prüfen oder den Käufer auf Nachteile hinzuweisen. Monieren müsste er lediglich das Fehlen einer Baubeschreibung.

Es gibt dabei eine besondere **Fürsorgepflicht** des Notars für „unerfahrene und ungewandte Beteiligte", was bedeutet, dass er dem im Immobiliengeschäft häufig „neuen" Käufer mehr erläutern muss als dem Bauträger, der regelmäßig derartige Verträge abschließt.

Seine Grundpflichten sind (nach § 17 BeurkG)

- Die **Klärung des Sachverhalts**: welche Art Geschäft liegt tatsächlich vor?

- Die **Erforschung des Willens** der Beteiligten: ist der Vertragsabschluss in der vorliegenden Form gewollt?

- Die Belehrung über die **rechtliche Tragweite** des Geschäfts: welche Folgen haben einzelne Passagen möglicherweise im Streitfall oder in ferner Zukunft?

- Die **Niederschrift** der Erklärungen in klarer und unzweideutiger Form.

Die Ausgestaltung dieser Pflichten sieht in der Praxis so aus: der Notar muss eigene Recherchen zum Sachverhalt nicht anstellen, er hat die Angemessenheit des Kaufpreises nicht zu prüfen und darf grundsätzlich erst einmal auf die von den Beteiligten gemachten Angaben vertrauen, etwa wenn ihm nur mündlich vom Verkäufer das Vorliegen der Baugenehmigung zugesichert wird. Erst wenn er auf widersprüchliche Angaben stößt, muss er nachfragen oder nachforschen. Eine wirtschaftliche Beratung oder Belehrung des Käufers gehört ebenso wenig zu seinen Pflichten.

Der Notar ist zur **Unparteilichkeit** verpflichtet, was aber nicht bedeutet, dass er nicht der Aufklärung des Käufers besondere Aufmerksamkeit widmen kann oder gar muss.

In der Frage der Zahlungsabwicklung des Vertrags ist der Notar zu einer besonderen Fürsorge verpflichtet (siehe unten). Wenn es zu ungesicherten Vorauszahlungen des Käufers kommt, die als solche nicht zu erkennen sind, muss er dies deutlich ansprechen und diesen Hinweis auch beurkunden. Er hat über die Folgen zu informieren, was passiert, wenn der Verkäufer von einer Vorleistung profitiert hat und leistungsunfähig werden sollte. Seine Aufgabe ist es auch, Wege aufzuzeigen, wie dieses Risiko ausgeschlossen werden kann. Er hat dazu den sichersten Weg aufzuzeigen, auch wenn dieser der teuerste ist. Eine Hinweispflicht auf alle Wege zur Risikoverringerung hat er allerdings nicht (BGH IX ZR 73/01).

Der Notar ist nicht der Rechtsvertreter einer der Parteien – in der Praxis schlägt allerdings in der Regel der Bauträger den Notar vor, bei dem das Geschäft beurkundet wird. Diesem Vorschlag muss der

Käufer allerdings nicht folgen, er kann auch die Beurkundung bei einem anderen Notar verlangen.

Das ersetzt aber nicht die bereits angesprochene sinnvolle Überprüfung des Kaufvertrags – findet diese statt, und war das Ergebnis in Ordnung, spricht nichts dagegen, den vom Bauträger genannten Notar zu beauftragen.

**Tipp**

Die Betreuungspflichten eines Notars beschränken sich nicht auf den eigentlichen Notartermin. Fragen im Rahmen der oben genannten Fürsorgepflichten beantwortet der Notar auf Anfrage bereits vorher. Sie können ihn also innerhalb der 14-Tage-Frist bereits kontaktieren, um Unklarheiten anzusprechen. Es handelt sich aber immer um die Aufklärung über Rechtsfolgen, nicht eine Rechtsberatung.

Die **Notarkosten** müssen, das steht zumeist im Kaufvertrag, vom Käufer getragen werden. Diese errechnen sich nach der notariellen Kostenordnung.

Auf der Internetseite der Bundesnotarkammer www.bnotk.de finden Sie einen Notarkostenrechner.

Als Faustregel für die Kosten für Notar und Grundbuchamt gilt: die Summe von 1,5 Prozent der Vertragssumme. Dabei erhalten Sie nicht eine Rechnung über den Gesamtbetrag, sondern zumeist in den folgenden Schritten:

- Notarrechnung zur Kaufvertragsbeurkundung

- Notarrechnung zur Beurkundung der Grundschuld

- Eintragung der Vormerkung durchs Grundbuchamt

- Eintragung der Grundschuld durchs Grundbuchamt

- Eintragung des Eigentümerwechsels durchs Grundbuchamt

Beim Notartermin darf sich der Bauträger von jeder Person vertreten lassen, die befugt ist, Abweichungen vom vorformulierten Vertragstext vorzunehmen. Auch der Käufer kann sich vertreten lassen, allerdings nur durch eine Vertrauensperson als persönlich bevollmächtigtem Vertreter, das sind etwa Angehörige oder ein beauftragter Rechtsanwalt. Allerdings drängen Notare zu Recht auf eine persönliche Anwesenheit, damit der als „besonders belehrungsbedürftigte" Vertragspartner die Chance hat, Rückfragen zu stellen.

In vielen Kaufverträgen finden sich Verweisungen auf andere Urkunden – allerdings müssen alle geschäftswesentlichen Vereinbarungen Gegenstand des verhandelten Hauptvertrages sein. Beispielsweise dürfen weder Kaufpreis noch Zahlungsbedingungen in ein anderes Schriftstück ausgelagert werden. Eine typische Verweisungsurkunde ist die Baubeschreibung.

## 7.2 Eigene Prüfung des Vertrags durch einen Rechtsanwalt

Früher war die Überprüfung eines Kaufvertrags durch einen Rechtsanwalt eine sehr teure Angelegenheit, da nach dem Kaufvertragswert und der Gebührenordnung der Rechtsanwälte abgerechnet wurde. Das ist inzwischen anders: von vielen Anwälten, den Vereinen für Bauherren und auch den Verbraucherzentralen werden gegen einen Pauschalpreis Prüfung und Rechtsberatung angeboten. Für Beträge ab 160 Euro sieht ein Anwalt den Vertrag durch und weist auf Probleme hin. Sobald die Arbeiten allerdings umfangreicher werden, etwa zu eigenen Gestaltungsvorschlägen, oder sollte gar die Begleitung zu Verhandlungen notwendig werden, wird es teurer.

Suchen Sie einen Fachanwalt für Baurecht/Architektenrecht. Es gibt eine Menge Suchdienste für Anwälte im Internet, etwa unter www.anwaltauskunft.de, www.anwaltssuche.de oder www.anwalt-suchservice.de. Das Angebot der Verbraucherzentralen finden Sie unter www.verbraucherzentralen.de

## 7.3 Was im Kaufvertrag stehen soll

Der Kauf vom Bauträger beinhaltet eine Kaufvertragskomponente über das Grundstück, auf dem ein Gebäude errichtet werden soll, und einen **Werkvertrag** über den Bau. Im **Kaufvertrag** wird der Kaufgegenstand beschrieben und die Art und Weise, wie der Übergang des Eigentums stattfinden soll. Geklärt wird außerdem, wie bezahlt wird – dabei geht es um eine Gesamtsumme für Grundstück und Gewerk, schließlich stellen beide am Ende des Geschäfts eine untrennbare Gesamtheit dar. Des Weiteren geht es um Gewährleistungspflichten und Sicherungsvereinbarungen.

Eigentümer wird der Erwerber durch die Eintragung des Eigentums im Grundbuch. Der **Eigentumsübergang** erfolgt bei vollständiger Zahlung des Kaufpreises. Wenn das Gebäude noch nicht errichtet ist, liegt zwischen dem Abschluss des Kaufvertrags und der vollständigen Bezahlung die gesamte Bauphase. Das Problem ist folglich für den Käufer: in dieser Phase ist der Veräußerer noch als Eigentümer im Grundbuch eingetragen. Die Banken aber, die sein Geschäft finanzieren, wollen dies über eine Grundschuld gesichert sehen, die allerdings nicht eingetragen werden kann, wenn der Käufer noch nicht Eigentümer ist. Und im schlimmsten Falle könnte der Verkäufer ja Verträge mit zwei Erwerbern machen.

Geregelt wird diese Problematik über die sogenannte **Auflassung**: Auflassung bedeutet juristisch die Einigung zwischen Verkäufer und Käufer darüber, dass das Eigentum am Grundstück vom einen an den anderen übergehen soll. Diese Einigung wird notariell beglaubigt und ein entsprechender Vermerk wird im Grundbuch eingetragen. Aus dem geht hervor, dass der Käufer Eigentümer wird, sobald etwa der Vorbehalt der Zahlung des Kaufpreises erfüllt ist. Kein anderer kann jetzt mehr Eigentümer werden und der Alteigentümer kann bei Erfüllung des Eigentumsvorbehalts eine Eintragung nicht verhindern.

Das Grundstück sollte frei von Lasten und Beschränkungen übergehen, und das sollte auch im Kaufvertrag so stehen. Etwaig bestehende **Grunddienstbarkeiten** oder andere Einschränkungen müssen genannt werden. Das sind typischerweise Wegerechte oder das Recht der Kommune oder Versorgungsunternehmen, Zugang zu unter dem Grundstück verlegten Rohren zu erhalten. Über deren exakte Bedeutung kann möglicherweise das Bauamt Auskunft geben.

Die wichtigsten Bestandteile eines Kaufvertrages sind

- Umfang der **Leistungen**

- die **Zahlungsmodalitäten** nach Baufortschritt

- **Gewährleistungsregelungen**

- **Streitschlichtungs**-Regeln

- Vereinbarungen zu **Fertigstellungstermin** und **Abnahme**

Für die Gestaltung des Vertrags sind vor allem die Regelungen der Makler- und Bauträgerverordnung wesentlich (MaBV), es findet aber auch das Recht zu Allgemeinen Geschäftsbedingungen Anwendung, vor allem wenn es darum geht, den Käufer (als Verbraucher) vor überraschenden oder benachteiligenden Klauseln zu schützen.

Die MaBV in der aktuellen Fassung finden Sie im Internet unter www.gesetze-im-internet.de.

Möglicherweise vereinbart der Kaufvertrag auch die Regelungen der „Vergabe- und Vertragsordnung für Bauleistungen Teil B" (VOB/B) als Vertragsbestandteil. Die VOB ist ein vorformuliertes Klauselwerk, das die Regelungen des normalen Werkvertragsrechts des Bürgerlichen Gesetzbuches ergänzt oder, auf die Lieferung eines Bauwerks zugeschnitten, abändert. Das Regelwerk wird vom Deutschen Vergabe- und Vertragsausschuss für Bauleistungen (DVA) erstellt, in dem die öffentliche Hand und die Spitzenverbände der Bauwirtschaft zusammensitzen. Zugeschnitten sind die Regeln auf öffentliche Bauaufträge, allerdings kann auch für andere Bauprojekte die VOB/B vereinbart werden. Im Normalfall wird der Bauträger die VOB/B an Stelle eigener Allgemeiner Geschäftsbedingungen einbeziehen. Das ist grundsätzlich kein Nachteil für den Käufer, im Folgenden finden Sie aber ein paar Anmerkungen. Abweichungen zu Gunsten des Käufers sind im Kaufvertrag selbstverständlich möglich.

**Achtung!**

Die Regelungen der VOB/B werden nur Vertragsbestandteil, wenn dies explizit im Vertrag steht und die VOB/B dem Käufer mit der bekannten 14-tägigen Frist vollständig zur Verfügung gestellt wird.

Insbesondere in der Gewährleistungsfrist und der Mängelbeseitigung ergeben sich durch die Einbeziehung der VOB/B Abweichungen, teilweise zu Lasten des Erwerbers (siehe unten).

Inzwischen ist unter Juristen Konsens, dass zu wenige Regeln der VOB auf den sehr speziellen Bauträgervertrag anwendbar sind – es ist besser, ohne diese „Krücke" auszukommen. Der Bauträger sollte schon gut erklären können, warum er die VOB in seinen Vertrag einbeziehen will.

### 7.3.1 Kaufpreis

Entscheidend ist, dass aus dem Vertrag unzweideutig die Höhe des Kaufpreises hervorgeht und keinerlei **Preisanpassungsklauseln** vorhanden sind.

**Achtung!**

Lassen Sie sich auf keinen Kaufvertrag ein, bei dem die am Ende zu zahlende Summe nicht endgültig beziffert ist. Von weiteren Kosten „nach Aufwand" oder Ähnlichem darf keine Rede sein. Ausgenommen ist eine Formulierung, nach der Sonderwünsche gegen Aufpreis möglich sind.

Aufgelistet sein sollte auch, wenn dies nicht aus der Baubeschreibung hervorgeht, wer die Kosten für Erschließung und Anschluss an das öffentliche Versorgungsnetz (Wasser, Abwasser, Strom, Telekommunikation) zu tragen hat.

Auch wer die Nebenkosten (Notar, Grundbucheintragung etc.) trägt, ist zu regeln. Fragen Sie den Notar danach, ob ihm Kosten bekannt sind, die im Vertrag nicht geregelt sind, welche aber normalerweise in einem Bauträgervertrag zu regeln sind.

### 7.3.2 Zahlungsmodalitäten

Einer der wichtigsten Punkte ist die Zahlungsweise. Prinzipiell findet diese in mehreren Etappen nach Fortschritt des Baus statt. Die MaBV sieht dazu vor, dass in bis zu sieben Teilbeträgen gezahlt wird. Die Angaben beziehen sich auf den im Kaufvertrag genannten Gesamtpreis.

Die bis zu sieben Teilbeträge können aus folgenden Anteilen zusammengesetzt werden und nach folgenden Ereignissen fällig werden:

- Nach Beginn der Erdarbeiten werden bei gleichzeitigem Erwerb des Grundstücks 30 Prozent fällig.

- Bei der Bestellung von Erbbaurecht oder ohne Grundstücksübergang: 20 Prozent.

Der Restbetrag, also entweder 70 oder 80 Prozent der Gesamtsumme, wird jetzt als 100 Prozent angesetzt und in folgende Teilraten untergliedert:

- 40 Prozent nach Rohbaufertigstellung, einschließlich Zimmererarbeiten

- 8 Prozent für die Herstellung der Dachflächen und Dachrinnen

- 3 Prozent für die Rohinstallation der Heizungsanlagen

- 3 Prozent für die Rohinstallation der Sanitäranlagen

- 3 Prozent für die Rohinstallation der Elektroanlagen

- 10 Prozent für den Fenstereinbau, einschließlich der Verglasung

- 6 Prozent für den Innenputz, ausgenommen Beiputzarbeiten

- 3 Prozent für den Estrich

- 4 Prozent für die Fliesenarbeiten im Sanitärbereich

- 12 Prozent nach Bezugsfertigkeit und Zug um Zug gegen Besitzübergabe

- 3 Prozent für die Fassadenarbeiten

- 5 Prozent nach vollständiger Fertigstellung

Das bedeutet: nach der ersten Rate wird aus den restlichen zwölf möglichen Posten ein Zahlungsplan mit sechs weiteren Stufen gebildet, einzelne Positionen müssen also zusammengefasst werden.

Typischerweise bleibt es bei den 5 Prozent der Restsumme nach vollständiger Fertigstellung.

In vielen Bauverträgen werden die Raten prozentual von der Vertragssumme angegeben, dadurch ergeben sich zahlenmäßige Abweichungen von der Regelung der MaBV. In Tabelle 24 finden Sie die Werte ausgehend von der Gesamtsumme. Beispielhaft werden mögliche Zahlungsraten zusammengestellt. Im Anhang finden Sie eine Tabelle, um die Daten aus Ihrem Vertrag zu Kontrollzwecken einzutragen.

Tabelle 24: **Teilzahlungsplan für die Gesamtsumme nach MaBV**

| Baustand | Anteil bei Grundstücksübertragung in Prozent | Anteil ohne Grundstücksübertragung in Prozent | Beispiel Sieben Einzelraten (bei Grundstücksübertragung) |
|---|---|---|---|
| Beginn Erdarbeiten | 30 | 20 | 1. Rate 30 % |
| Rohbaufertigstellung inkl. Zimmererarbeiten | 28 | 32 | 2. Rate 28 % |
| Dachrinnen, Dachflächen | 5,6 | 6,4 | 3. Rate 5,6 % |
| Rohinstallation Heizung | 2,1 | 2,4 | 4. Rate 13,3 % |
| Rohinstallation Sanitär | 2,1 | 2,4 | |
| Rohinstallation Elektro | 2,1 | 2,4 | |
| Fenster inkl. Verglasung | 7,0 | 8,0 | |
| Innenputz | 4,2 | 4,8 | 5. Rate 9,1 % |
| Estrich | 2,1 | 2,4 | |
| Fliesenverlegung Sanitär | 2,8 | 3,2 | |
| Bezugsfähigkeit | 8,4 | 9,6 | 6. Rate 8,4 % |
| Fertigstellung Fassade | 2,1 | 2,4 | 7. Rate 5,6 % |
| Vollständige Fertigstellung | 3,5 | 4,0 | |

Die Vorschriften sollen den Erwerber davor schützen, mit Zahlungen allzu weit in Vorleistung zu treten und auf einem möglichen Schaden sitzen zu bleiben, wenn der Bauträger in die Insolvenz geht. In der Praxis ist es allerdings häufig so, dass gerade die erste und die zweite Rate bedeutet, dass der Käufer „zu viel" bezahlt. Das hängt unter anderem vom Wert des Grundstücks ab, das in Ballungsräumen tatsächlich den angenommenen 30 Prozent der Gesamtsumme entsprechen kann, in anderen Fällen jedoch deutlich weniger wert ist. Auch bei Rohbauerstellung und Dacharbeiten kommt es vor, dass der Käufer ganz legal „überzahlt".

### 7.3.3 Auf Details achten

Trotz eindeutiger Regeln kommt es aber immer wieder vor, dass im Kaufvertrag abweichende Vereinbarungen stehen.

**Beispiel**

Ein Bauträger in Leipzig legte Vertragentwurf samt Zahlungsplan vor. Der Käufer bat den Verband Privater Bauherren (VPB) um eine Vertragsprüfung. Der Sachverständige empfahl, den Zahlungsplan, der erhebliche Vorauszahlungen vorsah, zu korrigieren. Der Käufer verzichtete auf die Korrektur, weil er den Bauträger gut zu kennen und an dessen Solvenz glaubte.

Alles ging gut bis zum Innenausbau. Dann brachen die Installateure innerhalb weniger Stunden die Arbeiten am Bau völlig überraschend ab und verließen die Baustelle. Da die Firma zwischenzeitlich ihre Rechtsform geändert hatte, was der Käufer nur als Marginalie wahrgenommen hatte, war der ehemalige Bauträger unter seiner ursprünglichen Adresse nicht mehr greifbar. Wie die VPB-Berater dank ihrer Kontakte in der regionalen Baubranche schließlich erfuhren, hatte der ehemalige Bauträger seine Büroadresse aufgegeben, geheiratet, damit seinen Namen geändert, und das Land verlassen.

Der Käufer blieb auf einer Bauruine sitzen – und verlor 40.000 Euro, die er aufgrund des überzogenen Zahlungsplans zu viel im Voraus gezahlt hatte. Ein weiteres Problem war es, Baufirmen zu finden, die bereit waren, den begonnenen Bau fertig zu stellen und die Haftung zu übernehmen.

Nur ein Zahlungsplan penibel am Baufortschritt entlang kann die Folgen mindern.

Die MaBV nennt nur Stichworte zum Baufortschritt, es kann also durchaus Streit darüber geben, was unter den verschiedenen Phasen verstanden wird – präzisere Formulierungen im Vertrag wären hilfreich, sind aber nur selten zu finden.

Bei der ersten Rate ist beispielsweise nur vom Beginn der Erdarbeiten die Rede. Das heißt allerdings nicht, dass einfach nur ein Bagger aufs Grundstück fährt und ein Kranstellplatz eingerichtet wird. Das Mindeste ist, dass das Abtragen des Mutterbodens begonnen hat. Zu Ihren Gunsten können Sie im Bauvertrag auch Fälligkeit bei „vollständigem Aushub der Baugrube inklusive Abtransport des Aushubs" vereinbaren.

Alle anderen Raten sind beim Abschluss von Arbeiten fällig, doch auch da gibt es Streitpotenzial, wann denn etwa Rohmontagen tatsächlich vollständig sind. Hier ein paar Hinweise:

- Die **Rohbaufertigstellung** inklusive Zimmerarbeiten kann selbst der Laie gut einschätzen. In den Landesbauordnungen heißt es häufig „Der Rohbau ist fertig gestellt, wenn die tragenden Teile, die Schornsteine, die Brandwände und die Dachkonstruktion vollendet sind" (Landesbauordnung Hessen). So lange noch Maurer und Zimmerleute zugange sind, ist die Fertigstellung sicher nicht erreicht. Nur noch in den seltensten Fällen findet eine Rohbauabnahme durch das Bauamt statt. In aller Regel verzichten die Behörden auf eine Besichtigung des Bauwerks, es sei denn, es liegen beispielsweise Beschwerden der Nachbarn vor, die etwa die Firsthöhe oder Abstände zu Nachbargrundstücken betreffen.

- Auch bei **Dachflächen und Dachrinnen** sind fehlende Teile zu erkennen, auch die Regenfallrohre gehören zur kompletten Installation.

- Bei der **Heizungsanlage** dürfen nur noch die Heizkörper inklusive Themostaten fehlen.

- Bei der **Sanitärrohinstallation** darf es nur noch an den Sanitärobjekten fehlen, die prinzipiell nur noch angehängt werden müssen. Alle Unterbauarbeiten müssen abgeschlossen sein.

- Bei der Rohinstallation der **Elektroanlage** dürfen nur noch die Fertigmontage von Schaltern und Steckdosen sowie der Stromzähler fehlen. Alle Kabel müssen verlegt sein.

- Beim Abschluss der **Innenputzarbeiten** können Restarbeiten wie das Beiputzen, etwa bei noch nicht eingebauten Fenstern oder Fensterbänken, noch ausstehen.

- Die **Fliesenarbeiten** im Sanitärbereich sollten inklusive Verfugung beendet sein.

Das Wort „**Bezugsfertig**" ist im Gegensatz zu „Schlüsselfertig" vor allem durch Gerichte definiert. Bezugsfertig ist ein Haus nach der allgemeinen Verwaltungsvorschrift zur MaBV und § 34c Gewerbeordnung (GewO), „wenn der Bau so weit fortgeschritten ist, dass den zukünftigen Mietern oder sonstigen Bewohnern zugemutet werden kann, das Gebäude oder die Wohnung zu beziehen. Wann dieser Zeitpunkt gekommen ist, ist nach der Verkehrsauffassung zu beurteilen.

(...) eine einseitig vom Verkäufer abgegebene Erklärung über die Bezugsfertigkeit, die mit der tatsächlichen Sachlage nicht in Einklang steht (genügt nicht)". Wichtig ist der Zeitpunkt der Bezugsfertigkeit möglicherweise für spätere Gewährleistungsansprüche, etwa bei einem GU/GÜ-Vertrag. Alleine die Tatsache, dass der Hausbesitzer eingezogen ist, bedeutet allerdings nicht, dass das Haus zu diesem Zeitpunkt bezugsfertig war: in einer Entscheidung aus dem Jahr 2004 bestätigte dies der Bundesgerichtshof (Az.: VII ZR 397/02). Im verhandelten Fall war die Außentreppe einer Souterrainwohnung nicht fertig gestellt, der Eigentümer nahm aber eine Behelfstreppe in Kauf und zog ein. Der Zeitpunkt der Bezugsfertigkeit war für den BGH aber erst erreicht, als die Außentreppe vollständig hergestellt worden war.

### 7.3.4 Vollständige Fertigstellung

Die Schlussrate, meist 3,5 Prozent der Gesamtsumme, wird bei vollständiger Fertigstellung fällig. Hier sollte der Kaufvertrag regeln, dass eine formale Abnahme unter Anfertigung eines Protokolls stattzufinden hat.

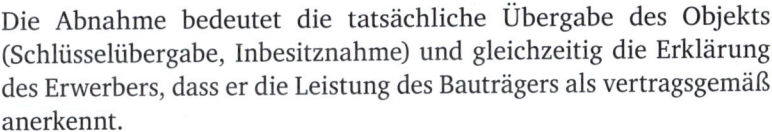

**Tipp**

An dieser Stelle könnte die Durchführung eines Blower-Door-Test (siehe Kapitel 5: Energie sparen und Hausbau) inklusive Mindestanforderungen an das Ergebnis vermerkt werden. Als Käufer sollten Sie darauf bestehen.

Die Abnahme bedeutet die tatsächliche Übergabe des Objekts (Schlüsselübergabe, Inbesitznahme) und gleichzeitig die Erklärung des Erwerbers, dass er die Leistung des Bauträgers als vertragsgemäß anerkennt.

Wenn das Objekt noch nicht fertig gestellt ist, also Leistungen aus Kaufvertrag oder Baubeschreibungen fehlen, Restarbeiten ausstehen oder wesentliche Mängel vorliegen, kann keine Abnahme erfolgen, auch wenn der Erwerber möglicherweise bereits eingezogen ist. Allerdings hat er dann dem Bauträger uneingeschränkt die Möglichkeit zu verschaffen, die ausstehenden Arbeiten zügig durchzuführen.

**Achtung!**

In manchen Bauträgerverträgen mag sich noch die Klausel finden, dass mit der Schlüsselübergabe und der einseitigen Inbesitznahme die Bauträgerleistung als abgenommen zu gelten habe. Das ist unzulässig.

Es gibt keine Formvorschriften für die Abnahme, sie kann also auch mündlich oder gar stillschweigend stattfinden. Im Kaufvertrag sollte daher die Form vorgegeben werden. Vereinbart werden sollte die Anfertigung eines Abnahmeprotokolls. In dieses Protokoll gehören alle bei der Abnahme beanstandeten Mängel sowie eine Liste möglicherweise noch ausstehender Restarbeiten. (siehe auch Kapitel 8: Baubegleitung und Abnahme)

## 7.3.5   Gewährleistung und Mängelansprüche

An die Bauabnahme sollte der Beginn der Gewährleistungsfristen geknüpft sein. Dieser Zeitpunkt und die Dauer der Gewährleistung sind zu nennen, etwa nach BGB fünf Jahre. In dieser Zeit haftet der Bauträger für alle versteckten Mängel, die zu Tage treten. Grundsätzlich muss der Erwerber dem Bauträger nachweisen, dass dieser den Mangel verursacht hat.

Ist auch für die Mängelbeseitigung VOB/B vereinbart, so beträgt die Gewährleistungszeit nach in Kraft treten des Forderungssicherungsgesetzes ebenfalls fünf Jahre, die genannte Frist von vier Jahren gilt nur für öffentliche Auftraggeber.

Nach BGB hat der Käufer bei festgestellten Mängeln ein Recht auf Nacherfüllung (§ 635 BGB) oder „Mangelbeseitigung nach Abnahme" nach VOB/B (§ 13 Nr. 5 Abs 1).

Kommt der Verkäufer dieser Pflicht nach angemessener Frist nicht nach, kann der Käufer selbsteinen Handwerker mit der Beseitigung beauftragen und der Verkäufer muss dann die Aufwendungen erstatten (§ 637 BGB und § 13 Nr. 5 Abs. 2).

Hinzu kommen Schadensersatzansprüche oder nach BGB im Extremfall das Recht auf Rücktritt vom Vertrag (§ 636, § 323 und § 326 Abs. 5 BGB). Ein solches Rücktrittsrecht ist in der VOB/B nicht vorgesehen und muss bei deren Einbeziehung gesondert vereinbart werden.

Diese Fristen betreffen alle mit dem Bauwerk fest verbundenen Teile, also etwa auch verlegte Rohre, Kabel, den Putz, ebenso eingebaute Teile wie etwa die Heizung, Warmwasserbereitung, Solaranlage und Brauchwasserpumpen.

Eine nur zweijährige Gewährleistungspflicht gilt für Sachmängel des Grundstücks, etwa wenn die Bodenbeschaffenheit für Baugrundprobleme sorgt oder eine Kontaminierung des Untergrunds durch frühere Nutzung vorliegt, man spricht dann von Altlasten. Auch eine abweichende Grundstücksgröße ist ein Sachmangel.

**Achtung!**
Vereinbaren Sie auf jeden Fall eine 5-jährige Gewährleistungspflicht, entweder nach BGB oder mit der Formulierung „abweichend von den Regelungen der VOB/B". Ein Kaufvertrag, der zu diesem Thema gar nichts sagt, ist insgesamt kritisch zu sehen.

Übrigens können auch längere Gewährleistungsfristen vereinbart werden – ein sich seiner Bauleistung bewusster Anbieter könnte das tun.

Worauf Sie bei Mängeln achten müssen, steht in Kapitel Baubegleitung und Abnahme.

Sollten sich im Kaufvertrag Klauseln befinden wie „Für die Beschaffenheit von Grund und Boden wird vom Verkäufer keinerlei Haftung übernommen", sollten Sie auf jeden Fall auf ein Bodengutachten bestehen, das auf Kosten des Verkäufers anzufertigen ist.

## 7.3.6 Abtretung von Gewährleistungsansprüchen

Der schönste Anspruch auf Mängelbeseitigung ist nichts wert, wenn der Bauträger innerhalb der vorgesehenen Zeit dann doch Insolvenz anmeldet oder einfach nur den Geschäftsbetrieb einstellt.

Grundsätzlich ist nämlich nur der Bauträger oder der GU/GÜ Anspruchsgegner – fällt dieser aus, bleibt man als Käufer auf dem Mangel sitzen. Dagegen hilft, im Vertrag festzuhalten, dass in einem solchen Fall die Gewährleistungsansprüche an die Handwerker abgetreten werden, die das mangelhafte Gewerk erstellt haben.

Viele Bauträger sehen sich damit allerdings aus dem Schneider, wenn es zu Mängeln kommt, und verweisen direkt auf den Handwerker. Das ist unzulässig, denn der Bauträger ist eigentlicher Vertragspartner, und nur wenn dieser ausfällt, soll der Zugriff auf den Handwerker möglich sein (BGH VII ZR 493/00).

**Achtung!**

Dieses Durchreichen von Mängelbeseitigungsansprüchen findet da ein jähes Ende, wo der Handwerker selbst vom Bauträger nicht bezahlt wurde. Dann wurde der Vertrag zwischen Bauträger und Handwerker nicht erfüllt, und es gibt auch keine Pflichten auf Mängelbeseitigung durch den Handwerker. Das Nachsehen hat dann der Käufer.

Dennoch: eine Abtretung der Gewährleistungsansprüche sollte für den Fall, dass der Bauträger diese nicht leisten kann, im Vertrag vorgesehen werden.

### 7.3.7 Streitschlichtung

Es kann immer wieder zu Konflikten am Bau kommen, und am besten sieht der Kaufvertrag vor, wie dieser Streit geschlichtet werden kann.

**Beispiel**

„Sollte zwischen den Parteien Streit darüber entstehen, ob der vom bauleitenden Architekten attestierte Bautenstand erreicht ist oder sollte es über die Frage der Bezugsfertigkeit, der Fertigstellung, der Mängelbeseitigung oder der Vornahme der Restarbeiten zum Streit kommen, entscheidet auf Antrag einer oder beider Parteien ein von der zuständigen IHK zu benennender Sachverständiger. Die dadurch entstehenden Kosten gehen zu Lasten der unterlegenen Partei." Eine solche Klausel regelt recht klar, wie man zu einem Schiedsspruch kommt, die Lösung ist im Sinne einer zügigen Baufertigstellung ausreichend unkompliziert. Kümmern Sie sich als Käufer um die Auswahl des Bausachverständigen, er sollte Ihnen versichern, in keinem geschäftlichen Verhältnis zum Bauträger zu stehen oder gestanden zu haben.

Ohne Streitschlichtungsmöglichkeit entsteht erst einmal Streit darüber, wie ein Streit zu schlichten sei: Verzögerungen sind programmiert.

Allerdings darf eine solche Klausel nicht ausschließen, dass eine der beiden Parteien den Schiedsspruch etwa einer gerichtlichen Nachprüfung unterzieht; sie wäre dann ungültig. So wäre ein Satz wie „Die Entscheidung des Gutachters ist für beide Parteien verbindlich" unwirksam, möglicherweise mit ihm die gesamte Klausel.

Die Streitschlichtungsklausel gilt nicht automatisch in der Gewährleistungszeit fort, am besten regelt der Kaufvertrag auch, wie bei Streit über das Vorliegen eines Mangels nach der Abnahme vorgegangen wird – ansonsten bleibt nur der Weg über Gerichte, um diese zu klären.

## 7.3.8 Hausrecht

Bis zur vollständigen Zahlung des Kaufpreises und dem Eigentumsübergang hat der Bauträger das Hausrecht auf der Baustelle. Im Kaufvertrag sollte klar und eindeutig geregelt sein, dass der Käufer und jede von ihm bevollmächtigte Person ohne Vorankündigung und zu jeder Zeit Grundstück und Baustelle betreten darf.

**Beispiel**

In einem Internetforum zitierte ein Käufer aus einem Schreiben, das ihm sein Bauträger geschickt hat: „Da Sie erneut für Unruhe sorgen und den Bauablauf irritieren, sehen wir uns gezwungen, gem. § 3 Abs. 5 Kaufvertrag von unserem Hausrecht Gebrauch zu machen und verweisen Sie bis zur Übergabe der Baustelle. Ein Betreten Ihrerseits bzw. Ihrer Frau wird von nun an als Hausfriedensbruch angesehen." Möglicherweise ist das tatsächlich statthaft, wenn im Kaufvertrag kein unbedingtes Betretungsrecht vorgesehen ist.

Das Betretungsrecht sollte sich auch auf vom Käufer beauftragte Personen, etwa einen Bausachverständigen oder andere Handwerker, die zum Beispiel die Küche montieren, beziehen. Ohne dass es deklariert werden muss, sind von den Personen, die die Baustelle betreten, alle Schutzvorschriften, etwa die Helmpflicht, einzuhalten. Im Bezug gerade auf die Baustellensicherheit hat die Bauleitung das letzte Wort. Manche Bauträger versuchen die Haftung für Unfälle auf der Baustelle für die erlaubte Betretung auszuschließen, das ist jedoch nicht möglich.

## 7.3.9 Bauleitung

Die Landesbauordnungen schreiben in der Regel die Benennung eines Ansprechpartners für die Baudurchführung vor, den Bauleiter. Er ist Ihnen rechtzeitig vor Baubeginn zu benennen und der erste Ansprechpartner bei Problemen, Fragen und Wünschen. Allerdings: der Bauleiter ist immer im Auftrag des Bauträgers unterwegs und keineswegs Sachwalter der Interessen des Käufers.

## 7.3.10 Fertigstellung

Ein entscheidender Punkt im Vertrag ist, wann das Haus bezugsfähig ist. In der Bauphase werden Sie alle Hände mit Organisatorischem voll zu tun haben – und das neben den üblichen Kleinigkeiten wie arbeiten gehen und Familie versorgen. Entscheidend ist also eine Planungssicherheit für das Kündigen bisheriger Wohnungen, das Einreichen von Urlaub für Arbeiten in Eigenleistung oder den Umzug. Erstaunlich ist dennoch, wie oft nur vage und unklar von einem Fertigstellungstermin für das Haus die Rede ist.

Bei diesem zentralen Punkt muss daher gelten: ein Datum gehört in den Vertrag. Und zwar konkret, nicht mit Formulierungen wie „strebt an" oder „beabsichtigt". Beispiel: „Der Verkäufer verpflichtet sich, das vertragsgegenständliche Objekt bis zum 1.9.2012 bezugsfertig zu erstellen."

In diesem Falle können noch Restarbeiten nötig sein (siehe oben), aber das Ziel des Käufers, nämlich seine alte Wohnung verlassen zu können, wird erfüllt.

Nun darf die Festlegung eines Termins nicht ohne eine Benennung der Konsequenzen bleiben, wenn er nicht eingehalten wird: eine **Vertragsstrafe**. Denkbar ist, diese pro Tag oder pro angefangenem Monat zu vereinbaren. Ihre Höhe muss zwei Kriterien erfüllen: zum einen hat sie die tatsächlich entstehenden Schäden zu decken, etwa weiter zu zahlende Miete, während bereits Zinsen und Tilgung für das Baudarlehen fällig werden, Kosten für das Einlagern von Umzugsgut oder Ähnliches. Dabei darf die Strafe durchaus über dem entstehenden Schaden liegen, denn es handelt sich ja nicht nur um bloßen Schadensersatz – auf eine solche Einschränkung auf den tatsächlich entstandenen Schaden sollten Sie sich auch nicht einlassen, denn dann müssen Sie im ganzen Durcheinander auch noch anfangen, Belege für Schäden zu sammeln.

Zum zweiten sollte die Vertragsstrafe auch wehtun, sich also in einem für den Bauträger spürbaren Rahmen bewegen.

Der BGH hält eine Vertragsstrafe von 0,3 Prozent der Bausumme je Werktag Fristüberschreitung bis maximal 5 Prozent des Gesamtbetrages für angemessen (Az.: BGH VII ZR 210/01).

## Beispiel

Bei einem Kaufpreis von 250.000 Euro wären dies 750 Euro pro Tag bis zu maximal 12.500 Euro Gesamtstrafe, die nach etwas über drei Wochen fällig wären. Dauert der Verzug länger, dann müssen Sie die tatsächlich entstandenen, über diesen Betrag hinausgehenden finanziellen Schäden separat einklagen.

Das ist allerdings sehr happig für den Bauträger, selbst bei 400 Euro am Tag oder 5.000 Euro pro angefangenem Monat dürfte seine Motivation zur Fertigstellung ausreichend hoch sein.

Es sollte eine verschuldensunabhängige Regelung ausgehandelt werden, die den Bauträger unabhängig von eigenen Versäumnissen trifft. Einzig Streiks und Aussperrung sowie „unabwendbare Umstände" sowie Behinderungen aus dem Risikobereich des Bauherren können nach § 6 VOB/B verhindern, dass gezahlt werden muss. Hier kann es natürlich Streit geben, wenn etwa der Bauträger behauptet, die Sonderwünsche des Kunden hätten die Verzögerung bewirkt. Darauf kann er sich nicht berufen, wenn diese Sonderwünsche bereits im Kaufvertrag festgelegt wurden und nur kleinere Änderungen in der Bauzeit hinzukamen.

Schafft es aber etwa der Käufer nicht, seine verabredeten Eigenleistungen etwa im Innenausbau zu erbringen und verhindert so den Abschluss wichtiger Arbeiten, wird sich der Bauträger ebenfalls gegen die Zahlung einer Vertragsstrafe stemmen.

## Achtung!

Wird der ursprüngliche Fertigstellungstermin einvernehmlich verändert, so muss das Fortbestehen einer Vertragsstrafe dabei mit dokumentiert werden. Die ursprünglich vereinbarte Regelung wird nicht automatisch auf den neuen Termin übertragen (KG Berlin Az.: 7 U 6018/99)!

Zu den vertraglichen **Nebenpflichten** des Bauträgers gehört es, den Käufer frühzeitig über eventuelle Verzögerungen in der Fertigstellung zu informieren. In der Praxis ist diese Informationspolitik eher selten. Daher ist es sinnvoll, zu vereinbaren, dass der Käufer zu Beginn der Bauarbeiten einen Bauzeitplan erhält. In diesem wird eingetragen, für welche Kalenderwochen welche Arbeiten bis zur Fertigstellung geplant sind. Anhand dieses Bauzeitplans kann der Käufer verfolgen, ob das gesamte Bauwerk Aussichten hat, fristgemäß fertiggestellt zu werden.

### 7.3.11 Sonderwünsche

Ist der Kaufvertrag erst unterschrieben, ist die Verhandlungsposition des Käufers dahin. Dann wird gebaut, geliefert und gezahlt. Wem jetzt noch gute Ideen kommen, der darf sich nicht wundern, dass Sonderwünsche entweder gar nicht mehr möglich sind oder sehr teuer werden.

Also gehören alle Vereinbarungen über Sonderwünsche, die von der Baubeschreibung abweichen, in den Kaufvertrag. Eine Floskel wie „Es sind Sonderleistungen vereinbart worden, die separat angerechnet werden" bedeutet wenig. Wie schon bei der Baubeschreibung kommt es bei den Sonderwünschen auf klare und unmissverständliche Formulierungen an, die bis zu Herstellerangaben und Typbezeichnungen gehen sollten.

In einer Klausel sollte auch festgestellt werden, dass weitere Sonderwünsche gegen Aufpreis möglich sind.

### 7.3.12 Sicherungsleistungen

Seit 2009 muss der Bauträger oder der GU/GÜ eine Sicherheit für den Käufer in Höhe von 5 Prozent der Bruttovertragssumme stellen. Fällig wird diese mit Zahlung der ersten Abschlagszahlung. Das soll den Kunden im Falle eines Ausfalls des Vertragspartners schützen.

Häufig wird diese Sicherung durch eine Fertigstellungsbürgschaft durch eine Bank oder eine entsprechende Versicherung gestellt.

Hier gilt es einzuhaken, denn für den Käufer ist es von größtem Interesse, nicht nur in Höhe dieser 5 Prozent, sondern vollumfänglich gegen eine Insolvenz des Bauträgers geschützt zu sein.

Dies kann eine Ausführungsbürgschaft sein, die die Fertigstellung des Bauwerks sichert, eine Gewährleistungsbürgschaft, die für die Mängelbeseitigung innerhalb der gesetzlichen Fristen steht, oder eine Kombination aus beidem, eine **Vertragserfüllungsbürgschaft**.

Diese Bürgschaften kosten Geld, das Sie als Käufer indirekt oder direkt zu zahlen haben. Es ist aber gut investiert. Sie belasten allerdings auch den Bauträger.

**Achtung!**

Sollte der Bauträger keine Bürgschaft vereinbaren wollen, selbst wenn Sie angeben, die Mehrkosten zu übernehmen, dann kann es sein, dass es um die Solvenz des möglichen Vertragspartners nicht allzu gut bestellt ist – er bekommt dann einfach keine Bürgschaft. Fragen Sie hartnäckig nach.

Lassen Sie sich die Bürgschaftsbedingungen direkt von der Bank oder der Versicherung an die eigene Adresse zusenden, nicht über den Bauträger. Klauseln, nach denen der Notar die Bürgschaftsurkunde aufbewahrt, sind zumeist ungültig (BGH, AZ: VII ZR 229/05).

Es kann umgekehrt sein, etwa wenn Sie den Kaufvertrag alleine aus Eigenmitteln bedienen, dass der Verkäufer von Ihnen eine Bankbürgschaft verlangt, um die Zahlung sicherzustellen. Diese Bürgschaft begründet einen direkten Auszahlungsanspruch des Verkäufers gegenüber der Bank. Daher sollte diese **Bankbürgschaft** klar mit dem Zusatz „Nicht auf erste Anforderung" gekennzeichnet sein. Denn ansonsten muss die Bank das Geld an den Bauträger auszahlen, ohne dass dieser nachweisen muss, die Forderung bereits bei Ihnen geltend gemacht zu haben. Auch eine Formulierung „unter Verzicht auf Widerspruch" ist nachteilig für Sie. Der Bauträger sollte bei Streitigkeiten nicht einfach die Bürgschaft einziehen und sich so in Vorteil bringen dürfen.

Zu klären ist auch, was mit eventuell vorhandenen Grundschuldeintragungen des Finanzierers des Bauträgers geschieht. Möglicherweise hat auch der sich sein Pfandrecht eintragen lassen. Damit dieses Grundpfandrecht gelöscht wird sobald das Eigentum übergeht, also die Voraussetzungen der Auflassung erfüllt sind, bedarf es eines so genannten **Freigabeversprechens** der finanzierenden Bank. Darin steht kurz gefasst: wenn der Bau erstellt, abgenommen und bezahlt ist, dann lösche ich die eingetragene Grundschuld. Gibt es eine solche Regelung, dann kann die Bank im Freigabeversprechen regeln, dass die Zahlung der Raten auf ein bestimmtes Konto der Bank zu erfolgen hat und nicht an den Bauträger. Das sollte man genau prüfen. Auch die Urkunde zum Freigabeversprechen gehört direkt in den Besitz des Käufers.

### 7.3.13 Weitere Vertragsbestandteile: Anlagen und Teilungserklärung

Zum Kaufvertrag können weitere Bestandteile hinzutreten, die Baubeschreibung wurde ja bereits genannt.

### Anlagen

Wenn nicht bereits in der Baubeschreibung vorgesehen, sollte festgelegt werden, dass alle Unterlagen wie Planzeichnungen, eine Kopie der Baugenehmigung oder der eingereichten Bauvorlagen für den Fall, dass keine Baugenehmigung nötig ist, übergeben werden. Auch der Energiebedarfsausweis ist nach Fertigstellung dem neuen Eigentümer zu übergeben.

### Teilungserklärung

Bei vielen Reihenhausprojekten, aber auch bei anderen Gebäudeformen in neuen Baugebieten gehören **Gemeinschaftseinrichtungen** häufig zum Kaufvertrag. Da wird ein gemeinsamer Parkplatz oder eine Tiefgarage eingerichtet, aber auch andere Gemeinschaftseinrichtungen wie Spielplätze oder Gartengrundstücke sind denkbar. Ebenfalls im Trend sind gemeinsame Heizungsanlagen, teilweise als Blockheizkraftwerke ausgeführt.

Die anfallenden laufenden Kosten für das Gemeinschaftseigentum und eventuell auch verbrauchsabhängige Kosten wie bei der Heizung sind von allen Miteigentümern zu tragen. Es ist zu regeln, wie über das gemeinschaftliche Eigentum verfügt und entschieden wird und vieles mehr.

Im Zentrum der vertraglichen Vereinbarung über gemeinsames Eigentum steht die sogenannte **Teilungserklärung**. Sie umfasst folgende Punkte:

In der Teilung wird das Gemeinschaftseigentum in Promille-Anteile (1/1000) aufgeteilt und auf den einzelnen Wohneigentumsparteien zugeordnet.

**Beispiel**

Eine Reihenhausanlage umfasst 16 Reihenhäuser. Der gemeinsame Parkplatz umfasst je zwei Stellplätze, insgesamt also 32. Zu jedem Reihenhaus gehören also 62,5 Promille, einfacher zu verstehen 6,25 Prozent Anteile an diesem Gemeinschaftseigentum – 16 mal 6,25 Prozent macht 100 Prozent der Anlage. Mit Promillewerten wird gerechnet, da das Gesetz an größere Gebilde mit deutlich mehr Wohneinheiten denkt.

In einer Gemeinschaftsordnung wird festgelegt, wie das Verhältnis der Eigentümer untereinander bestimmt wird. In einer **Gebrauchsregelung** können einzelne Eigentümer **Sondernutzungsrechte** erhalten, Nutzungen ausgeschlossen oder zugelassen werden. Sondernutzungsberecht bezieht sich etwa darauf, dass die Stellplätze unter den Hausbesitzern zugewiesen werden, so dass klar ist, wer welchen Stellplatz ausschließlich benutzen darf.

Das **Gemeinschaftseigentum** muss frei übertragbar sein, damit ein späterer Verkauf des Reihenhauses inklusive Gemeinschaftseigentum möglich ist. Auch eine **Weitervermietung** sollte möglich sein, wenn etwa im genannten Beispiel der Reihenhausbesitzer nur einen Stellplatz benötigt und den zweiten weitervermieten will.

Geregelt werden Vorgaben für die Instandhaltung und Veränderung des Gemeinschaftseigentums, sowie Entscheidungsregeln darüber, mit welcher Mehrheit etwa die Eigentümerversammlung Instandhaltungsarbeiten beschließen kann. Es gibt Regeln zur Sorgfaltspflicht der Miteigentümer und zu deren Haftung für eventuelle Schäden. Im Parkplatzbeispiel etwa darüber, wie es um die Räum- und Kehrpflichten steht: hier sind Haftungsfragen berührt, etwa wenn ein Passant auf einer vereisten Fläche ausrutscht und einen Schaden erleidet.

Ist die **Haftungsfrage** nicht geklärt, dann haftet die gesamte Eigentumsgemeinschaft.

Aufgeführt sind außerdem abzuschließende Versicherungen. Kernpunkt sind die Zahlungsverpflichtungen der Teilnehmer, der Wirtschaftsplan und die Abrechnungsmodalitäten. Interessant sind hier Regelungen zur **Instandhaltungsrücklage**, die gebildet wird, um spätere größere Investitionen zu bewältigen, ohne auf einen Schlag hohe Summen von allen Miteigentümern verlangen zu müssen.

In der Regel kümmert sich ein Verwalter um die Gemeinschaftsanlagen, dessen Bestellung und Honorierung geregelt werden müssen.

**Achtung!**

Hat der Bauträger diesen Verwalter eingesetzt, so gibt es möglicherweise Interessenskonflikte, wenn dieser etwaige Mängelansprüche gegenüber dem Bauträger verschleppt. Ein Problem entsteht auch bei der Frage, wer denn die erstellten Gemeinschaftseinrichtungen „abnimmt", also deren vertragsgemäße Erstellung feststellt. Die Bestellung eines „Erstverwalters" oder Sachverständigen zur Abnahme des Gemeinschaftseigentums durch den Bauträger ist laut BGH-Urteil vom 12.9.2013 (Az.: VII ZR 308/12) unzulässig. Alle Eigentümer gemeinsam müssen das Abnahmeprotokoll, in der Regel nach einer gemeinsamen Begehung, unterschreiben. Sind noch nicht alle Häuser oder Wohnungen verkauft, so ist die Abnahme nicht rechtskräftig. Die Gewährleistung in diesem Bereich beginnt aber erst mit der vollständigen Abnahme zu laufen.

Denkbar ist auch, dass der Bauträger etwa den Betrieb einer gemeinsamen Heizungsanlage an einen Auftragnehmer vergibt, der für einen festgelegten Zeitraum die „Wärme" an die Hausbesitzer verkauft. Solche Kontrakte und ihre Bedingungen müssen im Kaufvertrag klar festgelegt werden. Dabei geht es auch um den Zeitpunkt, zu dem die Eigentümergemeinschaft über den Betreiber der Anlage neu entscheiden kann.

**Achtung!**

Gemeinschaftliche Heizungsanlagen haben Kostenvorteile gegenüber einzelnen Heizungsanlagen für jedes einzelne Haus – in der Regel kann so effizienter geheizt werden. Im Haus entfällt der Hausanlagenraum, in dem die Heizung steht. Allerdings gilt, wie in einer Mietwohnung, dass der tatsächliche Verbrauch abgerechnet werden kann, etwa über Wärmezähler. Deren Betrieb, Ablesung und Abrechnung verursachen dann wieder Kosten. Hundertprozentig autarker Hausbesitzer ist man mit einer solchen Anlage nicht.

# Baubegleitung und Abnahme

Nach Abschluss des Kaufvertrages könnte der Käufer eigentlich in Urlaub fahren und erst zum Fertigstellungstermin wieder auftauchen, das Haus in Empfang nehmen und glücklich einziehen. In der Praxis ist der engagierte Käufer gefragt, denn jetzt geht es darum, ob das zu erstellende Gebäude über Jahrzehnte seine Funktion ordentlich erfüllen kann.

- Ein Hausbau ohne eigenen **Bausachverständigen** stellt ein hohes Risiko dar, da erfahrungsgemäß eine Vielzahl von Mängeln auftreten.

- Der Bausachverständige nimmt **fünf bis acht Termine** auf der Baustelle wahr, die Kosten hierfür betragen zwischen 900 und 3.200 Euro. Bausachverständige können beispielsweise unabhängige Bauingenieure und Architekten sind, häufig sind es aber von Vereinen oder Organisationen vermittelte Fachleute.

- In der Bauphase sollten Bausachverständiger und Käufer ein **Team** bilden. Der Käufer sollte häufig auf der Baustelle präsent sein und den Fortschritt mit der Kamera dokumentieren.

- Die **Abnahme** ist der wichtigste Termin nach der Unterzeichnung des Kaufvertrags, da sie mit zahlreichen Rechtsfolgen versehen ist. Ab diesem Tag können Ansprüche auf Mängelbeseitigung nur viel mühsamer durchgesetzt werden.

- Vor Ablauf der **Gewährleistungsfrist** ist ein letzter Rundgang durchs Haus nötig, um mögliche Mängel noch rechtzeitig geltend zu machen.

Mit Beginn der Bauarbeiten beginnt für den Käufer, der ja nicht Bauherr ist, sondern nur die Entstehung seines Kaufobjekts begleitet, der anstrengende Teil des Hauskaufs. Für etwas Ruhe sorgen nur die Wochen der Erdarbeiten und die hoffentlich vorgesehenen Trockenzeiten. Sobald es an den Rohbau geht, ist er als kritischer Beobachter der Entstehung des Hauses gefragt.

Die in diesem Kapitel gegebenen Hinweise und Informationen über mögliche Schwachstellen machen aus dem Bau-Laien keinen Bauexperten. Doch da ein begleitender Sachverständiger ja nicht jeden Tag auf der Baustelle nach dem Rechten sieht, kommt der Käufer nicht darum herum, selbst auf die Suche nach Pfusch am Bau zu gehen.

Umgekehrt gilt aber auch: Ganz alleine den Handwerkern auf die Finger zu schauen, führt zu häufigen Fehlalarmen, was Bauträger und Handwerker nervt, und dennoch werden die echten „Klöpse" womöglich nicht entdeckt. Das folgende Beispiel stammt aus der Praxis des Verbands Privater Bauherren.

**Beispiel**

Eine Familie in Sachsen baute ein Haus mit einem Bauträger. Der Mann war Alleinverdiener im Niedriglohnsektor. Die Familie verausgabte sich finanziell bis an ihre Grenzen. Um Geld zu sparen, überwachte der Vater die Baustelle selbst. Als er schwer erkrankte, heringing ihn der Bauträger: Statt der im Bauvertrag beschriebenen Wände, baute er Industriebauwände aus Gasbeton ein. Im Dach ließ er die Dämmung teilweise komplett weg. Zum Schluss fälschte der Bauleiter sogar die Unterschrift des Käufers, um weitere Zahlungen bei der Bank zu erwirken.

Im „Zweiten DEKRA-Bericht zu Mängeln an Wohngebäuden" (www. dekra.de) aus dem Jahr 2007 werden die Schäden durch schlechte Arbeit auf Baustellen auf 1,4 Milliarden Euro pro Jahr geschätzt.

Die DEKRA, ein Anbieter von Baubegleitung und daher durchaus an der Darstellung der Notwendigkeit dieser Tätigkeit interessiert, wertete 50 Bauprojekte und 189 Baustellenbesuche aus. Selbst wenn man der Organisation unterstellt, eher zu schlechte als zu gute Zahlen präsentieren zu wollen, ist das Ergebnis doch wenig schmeichelhaft für die deutsche Bauwirtschaft: Die Studie stellte dabei durchschnittlich 32 Mängel pro Projekt fest. 56 Prozent der Mängel wurden dabei bereits vor der Abnahme identifiziert. Die durchschnittlichen Kosten der Mängelbeseitigung lagen bei 10.300 Euro.

Als eindeutige Schwachpunkte mit einer Vielzahl von Mängeln zeigten sich die Bereiche

- Fenster und Außentüren

- Putz- und Stuckarbeiten

- Wärmeerzeuger und zentrale Einrichtungen, Heizflächen, Rohrleitungen, Armaturen, Gas- und Wasserinstallationsarbeiten

Auch der Bauherren-Schutzbund berichtet aus seiner Praxis: Danach treten rund 12 Mängel während der Bauzeit auf, davon acht bei der Abnahme und drei in der Gewährleistungszeit.

In seiner Untersuchung von 2015 zusammen mit dem Institut für Bauforschung wurden 600 Baustellenkontrollen bei 70 Bauvorhaben, die zwischen 2013 und 2015 fertig gestellt wurden, erfasst. Dabei wurden 1.642 Mängel erfasst, das macht rund 20 Mängel pro Bauprojekt. Die höchsten **Mängelquoten** gab es bei diesen Bauteilen:

- Gebäudeabdichtung/Perimeterdämmung (19 Prozent aller Mängel)

- Innenputz/Estrich/Innenausbau (17 Prozent)

- Rohbau/Statik/Dachkonstruktion (14 Prozent)

- Wärmedämmung/Schallschutz/Brandschutz (11 Prozent)

- Technische Anlagen (10 Prozent)

- Fassade/Dach/Dachentwässerung (8 Prozent)

- Fenster/Türen (8 Prozent)

Zu vorausgegangenen Untersuchungen sind vor allem die Beanstandungen im Bereich Gebäudeabdichtung und Perimeterdämmung stark angestiegen. Steigerungen gab es auch bei Innenputz/Estrich/Innenausbau, während bei Türen und Fenstern ein deutlicher Rückgang der Mängel zu beobachten war. Gegenüber der Untersuchung von 2011 hat die Zahl der Mängel um 10,28 Prozent zugenommen.

Insofern ist dieses Kapitel möglicherweise, im Gegensatz zum Versprechen in der Einleitung, geeignet, dem zukünftigen Hausbesitzer Angst einzujagen. Das ist aber nicht beabsichtigt. Es geht darum, auf die Bedeutung der Rolle einer guten Zusammenarbeit zwischen dem Bausachverständigen und dem Käufer hinzuweisen – nur beide zusammen können dafür sorgen, dass das Traumhaus nicht zum Alptraumhaus wird.

**Wichtig**

Sprechen Sie frühzeitig den Bauträger darauf an, dass Sie den Bauverlauf durch einen eigenen Sachverständigen begleiten lassen. Der Bauträger sollte dabei nicht zurückzucken.

## 8.1 Bausachverständigen beauftragen

Eine Baubegleitung kann durch einen selbst gefundenen und beauftragten Bausachverständigen erfolgen oder durch einen von einer Organisation oder Verein vermittelten Sachverständigen. Die bereits angesprochenen Vereine Bauherren-Schutzbund e.V., Verband Privater Bauherren e.V. und Wohnen im Eigentum e.V. haben in den Regionen Baubegleiter, die mit ihnen fest zusammenarbeiten. Ebenfalls sind auf dem Markt verschiedene Technische Überwachungs-Vereine (TÜV) und die DEKRA tätig.

Im Normalfall werden Besichtungstermine vor Ort auf der Baustelle mit dem Sachverständigen vorgenommen. Typischerweise sind das mindestens fünf, häufig jedoch bis zu acht Termine, auch abhängig davon, ob ein Keller zum Haus gehört oder ob der Baufortschritt die gemeinsame Begutachtung verschiedener Einzel-Gewerke ermöglicht, da diese gleichzeitig begutachtet werden können.

Der Verband Privater Bauherren schlägt folgende Termine vor:

1. Nach Ende der Erdarbeiten, vor Betonierung der Bodenplatte. Ein recht kurzer Termin, der Aufschluss über die Vorarbeiten gibt.

2. Nach Fertigstellung des Kellergeschosses zur Kontrolle der Abdichtung, vor der Anbringung der Dämmung und vor allem vor Verfüllung der Baugrube.

3. Nach Fertigstellung des Rohbaus mit Dachstuhl und Dacheindeckung, allerdings vor der Dämmung des Daches, um die Arbeit noch in Augenschein nehmen zu können.

4. Nach Abschluss der Rohinstallationen von Heizung und Elektro vor Aufbringung des Innenputzes, der sonst eine Kontrolle unmöglich macht.

5. Während der Fassadenarbeiten, wenn etwa eine Hausseite oder die Arbeiten am Erdgeschoss zur Hälfte erledigt sind. Hier kann nur während der Arbeiten geprüft werden, ob Dämmung und Abdichtung in Ordnung sind.

6. Blower-Door-Test.

7. Kurz vor Ausbringung des Estrichs, um Trittschalldämmung und eine eventuell vorhandene Fußbodenheizung zu kontrollieren.

8. Abnahme des gesamten Gebäudes.

Je nach Bauablauf können auch Termine zusammengelegt werden. Normalerweise wird jeder einzelne Einsatz nach Dauer zuzüglich Anfahrtskosten berechnet. Zur Leistung des Sachverständigen gehört eine schriftliche Mängelliste.

## 8.1.1 Auswahl des Sachverständigen

Bei der Auswahl des Sachverständigen sollten Sie folgende Kriterien anlegen:

- Nähe zum Bauobjekt: sowohl um die Fahrtkosten des Sachverständigen in Grenzen zu halten als auch im Sinne größerer Flexibilität, wenn einmal eine außerordentliche Besichtigung stattfindet.

- Sprechen Sie mit dem potenziellen Sachverständigen den Bauzeitenplan durch (siehe unten) und achten Sie darauf, dass dieser während der gesamten Bauphase verfügbar ist oder einen Stellvertreter benennt.

- Klären Sie die entstehenden Kosten bei durchschnittlichem Beratungsbedarf gründlich ab.

- Auch hier gilt wie beim Bauträger: fragen Sie nach Referenzen und erkundigen Sie sich bei früheren Auftraggebern. Diese sollten schon eine Weile in ihrem Haus wohnen, um beurteilen zu können, ob die Baubegleitung funktioniert hat.

**Beispiel**

Die Stiftung Warentest hat 2010 Kosten für eine Baubegleitung verschiedenen Anbietern verglichen. Dabei entstanden Kosten zwischen 775 Euro und 3.213 Euro. Am günstigsten waren die Angebote der Bauherrenvereine und der Verbraucherzentralen. Bei den Vereinen kommt allerdings der Mitgliedsbeitrag (für das erste Jahr zwischen 70 und 184 Euro) hinzu.

Am teuersten war der TÜV Süd (3.300 Euro für nur vier Termine vor Ort), TÜV Rheinland (3.213 Euro), gefolgt von DEKRA (3.175 Euro), TÜV Nord (3.170 Euro) und TÜV Thüringen (2.500 Euro).

Den Test gibt es kostenlos unter https://www.test.de/Bauvertrag-Fallen-vermeiden-1858398-2858398/

In der Zusammenarbeit mit dem Sachverständigen ist wichtig, dass dieser Sie für den kommenden Bauabschnitt auf Arbeiten hinweist, auf die Sie selbst bei Ihren Baustellenbesuchen achten können und Hinweise gibt, wann Sie misstrauisch werden müssen. Sprechen Sie dieses Teamwork mit ihm ab, er sollte auch zwischendurch zu vernünftigen Preisen in der Lage sein, eingesandte Fotos von Ihnen einer Kontrolle zu unterziehen.

**Wichtig**
Kurz und knapp: Geben Sie das Geld für einen Bausachverständigen aus!

## 8.1.2 Dokumentation

In der Bauphase gibt es für den zukünftigen Eigentümer eine Menge zu tun – ziemlich regelmäßig müssen etwa Entscheidungen getroffen werden, wenn von der Baubeschreibung abgewichen werden soll oder Dinge vereinbart werden müssen, die leider in der Baubeschreibung nur unzureichend geregelt wurden. Dabei sollte von Anfang die Dokumentation der getroffenen Entscheidungen und des Baufortschritts mitgedacht werden.

Der Eigentümer sollte zuerst einen eigenen **Ordner** für den Schriftwechsel mit dem Bauträger anlegen. Denn alle Absprachen, die Sie vor Ort treffen, sollten, zum Vorteil für beide Seiten, schriftlich dokumentiert werden, um späteren Streit über mündlich getroffene Abmachungen zu vermeiden. Dazu sollte man sich bei jedem Termin Notizen machen und dann die Ergebnisse verschriftlichen, die gehen dann per E-Mail oder Fax an den Bauträger. Mit Formulierungen wie „aus meiner Sicht", „habe ich so verstanden" sollte er dann Gelegenheit bekommen, sein möglicherweise abweichendes Verständnis von den Vereinbarungen ebenfalls zu dokumentieren.

In diesen Ordner kommen dann auch nach und nach die **Rechnungen**, am Anfang werden das nur die des Bauträgers sein, wenn es an den Innenausbau geht und auch Eigenleistungen mit eigenem Material anfallen, kommen diese dazu.

Sinnvoll ist es, ein **Bautagebuch** zu führen. Nicht im Sinne einer perfekten allumfassenden Dokumentation, sondern eine Aufzeichnung aller Tage, die Sie auf der Baustelle sind, mit den an diesem Tag stattfindenden Arbeiten und den beteiligten Unternehmen. Auch hier sollten Absprachen kurz dokumentiert werden. Auch gibt es eine Spalte für festgestellte und reklamierte Mängel, auch deren Beseitigung kann hier dokumentiert werden.

Am Anfang kommt einem diese Tätigkeit möglicherweise überflüssig vor, aber nach Ende des Rohbaus wird es langsam unübersichtlich, weil viele Dinge gleichzeitig auf der Baustelle passieren.

Der Verband Privater Bauherren bietet eine Vorlage für das Führen eines eigenen Blogs als Bautagebuch im Internet an. Download der Unterlagen unter www.vpb.de.

Unter excel-vorlagen.net/bautagebuch-als-excel-vorlage/gibt es eine Mustervorlage für Excel, die ebenfalls das Führen des Tagebuchs vereinheitlicht.

## 8.2 Bauzeitplan

Bestehen Sie bei Beginn der Arbeiten auf der Übergabe eines **Bauzeitplans**, schließlich muss der Bauträger ja schon festgelegt haben, wann welche Arbeiten beginnen.

Diesen Plan können Sie selbst und Ihr Sachverständiger schon einmal einer kritischen Untersuchung unterziehen, nämlich ob die angegebenen Zeiten realistisch sind. Vor allem im Winterhalbjahr nehmen sich manche Bauträger zu viel vor.

Im Folgenden finden Sie eine Tabelle mit grob überschlägigen Angaben zum Ablauf von Bauarbeiten, die einen Eindruck vom Ablauf der Arbeiten vermitteln soll. Da jedes Bauprojekt anders ist, ergeben sich sicher Abweichungen zu Ihrem Bauträgerkauf. Allzu schnelle Planung im Vergleich zu diesen Angaben sollte Sie allerdings misstrauisch werden lassen.

Tabelle 25: **Bauzeitenplan: Musterzeiten**

| Kalender-woche | | | | | |
|---|---|---|---|---|---|
| 1 | Erdarbeiten | | | | |
| 2 | Erdarbeiten | Aushub | | | |
| 3 | Grundleitungen | | | | |
| 4 | Bodenplatte | | | | |
| 5 | Rohbau Keller | | | | |
| 6 | Rohbau Keller | | | | |
| 7 | Rohbau Erdge-schoss | | | | |
| 8 | Rohbau Erdge-schoss | | | | |
| 9 | Rohbau Dachge-schoss | | | | |
| 10 | Innenwände | Zimmerarbeiten | Elektroinstalla-tion | | |
| 11 | Innenwände | Dachdeckungs-arbeiten | Elektroinstalla-tion | Heizungsinstal-lation | Sanitärinstalla-tion | Fenster |
| 12 | Innenwände | Dachdeckungs-arbeiten | Klempnerarbei-ten | Heizungsinstal-lation | Sanitärinstalla-tion | Fenster |

Tabelle 25: **Bauzeitplan: Musterzeiten**

| Kalender-woche | | | | | | |
|---|---|---|---|---|---|---|
| 13 | Innenputz, Trockenbau | | Klempnerarbeiten | | | Rollladenbau |
| 14 | Innenputz, Trockenbau | Außenputz | | | | Rollladenbau |
| 15 | Estrich | Außenputz | Schlosserarbeiten | | | |
| 16 | Trockenzeit | | | | | |
| 17 | | | | | | |
| 18 | | | | | | |
| 19 | Fliesenarbeiten | | | | | |
| 20 | Fliesenarbeiten | Schreinerarbeiten | Werksteinarbeiten | | Haustüranlage | |
| 21 | | Schreinerarbeiten | Werksteinarbeiten | Malerarbeiten | | |
| 22 | | | | Malerarbeiten | | |
| 23 | Feininstallation Elektro | Heizung | Sanitär | | | |
| 24 | Feininstallation Elektro | Heizung | Sanitär | Bodenbeläge | | |

**Achtung!**

Gerade bei den Trockenzeiten werden Sie häufig feststellen, dass der Bauzeitenplan wesentlich kürzere Fristen vorsieht. Die Erklärung dafür lautet meist, die modernen Werkstoffe müssten nicht mehr so lange trocknen. Allerdings ist nach wie vor zu viel Feuchtigkeit im Gebäude beim Einzug ein großes Problem. Gerade weil die Gebäudehülle dicht sein soll, sollten Sie sehr auf die Trockenzeiten achten. Ist das Gebäude erst einmal bewohnt, bekommt man die Feuchtigkeit kaum aus den Wänden und dem Boden.

Der ideale Verlauf der Trockenzeit sieht so aus, dass die Heizung bei geschlossenen Fenstern voll läuft und mehrmals am Tage stoßgelüftet wird.

## 8.2.1 Die verschiedenen Bauphasen

Grundsätzlich sollten Sie bei Ihren Baustellenbesuchen eine Digitalkamera dazu benutzen, den Baufortschritt und Installationen zu dokumentieren. Machen Sie auch Fotos von den Beschriftungen angelieferter Baumaterialien – eventuell möchte der Bausachverständige bei dem ein oder anderen Gewerk wissen, was da genau verbaut wurde.

Wenn Sie mit Fachbegriffen am Bau in Kontakt kommen, dann können Sie unter www.das-baulexikon.de oder unter www.baulinks.de nachschlagen, worum es geht. Und wenn Sie Beispiele sehen wollen, wie am Bau gepfuscht werden kann, finden Sie diese unter www.baumurks.de und auf der Webseite des Bauherren-Schutzbunds www.bsb-ev.de.

### Aushub und Keller

Feuchte Keller sind der Alptraum jedes Hausbesitzers – die ersten Arbeiten auf der Baustelle legen die Grundlage für eine trockene Zukunft.

Grundsätzlich sollten Sie darauf achten, ob der Aushub rechtzeitig abgefahren wird und Mutterboden sowie Kiesmaterial/Hinterfüllmaterial getrennt gelagert werden. Klären Sie mit dem Bauleiter, ob der Aushub für die spätere Befüllung geeignet ist.

Achten Sie auch auf die **Baustellensicherung**. Auch Sie als Laie können beurteilen, ob diese ordnungsgemäß ist.

Lassen Sie sich über die vorgesehene Dämmung und den Schutz gegen Wasser aufklären und achten Sie darauf, dass ein eventuell anzulegender Isolieranstrich nicht zu dünn aufgetragen wird.

**Tipp**

Wenn Sie die Namen der verwendeten Materialien in Erfahrung bringen (Foto), finden Sie im Internet beim Hersteller normalerweise die ausführlichen Verwendungshinweise, an Hand derer Sie selbst prüfen können, ob nach Herstellerangaben gearbeitet wird.

**Beispiel**

Ein Bauträger erstellte normalerweise Reihenhäuser ohne Keller, bei dem Objekt, bestehend aus drei Reihenhäusern, bot er allerdings einen Keller an. Vorgesehen war die Verwendung einer druckwasserdichten, rissüberbrückenden und nahtlosen Bitumen-Kunststoffbeschichtung („Schwarze Wanne"). Diese Dickbeschichtung wurde auch aufgebracht und anschließend sofort die Baugrube verfüllt. Die Recherchen des Käufers im Internet ergaben allerdings, dass im Technischen Merkblatt des Herstellers unter „Folgearbeiten" ein nach DIN 18 195 notwendiger Anfüllschutz herzustellen ist. Dieser Schutz verhindert, dass etwa Steine im Erdreich auf Dauer in die zähklebrige Bitumenmasse eingedrückt werden und so die Dichtigkeit aufgehoben wird. Der Bauträger weigerte sich, den Anfüllschutz herzustellen, erst die Einschaltung des im Bauvertrag als Schlichter vorgesehenen vereidigten Sachverständigen zwang den Bauträger dazu, die Baugrube wieder auszuheben und den Anfüllschutz zu montieren.

Achten Sie darauf, was mit dem Bauschutt, etwa zerbrochenen Ziegeln oder anderem Abfall geschieht. Immer noch wird das Abfallmaterial wie Zementsäcke, Eimer und anderes gerne in der Baugrube entsorgt und der Bauherr muss sich dann mit den Folgen herumschlagen: der Boden gibt nach oder Steine dringen in die Kellerdämmung ein. Abfälle sind abzutransportieren.

Beim **Verfüllen** der Baugrube müssen Sie auf eine ordentliche **Verdichtung** achten: das Material ist lagenweise aufzubringen und durch einen Rüttler zu verdichten: Das dafür genutzte Material muss frei von Bauschutt, Ziegeln oder Betonresten sein.

**Wichtig**

Sprechen Sie den Unternehmer umgehend darauf an, wenn die Verfüllung vollständig stattfindet und nur die oberste Schicht verdichtet wird. Hier wird sich der Boden sehr schnell senken. Im Zweifel erstellen Sie eine Mängelanzeige (siehe unten).

## Rohbau

Achten Sie bei Reihen- oder Doppelhäusern auf die doppelte Ausführung der Wände zwischen den Häusern sowie die dazwischen liegende doppelte Schicht Dämmmaterial. Dieses Dämmmaterial ist mit versetzten Fugen auszuführen.

Kontrollieren Sie die Positionen von Türen und Fenstern, etwa wenn bodentiefe Ausführungen vorgesehen sind oder messen Sie nach, wenn Ihnen der ein oder andere Abstand zur Wand falsch vorkommt. Je früher hier Korrekturen stattfinden, desto besser für die Gebäudehülle. Spätere Ausstemmarbeiten und nachträgliches Einfügen von Mauerwerk ist nicht mal die drittbeste Lösung. Achten Sie auch auf eine lotrechte Ausführung.

Das Mauerwerk sollte aus einem Material und in einer Stärke erstellt werden. Gibt es Farbunterschiede zwischen verwendeten Steinen, fragen Sie nach dem Grund.

Wenn es Heizkörpernischen gibt, überprüfen Sie, ob diese wärmegedämmt sind.

Die Rollladenkästen müssen gerade eingebaut werden und dürfen nicht durchhängen.

Gerade in der Rohbauphase kann eindringendes Wasser zu großen Problemen führen, fragen Sie bei regnerischem Wetter nach Schutzmöglichkeiten für den Keller.

**Beispiel**

Familie K. schloss einen Bauträgervertrag über den Kauf eines Grundstücks und die Errichtung eines freistehenden Einfamilienhauses ab. Während der Bauphase wurde die Familie Mitglied im Bauherren-Schutzbund e.V. Durch einen undichten Pumpensumpf wurde der Keller – trotz mehrmaliger Nachbesserung durch den Auftragnehmer bereits vor Einschaltung des Bauherrenberaters – immer wieder überflutet. Der Bauherrenberater fertigte ein Gutachten zur Ursachenfeststellung des Mangels an, auf dessen Grundlage dann eine wirksame und fachgerechte Nachbesserung erfolgte. Die Kosten für die Beseitigung dieses Mangels betrugen circa 20.000 Euro.

## Zimmererarbeiten

Achten Sie darauf, dass das Holz für den Dachstuhl ausreichend trocken ist und informieren Sie sich über das Holzschutzmittel, mit dem das Holz imprägniert wurde. Besonders bei ausbaubaren Dachböden ist darauf zu achten, dass es nicht mit gesundheitsschädlichen Mitteln bearbeitet wurde.

Die Schnittflächen der sichtbaren Holzteile sollten gehobelt sein. Falls Sie einen Lieferschein oder Ähnliches zu Gesicht bekommen: das Holz sollte Güteklasse II und Schnittklasse A erfüllen. Metallteile und Verbindungen sollten verzinkt sein.

Risse im Holz sind dagegen überwiegend vollkommen normal, nur Sachverständige können abschließend beurteilen, ob minderwertiges Holz zum Einsatz kommt. Grob kann gelten: Eine Risstiefe von weniger als $1/4$ der Holzdicke ist ebenso unbedenklich wie eine Risslänge von weniger als $1/3$ der Gesamtbalkenlänge.

**Beispiel**

Im Rahmen einer der regelmäßig mit dem Bauherren vereinbarten Baukontrollen, fiel dem Sachverständigen des Verbands Privater Bauherren bei einem Holzhaus auf, dass es ein Problem beim Wandaufbau gab: Die Holzfaserdämmung zeigte einen leichten grünlichen Film an der Oberfläche. Nach der Untersuchung stellte sich der Belag als Schimmel heraus.

Weitere Untersuchungen ergaben, dass der gesamte Wandaufbau mit Schimmel durchdrungen war. Diese Erkenntnis führte zu verschiedenen Überlegungen, wie das Problem gelöst werden sollte. Das Ergebnis: Es blieb nur der Abriss des Hauses, das zu diesem Zeitpunkt bereits zu 90 Prozent fertiggestellt war.

Ohne Baukontrollen des neutralen Dritten, in diesem Fall des VPB-Beraters, wäre dieses Problem nicht aufgefallen. Wahrscheinlich hätten die Bewohner eines Tages über gesundheitliche Probleme geklagt, deren Ursache vermutlich nicht in der Gebäudehülle gesucht worden wäre – und wenn doch, so wäre wahrscheinlich die Gewährleistungszeit verstrichen gewesen.

## Spengler- und Dachdeckerarbeiten

Achten Sie bei den Regenrinnen darauf, ob das vereinbarte Material verwendet wird, also Kupfer, Zink oder anderes. Überprüfen Sie auch, ob die Regenrinnen das nötige Gefälle, hin zum Fallrohr, haben.

Meist werden die Regenrinnen montiert, die Fallrohre aber möglicherweise erst mit dem Außenputz. Liegt in der Nähe des Fallrohrs ein Lichtschacht, läuft während der Bauphase bei Regen schnell der Keller voll. Besprechen Sie mit dem Bauträger oder Ihrem Sachverständigen die Notwendigkeit, eventuell provisorische Fallrohre anzubringen!

**Tipp**

Lassen Sie sich ein paar Reserve-Dachpfannen für später möglicherweise notwendige Reparaturarbeiten geben!

Bei Flachdächern gilt es, besonders auf die Dichtigkeit und Dämmung zu achten.

## Elektroarbeiten

Besprechen Sie die Installation von Sicherungskasten und Stromzähler und prüfen Sie die ordentliche Beschriftung des Sicherungskastens. Besprechen Sie auch die Lage von Schaltern und Steckdosen (und prüfen Sie noch einmal, wie viele Exemplare Ihnen nach Baubeschreibung zustehen). Fertigen Sie zusammen mit dem Installateur einen Lageplan an, am besten in großem Maßstab für jeden Raum einzeln.

Bei der Vormontage ist die Estrichhöhe zu beachten, vor allem bei vorgesehenen Fußbodenheizungen – die Standardhöhe für Schalter ist 1,05 Meter über der Oberkante des Fußbodens, Steckdosen 30 cm und Geräteanschlussdosen 20 cm.

Gerade für die Küche ist eine exakte Planung der Anschlusspositionen wichtig, eventuell fertigt Ihnen der Küchenbauer einen solchen Anschlussplan an.

Strom-, Telefon- oder Datenkabel müssen in räumlichem Abstand voneinander verlegt werden, um spätere Störungen zu vermeiden.

Überall müssen die Kabel mit ausreichender Länge aus der Wand ragen. Vor allem Fliesenleger und Elektroinstallateur müssen sich über die Vorarbeiten in Bereichen austauschen, in denen etwa Schalter und Steckdosen auf Fliesen aufgelegt werden.

Achten Sie selbst auf die Sicherheitsabstände von Leitungen, Steckdosen und Schaltern zu Bade- und Duschwannen, 60 cm vom Wannenrand sind einzuhalten. Elektrokabel dürfen nur horizontal und vertikal verlaufen. In Außenwände dürfen keine Schlitze geklopft werden.

Machen Sie am Aufstellplatz von Waschmaschine und Trockner klar, dass zwei Steckdosen installiert werden müssen – Mehrfachstecker bei diesen starken Stromverbrauchern sind ein Sicherheitsrisiko.

Kontrollieren Sie die Montage von Leerrohren für spätere Erweiterungen. Gerade bei der Elektroinstallation gilt: dokumentieren Sie die Verlegearbeiten mit der Fotokamera. Diese Fotos können Sie bei späteren Arbeiten zu Rate ziehen, wenn die Gefahr besteht, Stromkabel oder Rohre zu treffen.

Sollte Ihnen die Anzahl der Stromkreise zu gering vorkommen, fragen Sie nach.

## Heizungs- und Sanitärarbeiten

Auch hier gilt es, die Position und Größe der Heizkörper mit den Planungsunterlagen zu vergleichen.

Vor dem Schließen von Schlitzen, Wand- und Deckendurchbrüchen muss kontrolliert werden, ob alle Rohre isoliert sind, und ob alle Rohrschellen und Befestigungen mit **Dämmlagen** versehen sind. Sonst rauscht es später bei jeder Toilettennutzung in den Obergeschossen durchs ganze Haus. Rohrleitungen dürfen mit Mauerwerk, Beton, Metall oder Gipsplatten keinen direkten Kontakt haben.

Besonders das **Gefälle** der Abwasserleitung der Küche sollten Sie inspizieren: naturgemäß sammeln sich hier über Jahre Essensreste und andere Stoffe in der Leitung an, wenn diese kein ordentliches Gefälle hat. Das hängt auch mit der Küchenplanung zusammen, die Sie dem Installateur frühzeitig zur Verfügung stellen sollten.

Auch die Leitungsführung sollten Sie mit der ausführenden Firma durchsprechen. Achten Sie auf die Isolierung der Rohrleitungen, die am Fußboden und an den Wänden entlanglaufen – hier könnte sich sonst später Kondenswasser sammeln, denn Ihr Haus ist sehr luftdicht!

Bei übereinanderliegenden Leitungen ist die Kaltwasserleitung unter der Warmwasserleitung zu verlegen.

Bei den Installationen ist durch sogenanntes „Abdrücken" die Dichtigkeit festzustellen, und zwar bevor die Fliesenarbeiten beendet werden – schließlich muss möglicherweise eine undichte Stelle noch gesucht werden. Am besten ist es, wenn Sie dabei anwesend sind.

Die Installationsgegenstände wie Bade- und Duschwannen sowie das Rohrleitungsnetz müssen geerdet sein. An den Rändern der Sanitärobjekte müssen Schalldämmstreifen fixiert sein, sonst dröhnt das Einlassen des Wannenwassers durchs ganze Haus.

Geben Sie individuell die Höhe von Waschbecken und Küchenarbeitsplatten an – dadurch, dass die Menschen immer größer werden, sind frühere Standardmaße unbequem niedrig geworden.

Prüfen Sie die Oberflächen aller Sanitärgegenstände auf **Beschädigungen**. Lassen Sie sich in die Bedienung der Heizungssteuerung einweisen und achten Sie darauf, dass Ihnen alle Anleitungen (Montage- und Gebrauchsanweisung, Technisches Datenblatt, Garantieunterlagen) sowie das Abnahmeprotokoll durch den Bezirksschornsteinfeger übergeben werden.

## Fenster, Fensterbänke und Türen

Achtung Bauschaum: Gerade rund um die Fenster kommt dieses Material besonders gerne großflächig zum Einsatz, wenn etwa die Absprache zwischen Rohbauersteller und Fensterbauer überhaupt nicht geklappt hat. Ein wenig einschäumen ist in Ordnung, es ist jedoch dubios, wenn er viele Zentimeter dick ist. Machen Sie Fotos, reklamieren Sie den zu großzügigen Einsatz dieses Hilfsmittels.

Bei der Anlieferung der Fenster- und Türenelemente können Sie die U-Werte der Bauteile ermitteln, vergleichen Sie die auf der Verpackung angegeben Werte mit dem Ihnen vorliegenden Konzept nach der EnEV.

Achten Sie bei der Verglasung und den Außenfensterbänken auf Verschmutzungen und vor allem Beschädigungen, und zwar bis zum letzten Tag.

Die Fensterbänke innen müssen waagerecht und mit circa zwei Zentimeter Überstand über den Putz eingebaut werden. Metallfensterbänke sind lotrecht einzubauen und vollständig zu unterfüttern. Akzeptieren Sie keine aus zwei Teilen zusammengestückelten Fensterbänke. Achten Sie darauf, dass die Kanten unbeschädigt sind.

Schlecht eingebaute Türen sind ein lang anhaltendes Ärgernis: Innentüren sollten weder von selbst aufschwingen noch zufallen. Selbstverständlich dürfen Türen nicht auf dem Boden schleifen, aber der Abstand zum Boden sollte auch nicht zu groß sein. Türen dürfen nicht am Rahmen klemmen und müssen sich abschließen lassen. Vereinbaren Sie mit dem Türenbauer einen Termin einige Monate nach dem Bezug, damit Nachjustierungen vorgenommen werden können.

## Putzarbeiten

Vor den Putzarbeiten kontrollieren Sie, ob alle **Küchenentlüftungsrohre** eingebaut sind.

An allen Ecken und stoßgefährdeten Kanten sind vor Aufbringen des Putzes Eckschutzschienen zu verlegen, Dehnungs- und Betonierfugen dürfen nicht überputzt werden.

Achten Sie auf die Verwendung eines Kalk-Zementputzes in den Bädern.

Elektro- und sonstige Anschlüsse müssen im Putz freigelegt werden, gerne verschwindet da mal der ein oder andere sorgfältig geplante Zugang.

## Estrich

Vor dem Aufbringen des Estrichs sollten Sie darauf achten, ob die Rohdecke sauber, glatt und eben ist. Eine **Wärme- und Trittschalldämmung** ist ordentlich und durchgehend zu verlegen. Umlaufend müssen Randstreifen verlegt werden, denn der Estrich darf keine Verbindung zu Wänden und Treppen haben.

**Heizungsaustrittsrohre** sind zu ummanteln. Bei einer Fußboden-heizung muss dringend die Dichtigkeit sorgfältig geprüft werden, am besten sind Sie dabei anwesend.

## Rollläden

Die Rollladendeckel sollten wärmegedämmt sein, und sie sind zu den Fensterleibungen und zum Fensterstock dauerelastisch abzufugen.

Eine Funktionskontrolle sollte direkt nach der Installation erfolgen, die Gurtwickelkästen müssen genau senkrecht unter dem Gurtaus-lass liegen.

## Fliesen und Malerarbeiten

Vor Arbeitsbeginn sollte der Untergrund sauber und frei von Ris-sen und die Oberfläche eben sein. Und natürlich trocken: ein noch feuchter Putz wird später für ablösende Tapeten, vielleicht sogar abfallende Fliesen sorgen.

Eine Grundierungsvorbehandlung vor den Tapezierarbeiten kann die Aufnahmefähigkeit des Untergrunds und das spätere Abtapezieren erleichtern. Vor allem bei Trockenbaukonstruktionen ist die Grun-dierung zweimal aufzutragen.

Die Fliesen müssen eben und mit gleichmäßiger Fugenstärke verlegt werden, Boden- und Wandfliesen dürfen nicht fest miteinander ver-bunden sein – die Innenecken sind elastisch zu verfugen.

Sind Bordüren vorgesehen, besprechen Sie frühzeitig die Höhe, in der sie verlegt werden sollen. Bei Mustern ist möglicherweise die Ausrichtung zu besprechen und festzulegen.

## 8.2.2 Mängelrügen

Wenn der Bau Ihres Hauses durchschnittlich verläuft, dann werden Sie zusammen mit dem Bausachverständigen den Bauträger oder den GÜ/GU auf den einen oder anderen Mangel aufmerksam machen, der dann hoffentlich schnell behoben wird.

 **Wichtig**

Lassen Sie sich bei der Mängelbeseitigung nicht auf den St. Nim-merleinstag bis zur Fertigstellung vertrösten – schließlich ist nicht jeder Handwerker bis zum Schluss auf der Baustelle beschäftigt. Es empfiehlt sich, jede Mängelanzeige schriftlich zu machen.

Je nach Verhältnis zum Bauträger und Reaktion desselben auf Ihre **Mängelhinweise** müssen Sie entscheiden, ob Sie es bei freundlich formulierten Hinweisen (am besten per Fax mit Absendeprotokoll) belassen, oder ob es angeraten scheint, eine formale Mängelrüge zu schreiben. Diese enthält

- eine Beschreibung des vorgefundenen Mangels, eventuell unterstützt durch das Mängelprotokoll Ihres Sachverständigen;

- die Aufforderung zur Nachbesserung;

- das Setzen einer (angemessenen) Frist, zu der diese Nachbesserungen stattzufinden haben.

Ja nach Rückmeldung kann in einer zweiten Mängelrüge eine Nachfrist zur Mängelbeseitigung gesetzt werden, unter der Androhung, andernfalls einen anderen Fachbetrieb mit der Beseitigung zu beauftragen und den vereinbarten Kaufpreis um die entsprechenden Kosten zu kürzen.

Für den Konfliktfall sollten Sie ein **Streitschlichtungsverfahren** im Kaufvertrag vereinbart haben, das danach zum Zuge kommt.

## Achtung!

Ist es erst einmal zu formalen Mängelrügen gekommen, müssen Sie mit zunehmender Bockigkeit des Bauträgers bei der Ausführung der Arbeiten rechnen. Dann zeigt sich, ob Sie wirklich alle notwendigen Arbeiten in der Baubeschreibung und im Kaufvertrag vereinbart haben – plötzlich tauchen dann in der Praxis „selbstverständliche" Positionen auf, die extra berechnet werden. Ein Beispiel sind etwa die Entsorgungskosten für Bauschutt und sonstige Bauabfälle – im schlimmsten Falle müssen Sie auf eigene Rechnung eine Abfuhr organisieren. Daher: es lohnt sich vor dem Entpacken der juristischen Keulen das Gespräch zu suchen. Am Ende allerdings sollte den Ausschlag geben, dass Ihr Bauträger das Gebäude in spätestens fünf Jahren vergessen haben wird, Sie aber vielleicht für den Rest Ihres Lebens darin wohnen werden.

### 8.2.3 Der Bautenstand

Nach dem im Kaufvertrag vereinbarten Zahlungsplan wird der Bauträger Zwischenrechnungen erstellen. Dabei gibt er, möglicherweise zusammen mit seinem Bauleiter oder Architekten an, dass der vorgesehene Bautenstand erreicht ist. Sie bestätigen das dann mit Ihrer Unterschrift und nehmen aufgrund dieser Unterlage den Zahlungsabruf bei Ihrer finanzierenden Bank vor.

**Wichtig**

Achten Sie unbedingt darauf, dass es sich hierbei nicht um sogenannte Zwischenabnahmen handelt, mit denen Sie etwa einen mängelfreien Zustand bescheinigen. Versucht Ihnen der Bauträger derartige Formulierungen unterzuschieben, sollten Sie ihn zur Rede stellen. Mit einer solchen Zwischenabnahme begänne die Gewährleistungszeit für die aufgeführten Gewerke.

## 8.3 Vorsicht Insolvenz

Dass Bauträger zahlungsunfähig werden, ist leider kein so exotischer Ausnahmefall, als dass man ihn hier nicht dringend behandeln müsste.

Denn trotz aller Vorsichtsmaßnahmen können auch bisher grundsolide wirtschaftende Unternehmen in Schieflagen geraten. Bauträger arbeiten immer mit extrem viel Fremdkapital, nehmen also selbst umfangreiche Kredite auf, um ihre Projekte zu finanzieren. Eine Fehlentscheidung, ein schlecht laufendes Projekt kann einen Bauträger in Bedrängnis bringen, und wenn Banken erst einmal beginnen skeptisch zu werden, dann sieht es schlecht aus.

Anzeichen für Probleme des Bauträgers sind häufig ausbleibende oder wieder abziehende Handwerker und daraus resultierende Verzögerungen beim Baufortschritt. Als Käufer sollte man hier das Gespräch mit den Handwerkern suchen, allerdings auch nicht jedes Gerücht gleich für bare Münze nehmen.

**Beispiel**

Seit 1999 baute der Ulmer Bauträger Inovahaus erfolgreich und ohne größere Beanstandungen Häuser im Umland von Ulm. Im Februar 2010 beantragte das Unternehmen Insolvenz, weil es die Rechnungen der Handwerker nicht mehr zahlen konnte. Die meist kleinen Subunternehmer des Bauunternehmens hatten ausstehende Rechnungen jeweils über mehrere Zehntausend Euro und rund 100 Häuslebauer erwischte die Insolvenz in unterschiedlichen Stadien der Baufertigstellung. Schon vor der Insolvenz hatte es Presse- und TV-Berichte gegeben, in denen das Unternehmen allerdings Zahlungsschwierigkeiten bestritt. Auslöser der Insolvenz war nach Aussagen des Insolvenzverwalters, der in der Südwest Presse zitiert wurde, ein enormer Umsatzeinbruch 2009 und der Bezug einer viel zu groß dimensionierten Firmenzentrale zusammen mit einer zu lang andauernden Ruhephase auf den Baustellen aufgrund des harten Winters, wegen der nur wenige Zahlungen eintrafen.

Wenn Sie den Bauträger auf nicht gezahlte Handwerkerrechnungen ansprechen, werden Sie zumeist darauf verwiesen, dass es mit dem Handwerker Streit um Qualitätsprobleme gibt – was durchaus auch stimmen kann.

Für Bauträger ist es auch eine unangenehme Situation, wenn Insolvenzgerüchte die Runde machen, und manches Mal dürfte eine vermeidbare Insolvenz durch solche Gerüchte ausgelöst worden sein.

Allerdings geht es in diesem Fall um Ihr Geld. Also müssen Sie in einer solchen Lage noch mehr darauf achten, dass Zahlungen erst vorgenommen werden, wenn die Leistung mängelfrei erbracht wurde.

Kommt es zur Insolvenz des Bauträgers, dann ist der Gang zu einem Fachanwalt für Baurecht kaum zu vermeiden – sich alleine gegenüber dem Insolvenzverwalter durchschlagen zu wollen, kann sehr langwierig werden.

So lange die Bauarbeiten auch in der Insolvenz fortgeführt werden, bleibt es beim Zahlungsanspruch des Bauträgers, auch die Insolvenz ändert nichts daran.

Kommt es auf der Baustelle zum Stillstand, dann sollte eine **Bautenstandsermittlung** durch einen Sachverständigen durchgeführt werden. Der Wert der noch ausstehenden Arbeiten muss penibel erfasst werden und diese Schadenserfassung beim Insolvenzverwalter angemeldet werden. Wichtig ist auch, einen Rohbau in einer solchen Situation zu sichern, beispielsweise gegen eindringendes Wasser, selbst wenn das Geld kostet, das Sie nie wiedersehen werden.

Informieren Sie die finanzierende Bank darüber, dass keine Zahlungsabrufe mehr ohne Ihr explizites schriftliches Einverständnis stattfinden dürfen. Besprechen Sie mit dem Institut die Situation.

### Wichtig

Fragen Sie bei der Suche nach einem Rechtsanwalt nach der Anzahl der von ihm im Insolvenzfall bereits betreuten Käufer. Nur ein Anwalt mit Erfahrung kann Ihnen helfen.

Die weitere Vorgehensweise ist von Fall zu Fall verschieden. Der **Insolvenzverwalter** hat das Wahlrecht, den Bau vertragsgemäß fortzuführen oder dies zu unterlassen. Das Problem ist, dass er diese Entscheidung häufig erst einmal gar nicht trifft. Der sogenannte stecken gebliebene Bau ist dann alleine das Problem des Käufers. Beauftragt er auf eigene Faust Bauunternehmen mit der Ausführung von (Rest-)Arbeiten, kann es sein, dass ihn der Insolvenzverwalter mit Forderungen zu den gleichen Arbeiten konfrontieren wird. Wichtigste Aufgabe ist es daher, den Insolvenzverwalter schnell zu einer Entscheidung zu bringen, und zwar unter Fristsetzung.

Vom Käufer ist Aktivität in höchstem Maße gefordert: es lohnt nicht, den Kopf in den Sand zu stecken und Beteuerungen zu glauben, es werde bald wieder vorangehen. Die auflaufenden Kosten durch verlängerte Mietzahlung, Bereitstellungszinsen und Ähnliches sind schnell nicht mehr zu beherrschen.

## 8.4 Die Abnahme

Nach Unterzeichnung des Kaufvertrags ist die Abnahme der zweite entscheidende Rechtsakt im Bauträgergeschäft – nur leider ist das den meisten Käufern keineswegs bewusst. Hinzu kommt, dass die Abnahme sehr ungünstig liegt, denn im Normalfall steht jetzt der Umzug an und der Käufer ist mit seinen Ausbauarbeiten beschäftigt – meist sind die Termine in Verzug und der Zeitdruck ist groß. Es gibt keinen ungünstigeren Termin, ein Rechtsgeschäft mit großen Folgen vorzunehmen. Dennoch: für die Abnahme muss man sich Zeit zur Vorbereitung nehmen.

Mit der Abnahme sind umfangreiche **Rechtsfolgen** verbunden: der Auftraggeber billigt die vom Auftragnehmer ausgeführte Leistung als in der Hauptsache vertragsgerecht.

Das bedeutet:

- Die **letzte Rate** des Zahlungsplans wird fällig.

- Der Anspruch auf **Mängelbeseitigung** bestehender sichtbarer Mängel ist auf die im Protokoll vermerkten beschränkt. Vertragsstrafen bei Nichterfüllung sind nur noch möglich, wenn diese im Protokoll vermerkt sind.

- Es beginnt die **Gewährleistungszeit** und es entsteht eine **Beweislastumkehr**: von jetzt ab muss der Käufer dem Bauträger oder GU/GÜ nachweisen, dass ein vorgefundener Mangel durch ihn verursacht wurde.

- Die **Gefahr** von Beschädigungen am Gebäude geht auf den Käufer über, ab diesem Zeitpunkt sollte seine Gebäudeversicherung laufen.

- Die Voraussetzungen zur **Eigentumsumschreibung** im Grundbuch sind erfüllt – auch vom Grundbuchamt kommt bald eine Rechnung.

- Alle öffentlichen **Lasten und Betriebskosten** sind spätestens ab diesem Zeitpunkt vom Erwerber zu tragen: Grundsteuer, Straßenreinigung, Müllabfuhr, Wasser, Abwasser, Strom, Anliegerkosten.

Vor allem die Beweislastumkehr ist von besonderer Bedeutung: im Abnahmeprotokoll sollten alle noch offenen Punkte und die zu beseitigenden Mängel notiert werden, dazu auch Beobachtungen, die für sich noch keinen Mangel darstellen, aus denen aber Probleme erwachsen können.

Es gibt keinen Zwang zu einer förmlichen Abnahme, es sei denn, im Kaufvertrag wurde das sinnvollerweise so geregelt.

> **Achtung!**
>
> Vermeiden Sie eine „stille Abnahme"! Dabei geht der Bauträger davon aus, dass Sie das Bauwerk als mängelfrei anerkennen und glaubt das aus Ihren Handlungen herauslesen zu können, etwa aus dem Einzug. Wenn Sie das Haus beziehen und keine förmliche Abnahme vertraglich vereinbart ist, weisen Sie ihn schriftlich darauf hin, dass der Einzug keineswegs eine Abnahme des Gebäudes als mängelfrei bedeutet.
>
> Auch die Zahlung der Schlussrate bedeutet eine stillschweigende Abnahme. Selbst wenn die Rechnung für die letzte Rate bereits gestellt wurde: sie darf auf keinen Fall einfach überwiesen werden.

Und auch das Überreichen von Trinkgeldern an die Handwerker kann im spitzfindigsten Fall als „Abnahme" des Baus interpretiert werden. Denn solche zahlt man ja eigentlich erst dann, wenn eine Arbeit abgeschlossen wurde.

## 8.4.1 Vorbereitung

Führen Sie die Abnahme nicht ohne den Sachverständigen durch. Am besten machen Sie mit ihm eine eigene Begehung vor der Abnahme aus, in der Sie bereits problematische Gebäudeteile ansprechen. Nehmen Sie sich Zeit sowohl für diesen Rundgang vorher als auch für die Abnahme selbst. Eventuell erstellen Sie schon vor der Abnahme ein Mängelprotokoll. Checken Sie das Bautagebuch und die Aufzeichnungen aus der Bauzeit über Mängel und Mängelbeseitigungen.

Nehmen Sie sich jetzt auch noch einmal Baubeschreibung und Kaufvertrag vor: sind alle Zusatzarbeiten und vereinbarten Sonderwünsche erfüllt? Diese verliert man gegen Ende des Projekts gerne aus den Augen.

Die Frage ist häufig strittig: ist das Haus bereits bereit für die Abnahme? Der Bauträger drängelt, er will den Fall abschließen, und der Hausherr in spe will einziehen. Aber es kann sein, dass das den Blick auf die Frage verstellt, ob der Zeitpunkt richtig ist.

Prinzipiell ist das Haus abnahmebereit, wenn es **fehlerfrei** hergestellt ist und gefahrlos zugänglich ist. Und zwar in allen Teilen, vom Keller bis unters Dach – kein Bereich darf ausgeklammert sein. Das Gebäude muss bewohnbar sein.

Dazu sind Heizung, Elektrik und Haustechnik, also Wasser- und Abwassereinrichtungen vollständig betriebsbereit. Die Abnahme etwa des Gasanschlusses durch den Netzbetreiber ist erfolgt, alle Versorgungsleitungen, auch, soweit vertraglich zugesichert, Kabelanschluss und Telefon sind installiert. Alle Treppengeländer, Handläufe und Balkongitter sind installiert, es gibt keine **Gefahrenstellen** mehr.

Es dürfen jetzt nur noch „Kleinigkeiten" fehlen, nach einer Faustformel: Dinge, die die Handwerker in zwei bis vier Stunden Arbeit erledigt haben – und zwar am Stück und nicht auf mehrere Tage verteilt.

Hier gilt wieder: welche Regelungen zur Abnahmefähigkeit sieht der Kaufvertrag vor? Formulierungen wie „im Wesentlichen fertig gestellt" führen dann schon wieder zu Interpretationsspielräumen und Probleme.

> **Achtung!**
>
> Noch nicht ausgeführte Eigenleistungen, die einer Bezugsfertigkeit des Gebäudes entgegenstehen, muss der Bauträger nicht als Argument zählen lassen, dass das Haus nicht abnahmebereit ist. Dieses Kriterium liegt in der Einflusssphäre des Erwerbers.

## 8.4.2 Abnahme

Es gibt immer wieder Bauträger, die den **Abnahmetermin** gerne in ihrem Büro durchführen würden: man soll da einfach protokollieren, dass das Haus in Ordnung ist. Dass die Bauabnahme auf der Baustelle zu erfolgen hat ist zwar naheliegend, nicht aber vorgeschrieben. Daher ist ein Baustellentermin zu vereinbaren.

Für die Abnahme selbst gilt: Ein lässiges „durch die Räume Schlendern" ist keineswegs Sinn der Sache. Lassen Sie sich durch Small Talk nicht von der Wichtigkeit des Termins ablenken. Und auch Zeitdruck ist unangebracht. Sollte der Bauträger oder GÜ/GU aufs Tempo drücken, brechen Sie den Termin notfalls ab.

Von der Abnahme sollte ein Protokoll erstellt werden, das mindestens folgende Punkte umfasst:

- Datum der Abnahme, Teilnehmerliste

- Auflistung aller bestehenden Mängel

- eventuelle Abweichungen bei verwendeten Materialien gegenüber der Baubeschreibung

- Vorbehalt der Ansprüche bezüglich der Mängel und gegebenenfalls der vereinbarten Vertragsstrafe

- Unterschrift der Beteiligten

Dazu sollten folgende Punkte festgestellt werden:

- Sind die vereinbarten Fristen eingehalten worden, wird daraus eine Vertragsstrafe fällig?

- Übergabe der vereinbarten Dokumente und Sachmittel, wie beispielsweise Schlüssel

- Konnten Bereiche bei der Abnahmebesichtigung nicht eingesehen werden?

Gehen Sie wie im Kapitel zur Baubeschreibung alle Gewerke und alle Räume durch. Nehmen Sie die Baubeschreibung mit und Haken alle vertragsgemäß erbrachten Bestandteile ab. Ebenfalls mit dabei: die Liste der Sonderwünsche.

### 8.4.3 Mangel

Es ist an dieser Stelle sinnvoll, noch einmal zu klären, was genau ein Mangel ist. Nach § 633 Abs. 2 BGB liegt ein Sachmangel vor, wenn

a)  das Werk nicht die vereinbarte Beschaffenheit hat oder

b)  es sich nicht für die nach dem Vertrag vorausgesetzte oder, falls dort nichts aufgeführt ist, die gewöhnliche Verwendung eignet.

Ein Mangel liegt auch dann vor, wenn beispielsweise eine andere als die vereinbarte Heizungsanlage eingebaut wurde, auch wenn sie dieselben technischen Eigenschaften aufweist. Die Anlage selbst ist nicht fehlerhaft und funktioniert, allerdings ist die Leistung mangelhaft, da sie nicht wie vereinbart durchgeführt wurde.

Über manchen Mangel wird man Streit führen und häufig geht es dabei um Begriffe wie „anerkannte Regeln der Technik" und „normgemäße Ausführung". Vor der Abnahme muss der Bauträger nachweisen, dass er diese Regeln eingehalten hat und vor allem, nach welchen Regeln er gearbeitet hat. Der Sachverständige muss dann beurteilen, ob diese Regeln wirklich aktuell sind und Bestand haben. Ein „das haben wir schon immer so gemacht" zählt nicht.

Auch strittige Punkte müssen als solche ins Abnahmeprotokoll aufgenommen werden. Beide Seiten geben dabei ihren Standpunkt zu Protokoll. Die Abnahme folgt vorbehaltlich der Klärung des Sachverhalts und es sollte bereits vereinbart werden, dass bis zur Klärung ein Teil von der Schlussratenzahlung einbehalten wird.

Die Tragweite der Mängel bei der Abnahme können von sofort zu behebenden Mängeln zur vertragsgemäßen Ingebrauchnahme des Gebäudes bis zu kleinen Schönheitsfehlern reichen, die nicht einmal einen Rückbehalt von Geldbeträgen rechtfertigt.

Und manche kleine Unsauberkeit bei einer Handwerkerleistung ist hinzunehmen und juristisch kein Mangel, etwa kleinere Kratzer außerhalb des eigentlichen Sichtbereichs.

Es gibt eine Abnahmeverpflichtung, sobald der Bauträger die Leistung fertig gestellt hat. Nur bei größeren Mängeln darf die Abnahme verweigert werden. Schließlich hat der Bauträger ein Interesse daran, die Schlussrate ausgezahlt zu bekommen und den Bau zu beenden.

**Wichtig**

Aufgrund eines kleinen Mangels können Sie die Abnahme nicht verweigern, aber eine große Zahl kleiner Mängel summiert sich möglicherweise so weit auf, dass eine Abnahme nicht möglich ist und das Haus nicht bezogen werden kann.

Es gibt Punkte, die möglicherweise keinen Mangel darstellen, aber dennoch sicherheitshalber im Abnahmeprotokoll vermerkt werden soll. Das gilt etwa für feuchte Stellen, etwa im Keller. Wenn es im Laufe der Bauarbeiten zu Wassereinbrüchen gekommen sein sollte, dann werden diese Flecken verschwinden und sind kein Beweis dafür, dass bei der Bauausführung unsauber gearbeitet wurde. Allerdings ist das auch nicht auszuschließen. Daher sollte diese Feststellung protokolliert werden: an welcher Stelle liegt ein Hinweis auf ein Problem vor?

Sollte nämlich die Feuchtigkeit nicht verschwinden, so ist in diesem Fall die Beweislast nicht umgekehrt: der Bauträger muss dann nachweisen, dass er fehlerfrei gearbeitet hat. Wird der Punkt nicht notiert, dann muss der Käufer den Beweis führen, welchen Sachmangel der Bauträger zu verantworten hat.

Es gibt weitere Möglichkeiten, mit einem solchen Vorbehalt umzugehen. Denkbar ist etwa, dass vereinbart wird, dass die Gewährleistungsfrist in diesem Bereich von fünf auf zehn Jahre verlängert wird. Je nach Umfang des Vorbehalts sollte der Bauträger dann eine Bürgschaft über diesen Betrag beibringen – wer weiß, ob es das Unternehmen dann überhaupt noch gibt.

Es kann auch der Rückbehalt eines Teiles der letzten Rate vereinbart werden. Oder ein Preisnachlass wird protokolliert. Das ist allerdings die schlechteste Möglichkeit, denn welche Kosten entstehen können, wenn es sich tatsächlich um einen Baumangel handelt, ist nicht zu überschauen. Wer sich den Nacherfüllungsanspruch, die Gewährleistung abkaufen lässt, geht ein Risiko ein.

Haben Sie Teileigentum erworben, dann ist auch dieses in die Abnahme einzubeziehen. Dabei sind die Regelungen aus der Teilungserklärung maßgeblich.

### 8.4.4 Gemeinschaftseigentum

Wenig überraschend wird es beim Gemeinschaftseigentum komplizierter. Sei es beim gemeinsamen Parkplatz, Gemeinschaftseinrichtungen oder dem gemeinsam genutzten Blockheizkraftwerk: Grundsätzlich hat jeder (Mit-)Eigentümer das Recht auf eine eigene Abnahme. Das findet der Bauträger nicht wirklich toll, denn es verkompliziert für ihn die Abwicklung des Baues.

Gerne wird dann in den Kaufverträgen versucht, Abnahmeklauseln einzufügen, die die Abnahme als weniger wichtig erscheinen lassen als die Abnahme des Hauses. Allerdings sind die Rechtsfolgen für das Gemeinschaftseigentum dieselben wie beim Haus. Oder der Bauträger geht noch weiter: in manchen Verträgen ist vorgesehen, dass der Bauträger selbst, eine Tochtergesellschaft oder das Mutterunternehmen die Abnahme vornimmt. Das ist unzulässig, genau wie

- Klauseln, nach denen die Abnahme von einem Sachverständigen vorgenommen wird, den der Bauträger bestimmt. Formulierungen lauten dann etwa: „Die Abnahme des Gemeinschaftseigentums erfolgt für die einzelnen Erwerber durch einen vereidigten Sachverständigen, den der Verkäufer auf seine Kosten beauftragt." Vereidigt, Kosten übernimmt – das klingt käuferfreundlich, ist es aber nicht.

- die Abnahme durch einen WEG-Verwalter, der mit dem Bauträger identisch ist oder mit diesem rechtlich oder wirtschaftlich verbunden ist oder vom Bauträger bestimmt wurde. Das ist der Regelfall in den Verträgen zum Gemeinschaftseigentum.
Es gibt vor allem keine Pflicht zur gemeinsamen Abnahme, selbst wenn andere Käufer das Gemeinschaftseigentum bereits abgenommen haben, bedeutet das für den einzelnen Käufer nichts: er ist an diese Abnahmen nicht gebunden.

**Wichtig**

Durch diese einzelnen Abnahmen kommt es dazu, dass unterschiedliche Gewährleistungsfristen gelten können. Wer später abnimmt, dessen Ansprüche laufen länger.

## 8.4.5 Gewährleistung/Nacherfüllung

Für Mängel, die nach der Abnahme erst erkennbar werden, haftet der Bauträger innerhalb der Gewährleistungszeit, also zumeist innerhalb von fünf Jahren (siehe auch Kapitel 7: Der Kaufvertrag).

Tritt ein Mangel zutage, dann ist der Bauträger direkt schriftlich zu informieren und ihm muss eine angemessene, also nicht zu kurze Frist zur **Mängelbeseitigung** gesetzt werden.

Der Bauträger wird eine Ortsbesichtigung vornehmen und dann entweder den Anspruch anerkennen und eine Mängelbeseitigung durchführen, oder ablehnen. Auch für diesen Termin kann ein Protokoll angefertigt werden.

In vielen Fällen wird der Bauträger den ausführenden Handwerker schicken – allerdings gilt: Ihr Anspruchsgegner ist der Bauträger. Er ist letztlich für die Anerkennung und die Beseitigung des Mangels verantwortlich. Lehnt der Handwerker die Mängelbeseitigung ab, ist erneut der Bauträger Ihr Ansprechpartner – und im schlimmsten Fall der Gegner in einer juristischen Auseinandersetzung. Die im Kaufvertrag hoffentlich geregelten Streitschlichtungsmechanismen gelten nicht automatisch fort, allerdings können Sie im Kaufvertrag ein ähnliches Verfahren auch für die Gewährleistungsdauer vereinbaren, was das Verfahren beschleunigen kann. Für den Bauträger ist das allerdings nur selten von unmittelbarem Interesse. Er lässt es eventuell lieber auf einen Prozess ankommen oder hofft darauf, dass den Käufer das Prozesskostenrisiko abschreckt.

Sollte es zum Dissens kommen, müssen die Beweise für die Existenz des Mangels gesichert werden. Im Falle, dass der Käufer selbst einen anderen Betrieb mit der Beseitigung des Mangels beauftragt, muss der Mangel also davor dokumentiert werden – beispielsweise muss bei einem Rohrbruch eine solche Beweissicherung umgehend erfolgen.

**Achtung!**

Suchen Sie sich im Streitfall einen Sachverständigen, der Ihre Interessen wahrnimmt und den Mangel begutachtet. Machen Sie in der Mängelanzeige deutlich, dass der Bauträger solche durch Begutachtung entstehenden Folgekosten zu tragen hat.

Bei Gewährleistungsbedingungen nach VOB/B hemmt eine Mängelanzeige den Ablauf der Gewährleistungsfrist. Kurz vor Ablauf der Frist sollten Sie daher auf jeden Fall per Einschreiben/Rückschein den Mangel anzeigen.

Gilt alleine das BGB, läuft die Gewährleistungsfrist auch dann ab, wenn der Verkäufer den Mangel lange genug nicht anerkennt – die Mängelanzeige hemmt nicht den Fristablauf. Um das zu verhindern, muss im schlimmsten Fall ein gerichtliches Beweissicherungsverfahren erhoben werden. In den letzten Monaten der Gewährleistung könnte der Bauträger versucht sein, sich aus der Verantwortung zu stehlen, indem er sich „tot stellt".

Ohne Rechtsanwalt sind solche Probleme dann nicht mehr zu lösen, denn sowohl die Beweissicherung als auch die folgende Klageerhebung auf Mängelbeseitigung ist recht kompliziert.

### Achtung!

Vereinbaren Sie mit ihrem Sachverständigen ein bis zwei Monate vor Ablauf der Gewährleistungsfrist einen Besichtigungstermin und sprechen Sie die im täglichen Gebrauch aufgetretenen „Macken" Ihres Hauses durch. Gemeinsam können Sie prüfen, ob Mängel vorliegen, die noch beseitigt werden können und müssen. Er kennt auch die typischen Schwachpunkte, auf die man nach fünf Jahren achten kann – wie beispielsweise das Absenken der Terrasse bei schlecht durchgeführter Verfüllung.

Im Mangelfall geht es um die „Nacherfüllung" des Anspruchs auf die Übergabe einer mangelfreien Sache. Wie das zu erfolgen hat, das ist theoretisch eine Streitfrage. Der Mangel kann durch **Nachbesserung**, also durch Beseitigung, oder durch **Lieferung** einer neuen, mangelfreien Sache beziehungsweise **Herstellung** eines neuen mangelfreien Werkes beseitigt werden. Nach Kaufvertragsrecht dürfte der Käufer über die Methode der Mangelbeseitigung entscheiden, nach Werkvertragsrecht der Unternehmer – und da der Bauträgervertrag ein Zwitterwesen zwischen beidem ist, kann es Streit geben. Am besten ist die Frage des Wahlrechts im Kaufvertrag geregelt. In aller Regel wird beim Hausbau allerdings die Nachbesserung die sachgerechte Weise sein, in der Mängel behoben werden.

Mit allen Mängeln, die nach Ablauf der Gewährleistungsfrist auftreten, müssen Sie sich selbst beschäftigen. Einzig Vorsatz oder Arglist des Bauträgers können jetzt noch zu Schadensersatzansprüchen gegen den Vertragspartner führen – solches jedoch nachzuweisen ist in aller Regel ausgeschlossen.

Jetzt ist es vollumfänglich Ihr Haus: mit allen Stärken und Schwächen, Macken und Vorzügen.

# 9. Kapitel

# Anhang

## Hilfreiche Internetadressen und Twitter-Feeds

Im Internet finden sich eine Reihe wichtiger und ergänzender Informationsquellen sowie Kontaktmöglichkeiten für weitere Beratung.

### Energie

- www.erneuerbare-energien.de

Informationen des Bundesumweltministeriums

- www.zukunft-haus.de

Informationen der Deutschen Energie-Agentur (dena)

- www.enev-online.de

Informationen zur Energie-Einsparverordnung

### Recht

- www.baurechtstipps.de

Homepage der Anwaltskanzlei Wortmann mit allgemeinen Informationen und Links zur Urteilen

### Bau

- www.baulinks.de

Umfangreiche Informationsseite rund um das Bauen

- www.baumarkt.de

Spannende Artikel zu allen Gewerken

- www.baunetzwissen.de

Ein Online-Fachlexikon

- www.inqa-bauen.de, www.check-bauen.de

Initiative Neue Qualität des Bauens

### Interessante Twitter-Feeds

Twitter ist ein Kurznachrichtendienst, bei dem Sie Meldungen anderer Nutzer „abonnieren" können.

- @baurechtstipps: Rechtsanwalt Ralf Wortmann liefert hier Hinweise auf einschlägige Urteile, beliebt sind seine Rubrik „Ausreden am Bau", Etwa Nummer 2 „Mängelbeseitigung? Wir geben doch 5 Jahre Gewährleistung! Das machen wir am Schluss mit weg!" oder Nummer 7: „Das ist kein Mangel. Das machen wir schon seit 20 Jahren so!"

- @bauanwalt: Fachanwältin und Vertrauensanwältin des Bauherren Schutzbundes e.V.

- @baulinks_de: Informationsportal für Nachrichten aus der Baubranche

- @vpbinfo: Tweets des Verbands Privater Bauherren

- @bautweet

## Bauherren-Verbände

Im Folgenden finden Sie die Selbstbeschreibungen derjenigen Verbände, die Information, Beratung und Baubegleitung für private Bauherren und auch Käufer von Bauträgerimmobilien durchführen. Im Mittelpunkt ihrer Tätigkeit steht häufig die Vermittlung eines Bausachverständigen, der gegen Honorar in verschiedenen Bauphasen das Gebäude besichtigt und die Qualität der Arbeit begutachtet. Im Mitgliedsbeitrag der Vereine sind zum Teil unterschiedlich umfangreiche Beratungsdienstleistungen abgedeckt.

### Bauherren-Schutzbund e.V.

Der Bauherren-Schutzbund e.V. (BSB) ist eine gemeinnützige Verbraucherschutzorganisation und bietet bundesweit unabhängige Verbraucherberatung an. Der Verein vertritt bauorientierte Verbraucherinteressen privater Bauherren, Wohneigentümer und Immobilienerwerber. Er ist vom Deutschen Bundestag als Vertreter von Bürgerinteressen anerkannt, ist Mitglied des Beirates des Deutschen Baugerichtstages e.V. und engagiert sich im DIN-Verbraucherrat. Der Bauherrenschutzbund ist Mitglied im Verbraucherzentrale Bundesverband (www.vzbv.de). Dem Bauherren-Schutzbund e.V. wurde das Recht auf Abmahnungen und Unterlassungsklagen bei verbraucherfeindlichen Vertragsklauseln zuerkannt.

Leistungen für Mitglieder: Angebots-Check, Rechtsberatung, Firmen-Check mit Wirtschaftsauskunft, Energieberatung, Immobilien-Check, baubegleitende Qualitätskontrolle, Modernisierungs-Check, Beratung Eigenleistungen, Instandhaltungs-Check, Gutachten und Beweissicherung, Beratung Grundstückserwerb, Service-Check/ Gewährleistung.

Mitgliedschaft: Fällig wird eine einmalige Aufnahmegebühr von 52 €. Der monatliche Mitgliedsbeitrag beträgt 11 €. Für Wohneigentümergemeinschaften gelten Sonderkonditionen.

Bauherren-Schutzbund e.V.
Kleine Alexanderstr. 9–10
10178 Berlin
Telefon: 030 3128001
Fax: 030 31507211
E-Mail: office@bsb-ev.de
www.bsb-ev.de

## Wohnen im Eigentum e.V.

Wohnen im Eigentum e. V. ist ein Zusammenschluss von Eigentümern selbst genutzter Immobilien. Im Juli 2003 von Verbraucherschützern und Fachleuten gegründet, bietet der Verein Beratungs- und Serviceleistungen zu allen Fragen rund um das Wohneigentum. Weiteres Ziel ist es, nachhaltiges und barrierefreies Bauen und Wohnen zu fördern. Der Schwerpunkt liegt allerdings auf Besitzern von Eigentumswohnungen.

Der Verein setzt sich für mehr Verbraucherschutz und Markttransparenz auf dem Bau- und Wohnungsmarkt ein.

Leistungen für Mitglieder:

- Kostenlose telefonische Rechtsberatung, auch zum Thema Gewährleistung

- Kostenlose telefonische Finanzierungsberatung

- Prüfung von Bauverträgen

- Prüfung von Kaufverträgen

- Prüfung von Baubeschreibungen

- Vor-Ort-Bauberatung inklusive Begleitung bei der Abnahme

- Teilweise kostenlose Checklisten zum Download im Internet, teilweise auch für Nicht-Mitglieder

Der Mitgliedsbeitrag beträgt 60 Euro im Jahr. Im ersten Jahr kommt eine Bearbeitungsgebühr von 10 Euro hinzu.

Bundesweit arbeiten derzeit circa 65 Beraterinnen und Berater (Dipl.-Ing., Architekten) mit Wohnen im Eigentum zusammen.

Wohnen im Eigentum e.V.
Die Wohneigentümer
Thomas-Mann-Straße 5
53111 Bonn
Telefon: 0228 7215861
Fax: 0228 7215873
E-Mail: info@wohnen-im-eigentum.de
www.wohnen-im-eigentum.de

## Verband privater Bauherren (VPB)

Der Verband privater Bauherren e.v. wurde 1976 gegründet und ist die älteste bundesweit tätige Verbraucherschutzorganisation im Bauwesen. Ein Netz von Regionalbüros gibt allen Bau- und Kaufinteressierten die Möglichkeit, regional schnell und unkompliziert Kontakt mit dem VPB aufzunehmen. Der VPB widmet sich der Vertretung bauorientierter Verbraucherinteressen bei Gesetzgeber, Verwaltung, Bau- und Kreditwirtschaft sowie öffentlichen und staatlichen Organisationen. Dabei übt der VPB eine marktneutrale und unabhängige Verbraucherschutzfunktion aus, um die Bauqualität und das fachgerechte Bauen zu fördern.

In den ersten sechs Monaten der Mitgliedschaft beträgt der monatliche Beitrag 15 €. Vom siebten Mitgliedschaftsmonat bis zum vollendeten 7. Jahr der Mitgliedschaft beträgt der monatliche Mitgliedsbeitrag 8 €. Ab dem achten Jahr der Mitgliedschaft beträgt der monatliche Beitrag 4 €.

Leistungen für Mitglieder:

- Vermittlung von Bausachverständigen

- Beratung bei Kaufverträgen

- Vermittlung von Versicherungen

- Umfangreiche Ratgeber und Checklisten im Netz (teilweise auch für Nicht-Mitglieder)

Verband Privater Bauherren (VPB) e.V.
Bundesbüro
Chausseestraße 8
10115 Berlin
Telefon: 030 2789010
Fax: 030 27890111
E-Mail: info@vpb.de
Internet: www.vpb.de

## Zusätzliche Informationsquellen, Kontaktadressen und Checklisten zu den einzelnen Kapiteln

### Gründlich überlegen: Wie will ich wohnen und was kann ich mir leisten?

Viele Informationen und Kontaktadressen zur Bauplanungsphase und Bewertung von Baubeschreibungen gibt es beim Kompetenzzentrum „Kostengünstig qualitätsbewusst Bauen" im Bundesinstitut für Bau-, Stadt- und Raumforschung (BBSR) im Bundesamt für Bauwesen und Raumordnung (BBR)

http://www.bbsr.bund.de

Unter http://www.kompetenz-zentrum-iemb.de/ findet sich ein Blog zum Thema Hausbau.

Die Broschüre „Markt für Wohnimmobilien" gibt es bei der LBS Bausparkasse der Sparkassen Telefon: 0711 183-3456 oder 0721 822-3456 www.lbs.de unter „Service" → „Infomaterial" → „Broschüren und Publikationen"

## Welches Haus hätten Sie gerne? Haustypen und Ausstattungsmerkmale

Die Gutachterausschüsse für Grundstückswerte liefern Informationen zum Marktgeschehen. Ihre Ergebnisse werden häufig von der lokalen Presse wiedergegeben, es lohnt sich also möglicherweise, die hoffentlich kostenlosen oder für Abonnenten verfügbaren Archive der Zeitungen per Internet zu durchsuchen.

Auskünfte gibt es in aller Regel auch auf dem zuständigen Bauamt, meist umsonst.

Ansonsten bieten viele Gutachterausschüsse Informationen im Internet an, was aber meist kostenpflichtig ist. Links auf die Webseiten der Gutachterausschüsse gibt es unter www.gutachterausschuesse-online.de.

Allerdings fällt die Gestaltung der Informationen auf den Websites der verschiedenen Bundesländer föderalismusbedingt höchst unterschiedlich aus.

## Baden-Württemberg

www.gutachterausschuesse-bw.de

Von der zentralen Webseite aus geht es zu den Informationen der einzelnen Gutachterausschüsse der Städte und Landkreise. Teilweise verfügen diese über eigene Webseiten und veröffentlichen dort Kennzahlen auch kostenlos.

## Berlin

www.gutachterausschuss-berlin.de

Recht aktuelle Marktberichte sind online abrufbar.

## Brandenburg

www.gutachterausschuss-bb.de

Suche nach den Geschäftsstellen der Gutachterausschüsse, keine kostenlosen Daten online.

## Bremen

www.gutachterausschuss.bremen.de

Keine kostenlosen Informationen online.

## Bayern

www.bodenrichtwerte.bayern.de

Die Webseite führt zum „Vernetzten Bodenrichtwertinformationssystem" VBORIS des

Landes Bayern. Die Applikation läuft allerdings nicht auf allen Webbrowsern.

Es gibt einen Link zu den Adressen aller Gutachterausschüsse, die ihrerseits teilweise über Webseiten verfügen. Einzelne Ausschüsse bieten die Bodenrichtwerte auch kostenlos online an.

## Hamburg

http://www.hamburg.de/bsw/gutachterausschuss

Übersichtsinformationen, Detailwerte gegen Bezahlung.

## Hessen

www.gutachterausschuss.hessen.de

Eine Kurzfassung des Immobilienmarktberichts gibt einen groben Überblick, ansonsten gibt es Links zu den Geschäftsstellen der Gutachterausschüsse.

## Mecklenburg-Vorpommern

http://www.regierung-mv.de/cms2/Regierungsportal_prod/Regierungsportal/de/im/Themen/Geoinformation_und_Vermessung/Grundstueckswertermittlung/index.jsp

Adressen der Gutachterausschüsse

## Niedersachsen

www.gag.niedersachsen.de

Unter „Grundstücksmarktberichte" gibt es für die einzelnen Gutachterbereiche die aktuellen Berichte zum (kostenpflichtigen) Download. Die Gesamtausgaben kosten circa 40 bis 50 Euro, es können aber auch einzelne Kapitel heruntergeladen werden (unter Inhaltsverzeichnis/Auswahl von Einzelinformationen), beispielsweise nur die Daten zu „Bauland" und „Freistehende Ein- und Zweifamilienhäuser" beziehungsweise „Reihenhäuser, Doppelhaushälften". Diese Informationen kosten dann nur rund 15 bis 20 Euro.

## Nordrhein-Westfalen

www.boris.nrw.de

Eine allgemeine Preisauskunft ist online und kostenlos erhältlich, allerdings abhängig davon, ob ausreichend Daten für die gewünschte Immobilienklasse vorliegen. Die kompletten Grundstücksmarktberichte kosten zwischen 25 und 50 Euro und können online bezahlt und heruntergeladen werden.

## Rheinland-Pfalz

www.gutachterausschuesse.rlp.de/index.html

Generalisierte Bodenrichtwerte für die Gemeinden sind kostenfrei abrufbar. Die Kaufpreisstatistik für Gebäude gibt es nur kostenpflichtig im Grundstücksmarktbericht (Kosten: circa 50 Euro). Unter „Aktuelles" finden sich aber auch Kurzmeldungen, aus denen schon Informationen zur Preisentwicklung hervorgehen.

## Saarland

http://www.saarland.de/zgga.htm

Bodenrichtwerte im landeseigenen Geoportal hinterlegt.

## Sachsen

www.bauen-wohnen.sachsen.de/gutachterausschuss.html

Links zu den Adressen der Gutachterausschüsse

## Sachsen-Anhalt

http://www.lvermgeo.sachsen-anhalt.de/de/geoservice/brwdigital/main.htm

Es gibt eine kostenlose Bodenrichtwertauskunft online, ansonsten Links zu den einzelnen Ausschüssen.

## Schleswig-Holstein

www.gutachterausschuesse-sh.de

Links zu Webseiten der einzelnen Gutacherausschüsse

## Thüringen

http://www.gutachterausschuss-th.de/

Auflistung der Adressen der Gutachterausschüsse

# Angebotsvergleich und Bauträgercheck

## Bau-Verbände

Bundesverband Deutscher Fertigbau e.V. (BDF)
Flutgraben 2
53604 Bad Honnef
Telefon: 022 24 93 77-0
Fax:  022 24 93 77-77
E-Mail: info@bdf-ev.de
www.bdf-ev.de

DFV – Deutscher Fertigbauverband e.V.
Geschäftsstelle Ostfildern
Hellmuth-Hirth-Straße
73760 Ostfildern
Telefon.: 0711 23 99 650
Fax: 00711 23 99 660
www.dfv.com

**Besuchsprotokoll Referenzobjekte**

|  | Sehr gut | gut | Befrie- digend | Ausrei- chend | Mangel- haft |
|---|---|---|---|---|---|
| Adresse |  |  |  |  |  |
| Bezugsdatum |  |  |  |  |  |
| Zustand außen |  |  |  |  |  |
| Zustand innen |  |  |  |  |  |
| Mängel in der Bau-phase |  |  |  |  |  |
| Mängel im Anschluss |  |  |  |  |  |
| Mängelbeseitigung |  |  |  |  |  |
| Baubegleitung | Ja / Nein |  |  |  |  |
| Abnahme |  |  |  |  |  |
| Zusatzkosten? |  |  |  |  |  |
| Allgemeine Beurtei-lung Bauträger |  |  |  |  |  |
| Namen der Hand-werker | Dachbau |  |  |  |  |
|  | Estrich/Innenputz |  |  |  |  |
|  | Fenster/Türen |  |  |  |  |
|  | Heizung |  |  |  |  |
|  | Sanitär |  |  |  |  |
|  | Elektro |  |  |  |  |

## Gut vorbereitet die Finanzierung stemmen

**Förderinformationen**

KfW Bankengruppe
Palmengartenstraße 5–9
60325 Frankfurt am Main
Infotelefon: 0800 539 9002
(kostenfrei)
www.kfw.de

### Baden-Württemberg

L-Bank – Staatsbank für Baden-Württemberg
Schlossplatz 10
76113 Karlsruhe
Info-Telefon: 0800 150-3030*
(kostenfrei, Montag bis Donnerstag 8.00–16.30 Uhr,
Freitag 8.00–16.00 Uhr)
Fax: 0721 150-1281

www.l-bank.de (Förder-Schnell-
finder)
E-Mail: wohneigentum@l-bank.
de

## Bayern

Oberste Baubehörde im Baye-
rischen Staatsministerium des
Innern
Franz-Josef-Strauß-Ring 4
80539 München
www.wohnen.bayern.de/foer-
derung
E-Mail: poststelle@stmi-obb.
bayern.de

BayernLabo (Förderinstitut der
BayernLB)
Brienner Straße 18
80333 München
Telefon: 089 2171-28003
bayernlabo.de/foerderinstitut/
Förderrechner: bayernlabo.de/
foerderlotse-app/
E-Mail: bayernlabo@bayernlb.
de

## Brandenburg

InvestitionsBank des Landes
Brandenburg
Steinstraße 104–106
14480 Potsdam
Telefon: 0331 660-1322,
Fax: 0331 660-1122,
http://www.ilb.de/de/woh-
nungsbau/index.html
E-Mail: immo-kunden@ilb.de

## Hamburg

Hamburgische Wohnungsbau-
kreditanstalt (WK)
Besenbinderhof 31
20097 Hamburg
Telefon: 040 24846-480
www.hamburg.de/bsw/woh-
nungsbaufoerderung
www.ifbhh.de
E-Mail: privatkunden@ifbhh.de

## Hessen

Wirtschafts- und Infrastruktur-
bank Hessen (WiBank)
Strahlenbergerstraße 11
63067 Offenbach
Telefon: 0611 774-7333
http://www.wibank.de/de/The-
men/bauen-wohnen/wohnei-
gentum/Wohneigentum.html

## Niedersachsen

Investitions- und Förderbank
Niedersachsen NBank
Günther-Wagner-Allee 12–14
30177 Hannover
Telefon: 0511 30031-333
www.nbank.de/Privatperso-
nen/Wohnraum
E-Mail: beratung@nbank.de

## Nordrhein-Westfalen

Wohnungsbauförderungsanstalt
Nordrhein-Westfalen (Wfa)
Kavalleriestraße 22
40213 Düsseldorf
Telefon: 0211 91741-7640 und
-7647

www.mbwsv.nrw.de/wohnen/
wohnraumfoerderung/
http://www.nrwbank.de/
E-Mail: info@nrwbank.de

## Rheinland-Pfalz

Investitions- und Strukturbank
Rheinland-Pfalz
Löwenhofstraße 1
55116 Mainz
Telefon: 06131 6172-1991
http://isb.rlp.de/de/wohnraum
E-Mail: wohnraum@isb.rlp.de

## Saarland

Saarländische Investitionskre-
ditbank AG (SIKB)
Franz-Josef-Röder-Straße 17
66119 Saarbrücken
Telefon: 0180  5730330 (14 Ct./
 Min.)
http://www.sikb.de/node/900
E-Mail: wohnungsbau@sikb.de

## Sachsen

Sächsische Aufbaubank –
Förderbank
Pirnaische Straße 9
01069 Dresden
Telefon: 0351 4910-4920
(Montag bis Donnerstag von
8:00 bis 18:00 Uhr, Freitag von
8:00 bis 15:00 Uhr)
http://www.bauen-wohnen.
sachsen.de/8144.htm
http://www.sab.sachsen.de

## Sachsen-Anhalt

Investitionsbank Sachsen-Anhalt – Abteilung Immobilienför-
derung
Domplatz 12
39104 Magdeburg
Telefon: 0800 56 007 57 (kostenfrei)
http://www.ib-sachsen-anhalt.
de

## Schleswig-Holstein

Investitionsbank Schleswig-
Holstein
Fleethörn 29–31
24103 Kiel
Telefon: 0431 9905-0
http://www.ib-sh.de/immobili-
en/privatpersonen
E-Mail: info@ib-sh.de

## Thüringen

Thüringer Aufbaubank (TAB)
Gorkistraße 9 (S-Finanzzent-
rum)
99084 Erfurt
Telefon: 0361 7447-445
Fax: 0361 7447-271
www.aufbaubank.de
E-Mail: info@aufbaubank.de

## Adressen von Auskunftsdiensten zur Selbstauskunft

SCHUFA Holding AG
Verbraucherservicezentrum
Hannover
Postfach 56 40
30056 Hannover
Telefon: 0611-92780
www.schufa.de

Es gibt darüber hinaus Verbraucherservicestellen in Berlin, Bochum, Düsseldorf, Frankfurt, Hamburg, Hannover, Köln, Leipzig, Mannheim, München, Saarbrücken, Stuttgart und Wiesbaden. Genaue Adressen und Öffnungszeiten finden Sie im Internet oder per Service-Telefon.

Deltavista GmbH
Datenschutz
Kaiserstraße 217
76133 Karlsruhe
Telefon: 0721/255 11 0
www.deltavista.de

Bürgel Wirtschaftsinformationen GmbH & Co. KG
Gasstraße 18
22761 Hamburg
Telefon: 040 89 80 3-0
Fax-Pool:040 89 80 3-777/778
E-Mail: info@buergel.de
www.buergel.de

creditreform Boniversum GmbH
BONIGO Kundenservice
Hellersbergstr. 11
41460 Neuss
Telefon: 02131 36845-560
Fax: 02131 36845-570
E-Mail: service@bonigo.de
https://www.boniversum.de/privatkunden

Arvato Infoscore Consumer Data GmbH
Rheinstrasse 99
76532 Baden-Baden
Telefon: 07221 5040-1000
Fax : 07221 5040-1001
E-Mail: info@arvato-infoscore.de
www.arvato-Infoscore

## Das wird Ihr Haus – Die Baubeschreibung

Checkliste Baubeschreibung

| Beschreibung von | Ja (bzw. Werte eintragen) | Nein |
|---|---|---|
| Generalklauseln | | |
| „Änderung der Baubeschreibung vorbehalten." | | |
| **Zu übergebende Unterlagen** | | |
| Entwurfsplanung | | |
| Genehmigungsplanung | | |
| Baugrundgutachten | | |
| Energiebedarfsausweis | | |
| Ausführungsplanung | | |
| Statik | | |
| Protokolle behördlicher Abnahmen | | |
| Baugenehmigung | | |
| Bauleiter genannt | | |
| Haustyp, evtl. Herstellerbezeichnung | | |
| Bauweise | | |
| Vorgefertigte Bauteile | | |
| Barrierefreie Nutzung | | |
| Gebäudedaten, Länge, Höhe, Breite | | |
| Brutto-Grundfläche | | |
| Wohnfläche | | |
| Nutzfläche | | |
| Anzahl Geschosse | | |
| Anzahl Wohnräume | | |
| Anzahl sonstige Räume | | |
| Raumhöhen | | |
| Energiekennwerte nach EnEV | | |
| Effizienzhaus? | | |
| Blower-Door-Test | | |
| A/V-Wert | | |
| Schallschutzinformationen | | |

| Beschreibung von | Ja (bzw. Werte eintragen) | Nein |
|---|---|---|
| **Grundstück, Baustelleneinrichtung, Anschlüsse** | | |
| Aushub | | |
| Lagerung | | |
| Abfuhr | | |
| Baustelleneinrichtung | | |
| Erschließungskosten | | |
| Anschluss Wasser | | |
| Anschluss Abwasser | | |
| Anschluss Gas/Fernwärme | | |
| Anschluss Strom | | |
| Anschluss Telefon | | |
| Anschluss Kabel | | |
| **Konstruktionsbeschreibung, Keller** | | |
| Fundamentart | | |
| Dränagen | | |
| Abdichtung nach Bodengutachten | | |
| Material Kelleraußenwände | | |
| Abdichtung, Wärmedämmung | | |
| Ausführung Kellerfenster | | |
| Ausführung Lichtschächte | | |
| Einbruchschutz? | | |
| **Rohbau** | | |
| Außenwände, Material und Konstruktion | | |
| Dicke Mauerwerk, Dicke Putz | | |
| U-Wert angegeben? | | |
| Innenwände: Konstruktion, Material, Dicke | | |
| Trockenbau? | | |
| Geschossdecken: Konstruktion | | |
| Malerfertig ausgeführt? | | |
| Estrich | | |
| Trittschalldämmung | | |
| Innenputz | | |

| Beschreibung von | Ja (bzw. Werte eintragen) | Nein |
|---|---|---|
| **Dach** | | |
| Konstruktion, Ausführung | | |
| Materialien | | |
| Dachneigung/Überstand | | |
| Flachdach: Abdichtung | | |
| Holzschutz? | | |
| Spitzboden | | |
| Bodentreppe? | | |
| Dachflächenfenster? | | |
| Gauben? | | |
| **Innenausbau** | | |
| Treppen: Aufbau, Ausführung | | |
| Fenster Anzahl, Ausführung | | |
| Einbruchschutz? | | |
| U-Wert? | | |
| Fenstergriffe | | |
| Haustür Ausführung, Material | | |
| Rollläden: Ausführung, Material | | |
| Rollladenantrieb? | | |
| Fensterbänke: Material, Ausführung | | |
| Innentüren: Material, Ausführung | | |
| Drückergarnituren: Wert? | | |
| **Einzelne Räume** | | |
| Küche: Wand- und Bodenbeläge | | |
| Durchbruch Dunstabzugshaube | | |
| Gas? | | |
| Druckminderer, Schutzfilter | | |
| Waschküche | | |
| Brauchwasserkreislauf? | | |
| Sanitärobjekte: Anzahl, Ausführung, Wert | | |
| Armaturen: Wert | | |
| Fliesen: Wert | | |
| Wandbeläge, Innenputz | | |

| Beschreibung von | Ja (bzw. Werte eintragen) | Nein |
|---|---|---|
| **Haustechnik** | | |
| Heizung: Art, Typ, Leistung | | |
| Regenerative Energie? | | |
| Heizkreise | | |
| Heizkörper: Beschreibung, Standorte | | |
| Regelung der Heizungsanlage | | |
| Verrohrung | | |
| Geregelte Heizungspumpe? | | |
| Lüftungstechnik | | |
| Beschreibung Ausstattungswert Elektro | | |
| Zusatzkosten weitere Elektroinstallationen | | |
| Schalter, Steckdosen: Material, Farbe, Hersteller, Ausführung | | |
| Netzwerkverkabelung? | | |
| Außenbeleuchtung, -steckdosen | | |
| Rauchmelder? | | |
| Überspannungsschutz? | | |
| **Vor dem Haus** | | |
| Außentreppen Beschreibung | | |
| Balkone Beschreibung | | |
| Terrasse Beschreibung | | |
| Garage Beschreibung | | |
| Caport Beschreibung | | |
| Pflasterarbeiten: Zugang Haus, sonstige | | |
| Bepflanzung | | |
| Wasseranschlüsse | | |

# Stichwortverzeichnis